Die neue Öffentlichkeit

Gabriele Hooffacker · Wolfgang Kenntemich
Uwe Kulisch
(Hrsg.)

Die neue Öffentlichkeit

Wie Bots, Bürger und Big Data
den Journalismus verändern

Herausgeber
Gabriele Hooffacker
Fakultät Medien
HTWK Leipzig
Leipzig, Deutschland

Uwe Kulisch
Fakultät Medien
HTWK Leipzig
Leipzig, Deutschland

Wolfgang Kenntemich
Europäisches Institut für
Qualitätsjournalismus e. V.
Leipzig, Deutschland

ISBN 978-3-658-20808-0 ISBN 978-3-658-20809-7 (eBook)
https://doi.org/10.1007/978-3-658-20809-7

Die Deutsche Nationalbibliothek verzeichnet diese Publikation in der Deutschen Nationalbibliografie; detaillierte bibliografische Daten sind im Internet über http://dnb.d-nb.de abrufbar.

Springer VS
© Springer Fachmedien Wiesbaden GmbH, ein Teil von Springer Nature 2018
Das Werk einschließlich aller seiner Teile ist urheberrechtlich geschützt. Jede Verwertung, die nicht ausdrücklich vom Urheberrechtsgesetz zugelassen ist, bedarf der vorherigen Zustimmung des Verlags. Das gilt insbesondere für Vervielfältigungen, Bearbeitungen, Übersetzungen, Mikroverfilmungen und die Einspeicherung und Verarbeitung in elektronischen Systemen.
Die Wiedergabe von Gebrauchsnamen, Handelsnamen, Warenbezeichnungen usw. in diesem Werk berechtigt auch ohne besondere Kennzeichnung nicht zu der Annahme, dass solche Namen im Sinne der Warenzeichen- und Markenschutz-Gesetzgebung als frei zu betrachten wären und daher von jedermann benutzt werden dürften.
Der Verlag, die Autoren und die Herausgeber gehen davon aus, dass die Angaben und Informationen in diesem Werk zum Zeitpunkt der Veröffentlichung vollständig und korrekt sind. Weder der Verlag noch die Autoren oder die Herausgeber übernehmen, ausdrücklich oder implizit, Gewähr für den Inhalt des Werkes, etwaige Fehler oder Äußerungen. Der Verlag bleibt im Hinblick auf geografische Zuordnungen und Gebietsbezeichnungen in veröffentlichten Karten und Institutionsadressen neutral.

Gedruckt auf säurefreiem und chlorfrei gebleichtem Papier

Springer VS ist ein Imprint der eingetragenen Gesellschaft
Springer Fachmedien Wiesbaden GmbH und ist Teil von Springer Nature
Die Anschrift der Gesellschaft ist: Abraham-Lincoln-Str. 46, 65189 Wiesbaden, Germany

Grußwort zur Tagung „Die neue Öffentlichkeit"

Sehr geehrte Damen und Herren,

ich freue mich, dass die Tagung „Die neue Öffentlichkeit" an unserer Hochschule stattfinden konnte. Die HTWK Leipzig ist eine Hochschule mit einer langen Tradition der Ingenieurwissenschaften. Wir sind sehr stolz auf diesen Schwerpunkt. Und besonders stolz sind wir, wenn es gelingt, diesen technischen Schwerpunkt mit der Vielfalt der anderen Fächer an dieser Hochschule fruchtbringend in unseren vier Profillinien zu verknüpfen. Auch die Beiträge Ihrer Tagung zeigen, dass es gerade die Verzahnung und der Austausch zwischen den Disziplinen sind, die heute gefragt sind.

Technische Entwicklungen ermöglichen neue Angebote und neue Medienformate. Diese müssen allerdings auch kreativ, reflektiert und intelligent verwendet werden, um ihre Vorteile zu nutzen. Viel diskutiert werden die Chancen und Risiken dieser neuen Medienformate für journalistische Qualität, für Beteiligung und demokratische Prozesse.

Ihr Tagungsprogramm verweist auf eine enge Verbindung von Wissenschaft und (Medien-)Praxis. Genau das ist die Stärke der Hochschulen für Angewandte Wissenschaften. Durch die Anwendung von wissenschaftlicher Expertise auf die Herausforderungen der Praxis funktioniert der Transfer von Wissen und Erfahrungen – und zwar in beide Richtungen: Neue Entwicklungen kommen so schneller in der Praxis an, und neue Fragestellungen gelangen schneller aus der Praxis in die Wissenschaft.

Die in diesem Band versammelten Beiträge zeugen von diesem intensiven Austausch. Ich wünsche Ihnen eine anregende Lektüre.

Prof. Dr. Gesine Grande
Rektorin der HTWK Leipzig

Vorwort

Journalismus findet mehr und mehr online statt, bezieht das Publikum ein, wird mobil rezipiert und oft auch bereits produziert. Die Digitalisierung hat auch in den Medien Informationsbeschaffung, Produktion und Distribution erfasst und Nutzer zu „Produsern" auf Augenhöhe gemacht.

Die mediale Öffentlichkeit zerfällt in eine Vielzahl von Teilöffentlichkeiten und Teiljournalismen, vermittelt über vielfältige Kanäle, vom klassischen Fernsehen oder der Tageszeitung über den Videoblog bis zum interaktiven oder kollaborativen Medienprojekt in den sozialen Netzwerken.

Darin spielen mediale Inhalte, die nicht von Journalisten erstellt sind, sowohl von Laien als auch von Organisationen als auch von Algorithmen, eine immer größere Rolle. Somit stellt sich die Frage nach den grundlegenden Funktionen von medial vermittelten Öffentlichkeiten und Teilöffentlichkeiten neu.

Die nächsten Stufen der digitalen Transformation sind bereits sichtbar. Automatisierte Inhalteproduktion auf der Basis von Datenbanken, ausgewertet durch Algorithmen, übernimmt einen Teil traditionell journalistischer Tätigkeiten. Die Bandbreite reicht von der Recherche über die medienspezifische Aufbereitung bis zur mehrkanaligen Distribution – quer durch alle Medien.

Wer publiziert diese Inhalte? Wer definiert die Kriterien für die Qualität? Was bleibt an journalistischem Handwerk, was entfällt, was kommt hinzu? Was ist bereits Praxis in den Medien, was trägt die medien- und kommunikationswissenschaftliche Forschung dazu bei?

Den grundsätzlichen Wandel der „neuen Öffentlichkeit" zu erfassen und Wege für einen Journalismus aufzuzeigen, der unter den veränderten Bedingungen seiner Funktion, Öffentlichkeit herzustellen, gerecht wird, hatte sich die Fachtagung „Die neue Öffentlichkeit" zur Aufgabe gestellt. Sie fand im September 2017 in Leipzig statt, gemeinsam konzipiert vom EIQ Europäischen Institut für Qualitätsjournalismus und der Fakultät Medien der HTWK Leipzig. Der Einladung gefolgt sind Persönlichkeiten aus Wissenschaft und Forschung ebenso wie aus der journalistischen Praxis, aus partizipativen und kollaborativen Projekten wie aus den klassischen Medien.

Der Tagungsband versammelt elf Beiträge zur Tagung und ergänzt sie um drei weitere aus der Leipziger Forschungs- und Projektelandschaft. Er gruppiert sie in die vier Bereiche

I   Öffentlichkeitswandel und digitale Revolution
II Fernsehen: Mobil und interaktiv
III Antworten auf Fake News und Filterblasen
IV Wie weiter mit dem Qualitätsjournalismus?

Den Themenkreis I *Öffentlichkeitswandel und digitale Revolution* eröffnet wie bei der Tagung Richard Gutjahr (Bayerischer Rundfunk) mit seiner Keynote, protokolliert von Constanze Farda (EIQ). Um den Wandel der Öffentlichkeit zu beschreiben, nimmt Uwe Krüger (Universität Leipzig) Bezug auf Jürgen Habermas, während Paul Josef Raue (Kress.de) den Bogen von Martin Luther zur digitalen Revolution schlägt. In Verbindung von Informatik und Journalistik stellt Andreas Niekler (Universität Leipzig) dar, wie Big Data und Künstliche Intelligenz die Medien verändern.

Den Forschungs- und Praxisschwerpunkt II *Fernsehen: Mobil und interaktiv* leitet Benjamin Unger (NDR) mit einem Praxisbericht zur mobilen Produktion im NextNewsLab beim NDR ein. Die Masterstudierenden Veronika Christmann und Komnen Tadic stellen Projektergebnisse zum Einsatz partizipativer TV-Formate im Hochschulfernsehen der HTWK Leipzig vor. Martin Blum hat in seiner Masterarbeit an der HTWK interaktive Fernsehformate untersucht und Kriterien für das Gelingen solcher Formate entwickelt. Sebastian Gomon und Gabriele Hooffacker zeigen, wie Studierende der Fakultät Medien der HTWK eine interaktive Live-Show parallel für Leipziger Theaterpublikum und Online-Zuschauer konzipiert und umgesetzt haben.

Wie journalistisch, medienpädagogisch und politisch umgehen mit dem „Lügenpresse"-Vorwurf und der Kritik an der Medien-Öffentlichkeit? Stefan Primbs (BR) gibt im Themenkreis III *Antworten auf Fake News und Filterblasen* praktische Tipps aus der Arbeit des Team BR Social Listening und Verifikation. Karolin Schwarz hat die Hoax-Map mitbegründet, die Falschmeldungen über Geflüchtete aufklärt, und beschreibt eine Typologie der Fakes und Hoaxes in den sozialen Netzwerken. Uta Corsa und Robert Helbig vom Sächsischen Ausbildungs- und Erprobungskanal (SAEK) stellen medienpädagogische Praxiskonzepte zum Aufbau von Medienkompetenz vor. Saskia Riechers, Masterstudentin und Mitglied des Tagungsteams, beschreibt, was das „Europafunk"-Konzept des thüringischen Europa-Abgeordneten Jakob von Weizsäcker zum Aufbau einer europaweiten Öffentlichkeit fordert und wie es rezipiert wurde.

Den Ausblick im Themenkreis IV *Wie weiter mit dem Qualitätsjournalismus?* leitet der Bericht von Uta Corsa über die Podiumsdiskussion zum Abschluss der Tagung „Die neue Öffentlichkeit" ein. Wolfgang Kenntemich, Direktor des EIQ, skizziert, wie die Anschlussforschung von EIQ, HTWK und Univ. Leipzig im gemeinsamen Forschungsprojekt „Media Quality Watch" aussehen wird. Die Grafiken für den Tagungsband hat Annett Hilse aufbereitet.

Die Herausgeber danken der Rektorin der HTWK Leipzig, Frau Prof. Dr. Gesine Grande, für ihre Unterstützung und das Grußwort, Constanze Farda und Winnie Laukner-Plaschnik (beide EIQ) sowie Nadine Eckert, Annett Hilse und Saskia Riechers (Masterstudiengang Medienmanagement, HTWK) für die tatkräftige Hilfe bei der Organisation, der Friede-Springer-Stiftung und der Schweizer Rundfunkanstalt SRG SSR für die Förderung, dem Verlag Springer VS für die Möglichkeit der Publikation. Den Leserinnen und Lesern wünschen wir anregende Lektüre.

Leipzig und Berlin, im Dezember 2017

Gabriele Hooffacker (HTWK)
Wolfgang Kenntemich (EIQ)
Uwe Kulisch (HTWK)

Inhalt

Grußwort zur Tagung „Die neue Öffentlichkeit" V
Vorwort VII
Verzeichnis der Autorinnen und Autoren XIII

I Öffentlichkeitswandel und digitale Revolution

1. Ein Plädoyer für mehr Empathie im Netz 3
   Richard Gutjahr / Protokoll: Constanze Farda

2. Der neue Strukturwandel der Öffentlichkeit und die German Angst 9
   Uwe Krüger

3. Transmedialer Wandel und die German Angst 27
   Paul-Josef Raue

4. Journalismus, Big Data, Algorithmen. Digitale Praktiken im
   modernen Journalismus 35
   Andreas Niekler

II Fernsehen: Mobil und interaktiv

5. Das NextNewsLab des NDR: Smartphones als Produktionsmittel 57
   Benjamin Unger

6. Vom Zuschauer zum Teilnehmer: Möglichkeiten partizipativer
   Formate 67
   Veronika Christmann und Komnen Tadic
7. Kriterien zur Umsetzung interaktiver, fiktionaler AV-Inhalte im
   Linearen Fernsehen 81
   Martin Blum
8. „Möchten Sie gerne eine Einhornpuppe auf der Bühne sehen?" 107
   Sebastian Gomon und Gabriele Hooffacker

III Antworten auf Fake News und Filterblasen

9. Was Verifikations-Einheiten tun 115
   Stefan Primbs
10. Alles Fake? Zwischen Alarmismus und Verharmlosung 125
    Karolin Schwarz
11. Schlüsselkompetenzen für die neue Öffentlichkeit:
    Medienpädagogische Praxiskonzepte in Sachsen 135
    Uta Corsa und Robert Helbig
12. Ein Europafunk nach dem Vorbild von ARD und ZDF 149
    Saskia Riechers

IV Wie weiter mit dem Qualitätsjournalismus?

13. Podiumsdiskusion „Die neue Öffentlichkeit – wer definiert Qualität
    und Wahrheit?" 157
    Bericht: Uta Corsa
14. Der Pudding muss an die Wand. Media Quality Watch –
    Wie Macher und ihr Publikum einander wieder vertrauen könnten 169
    Wolfgang Kenntemich und Andreas Niekler

Verzeichnis der Autorinnen und Autoren

Grußwort

Gesine Grande, Prof. Dr. p. h. habil., ist Rektorin der HTWK Leipzig. Gesine Grande studierte Psychologie, promovierte 1997 in den Gesundheitswissenschaften und habilitierte sich 2012 an der Medizinischen Fakultät der Universität Leipzig. Sie arbeitete in verschiedenen medizinpsychologischen und gesundheitswissenschaftlichen Forschungsprojekten an den Universitäten Leipzig, Essen und Bielefeld. Von 1995 bis 2003 war sie wissenschaftliche Mitarbeiterin bzw. Assistentin an der Fakultät für Gesundheitswissenschaften an der Universität Bielefeld. Im Jahr 2003 erhielt sie einen Ruf als Professorin für Psychologie an der Fakultät Angewandte Sozialwissenschaften an der Hochschule für Technik, Wirtschaft und Kultur Leipzig (HTWK Leipzig). 2012-2013 war sie Dekanin der Fakultät Angewandte Sozialwissenschaften an der HTWK Leipzig. 2014 nahm sie einen Ruf als Professorin für Prävention und Gesundheitsförderung an der Universität Bremen an. Im Juni 2014 wählte sie der Erweiterte Senat der HTWK Leipzig zur Rektorin.

Herausgeber

Gabriele Hooffacker, Prof. Dr. phil., Jahrgang 1959, lehrt an der HTWK in Leipzig im Lehrbereich „Medienadäquate Inhalteaufbereitung" Medienkonzeption, praktische Medienproduktion, crossmediale Verwertung und journalistische Grundlagen. Für ihren Einsatz, das Internet der breiten Bevölkerung zugänglich zu machen, erhielt sie gemeinsam mit Peter Lokk 1997 den ersten Preis der Gesellschaft für Medienpädagogik. 1999 gründete Gabriele Hooffacker die Journalistenakademie in München. Sie hält Seminare zum Thema Online-Journalismus unter anderem an der Leipzig School of Media, an Journalistenschulen, in Redaktionen und Unternehmen. Gabriele Hooffacker gibt die von Walther von La Roche (1936-2010) gegründete Lehrbuch-Reihe *Journalistische Praxis* bei Springer VS heraus. Sie ist Jurymitglied beim Alternativen Medienpreis.

Prof. Wolfgang Kenntemich ist Direktor des Europäischen Instituts für Qualitätsjournalismus. Nach dem Abitur und seiner Tätigkeit als Presseoffizier arbeitete Wolfgang Kenntemich zunächst als politischer Redakteur bei den Westfälischen Nachrichten. 1973 wechselte er zum Deutschen Depeschendienst, dessen Chefredakteur er 1979 wurde. Für den Axel Springer Verlag war er ab 1983 in Bonn u. a. für Bild und Bild am Sonntag als Büroleiter tätig. Bevor Kenntemich 1991 zum Fernsehen wechselte, arbeitete er bei Gruner + Jahr als Chefkorrespondent. Nach einer kurzen Zeit beim Bayerischen Rundfunk (BR) ging er 1991 zum wieder gegründeten Mitteldeutschen Rundfunk (MDR) und war dort 20 Jahre lang als Chefredakteur Fernsehen tätig. Er ist Herausgeber und Autor unter anderem von *Die Jahrhundertflut* und *Das war die DDR. Eine Geschichte des anderen Deutschland*. Aktuell ist er Honorarprofessor für Journalistik an der Universität Leipzig. Kenntemich engagiert sich u. a. als Ko-Präsident der Europäischen Kulturstiftung Pro Europa, als Ehrenpräsident des Mitteldeutschen Presseclubs zu Leipzig und Beirat des Nah- und Mittelostvereins (NUMOV). Seit 2013 ist er Direktor des Europäischen Instituts für Qualitätsjournalismus.

Uwe Kulisch, Prof. Dr.-Ing., ist seit 2006 Dekan der Fakultät Medien. Er studierte wissenschaftlichen Gerätebau/Optoelektronik/CCD-Kameratechnologie an der Universität Jena. 1994 promovierte er zum Dr.-Ing. an der TH Leipzig. Von 1994 bis 2000 war er Geschäftsführer im Bereich Büro-, Informations-, Medientechnik. Seit 2000 ist er Professor für das Lehr- und Forschungsgebiet Elektronische Mediensystemtechnik an der HTWK Leipzig. Er ist Gründungsdekan des Fachbereichs Medien. Uwe Kulisch ist ausgewiesener Spezialist und Praktiker im Bereich von Kommunikationssystemen und -technologien sowie innovativer Rundfunktechnik und Mediendienste.

Autorinnen und Autoren

Martin Blum M. A., Jahrgang 1991, ist Masterabsolvent der Hochschule für Technik, Wirtschaft und Kultur Leipzig im Studiengang Medienmanagement. Zuvor schloss er dort seinen Bachelor in Medientechnik mit Spezialisierung auf den Bereich der audiovisuellen Medien ab. Parallel zu seinem Studium leitete er mehrere Jahre lang als Chefredakteur den regionalen, studentischen Web-TV-Sender der Hochschule und nahm sich sowohl organisatorischer und sendergestaltender Prozesse an als auch dem Tagesgeschäft in den Ressorts Nachrichten, Lifestyle und Kultur in redaktionsleitender Position. Während dieser Tätigkeit produzierte und moderierte er zahlreiche Nachrichten-, Unterhaltungs- und Showformate. In den letzten Jahren beschäftigte er sich im Rahmen der selbstgegründeten Medienproduktionsgruppe Reis+ intensiv mit der Interaktivität von AV-Inhalten in Fernsehen und Internet und produzierte eigene Webvideoinhalte.

Veronika Christmann, B. Eng., studiert an der HTWK Leipzig Medienmanagement im Master. Den Bachelor absolvierte sie an der HAW Hamburg in Medientechnik und setzte dabei einen Schwerpunkt im Bereich Filmproduktion. So wirkte sie bei diversen Kurzfilmen in organisatorischen und redaktionellen Positionen mit. Durch ein Praktikum bei Filmtank, einer Produktionsfirma für Dokumentarfilme und Crossmedia-Produktionen und ihrer Bachelorarbeit „Generation beziehungsunfähig und die Liebe – Erarbeitung eines dokumentarischen Filmkonzepts" setzte sie sich mit dokumentarischen Formaten auseinander. Im Masterstudium befasst sie sich innerhalb des Projektes „Partizipative Medienformate für floid, das studentische Fernsehen der HTWK" mit Möglichkeiten der Interaktion und der Generierung von Medieninhalten durch den Zuschauer selbst.

Uta Corsa, PD Dr. phil. habil., Jahrgang 1966, ist seit 2008 Geschäftsführerin der SAEK-Förderwerk für Rundfunk und neue Medien gGmbH. Die Sächsischen Ausbildungs- und Erprobungskanäle (SAEK) sind ein medienpädagogisches Angebot für Kinder, Jugendliche und Erwachsene. Sie fördern Kenntnisse und Fähigkeiten im Umgang mit neuen Medien. Als Diplompädagogin und Kommunikations- und Medienwissenschaftlerin lehrt sie seit 1990 an der Universität Leipzig am Institut für Kommunikations- und Medienwissenschaft und an vielen Fachhochschulen. Sie promovierte und habilitierte zum analogen und digitalen Fernsehen. 2004 erhielt sie die venia legendi der Kommunikations- und Medienwissenschaft.

Constanze Farda, Dr. phil., studierte Kommunikationswissenschaften, Kunstgeschichte und Jura in Salzburg (Österreich). Nach ihrer Promotion über Europäische Medienpolitik ging sie als wissenschaftliche Mitarbeiterin an die Universität Leipzig, Abteilung Journalistik. Von dort wechselte sie nach Berlin an die Hochschule für Technik und Wirtschaft (HTW Berlin). Seit März 2013 ist sie wissenschaftliche Assistentin am Europäischen Institut für Qualitätsjournalismus e. V.

Sebastian Gomon, Dipl.-Ing. (FH), Jahrgang 1978, HTWK Leipzig, arbeitet im Forschungsprojekt „Digitale Lehr- und Lernmedien" sowie als Lehrkraft für besondere Aufgaben in den Bereichen Mediensystemtechnik und medienadäquate Inhalteaufbereitung. Er begann das Studium der Medientechnik nach einer Ausbildung und vierjähriger praktischer Tätigkeit in sachsen-anhaltinischen Lokalfernsehsendern und diplomierte über Workflowplanung in kleineren Fernsehproduktionsunternehmen. Nach wie vor ist er aktiver Filmemacher, besonders im Bereich Off-Theater und Museumsausstellung.

Richard Gutjahr, Bayerischer Rundfunk, Journalist und Blogger, ist Absolvent der Deutschen Journalistenschule in München und hat an der Ludwig-Maximilians-Universität Politik und Kommunikations-Wissenschaften studiert. Erste Praxiserfahrung sammelte er bei Live aus dem Alabama des Bayerischen Rundfunks, bei der Süddeutschen Zeitung in München sowie im Washington-Büro von CNN. Heute arbeitet Richard Gutjahr als freier Mitarbeiter für die ARD und moderiert Nachrichten- und Magazinsendungen beim BR und WDR. Daneben schreibt er für die Rheinische Post, den Berliner Tagesspiegel, die Frankfurter Allgemeine Zeitung sowie für div. Fachmagazine. In der Münchner Abendzeitung hatte Gutjahr über mehrere Jahre seine eigene Netz-Kolumne. Für eine Reportage-Reihe zu den Hartz-Reformen wurde Gutjahr 2006 mit dem Ernst-Schneider-Preis für herausragenden Wirtschaftsjournalismus ausgezeichnet. Zeit Online kürte ihn 2011 zum Netzjournalist des Jahres. Im gleichen Jahr erklärte ihn das Medium Magazin in der Kategorie Newcomer zum Journalist des Jahres.

Robert Helbig M. A., Jahrgang 1981, ist Geschäftsführer des Bildungsunternehmens edmedien mit Sitz in Leipzig, das Projekte im Bereich Medienbildung durchführt und unter anderem mehrere Sächsische Ausbildungs- und Erprobungskanäle (SAEK) betreibt. Er ist Sprecher des Netzwerkes Medienpädagogik Sachsen sowie der Landesgruppe Sachsen der Gesellschaft für Medienpädagogik und Kommunikationskultur (GMK). Während seines Medienmanagement-Studiums an der Hochschule Mittweida (FH) sammelte er unter anderem Praxiserfahrung beim MDR und der Audi AG. Seit 2005 ist er als Projektmanager im medienpädagogischen Bereich tätig. Darüber hinaus ist er seit vielen Jahren freiberuflicher Dozent an Hochschulen (u. a. Campus M21 und Hochschule Mittweida) und entwickelt interaktive Lernszenarien. 2012 hat Robert Helbig seinen Master im Bereich Business Administration an der Universität Würzburg und in den USA abgeschlossen.

Uwe Krüger, Dr., Jahrgang 1978, ist seit 2012 wissenschaftlicher Mitarbeiter am Institut für Kommunikations- und Medienwissenschaft der Univ. Leipzig, Abteilung Journalistik. Zuvor: Studium der Journalistik und Politikwissenschaft, Volontariat bei der „Leipziger Volkszeitung", Arbeit als Redakteur des Journalismus-Fachmagazins „Message" und Promotion am Leipziger Institut für Praktische Journalismusforschung. Seine Dissertation „Meinungsmacht" über die Netzwerke der Alpha-Journalisten im Eliten-Milieu ist breit diskutiert worden, unter anderem wurden seine Ergebnisse von der ZDF-Satiresendung „Die Anstalt" aufgegriffen.

Andreas Niekler, Dr. Ing., Jahrgang 1979, ist seit 2009 wissenschaftlicher Mitarbeiter am Institut für Informatik der Universität Leipzig in der Abteilung Automatische Sprachverarbeitung. Er entwickelt computergestützte Verfahren für sozialwissenschaftliche Inhaltsanalysen, unter anderem für das Forschungsprojekt „Postdemokratie und Neoliberalismus" und für die interaktive Analyseplattform Leipzig Corpus Miner (LCM). Der Schwerpunkt liegt dabei auf Verfahren des maschinellen Lernens und der Datenverwaltung. Zuvor lehrte er im Bereich Medien an der Hochschule für Technik, Wirtschaft und Kultur Leipzig (HTWK) sowie der Leipzig School of Media (LSoM) mit dem Schwerpunkt medienneutrale Datenhaltung.

Stefan Primbs ist Social-Media-Beauftragter beim Bayerischen Rundfunk und leitet seit Frühjahr 2017 auch das Team BR Social Listening und Verifikation. Zuvor war er als Print- und Online-Redakteur bei der Passauer Neuen Presse, FOCUS Online, Gruner + Jahr und als Chef vom Dienst bei BR.de tätig. Stefan Primbs ist daneben Autor des Lehrbuches »Social Media für Journalisten« (»Gelbe Reihe«, Springer Verlag) und arbeitet als Trainer und Dozent an Journalistenschulen.

Paul-Josef Raue war drei Jahrzehnte lang Chefredakteur von Regionalzeitungen wie der Thüringer Allgemeinen, Braunschweiger Zeitung, Volksstimme (Magdeburg), Frankfurter Neue Presse und Oberhessischen Presse (Marburg). Er gründete im Januar 1990 mit der Eisenacher Presse die erste deutsch-deutsche Zeitung und baute 1998 mit Gabriele Fischer das Wirtschaftsmagazin Econy (heute brand eins) auf. Raue ist heute Berater von Redaktionen, Kolumnist bei kress.de, Autor diverser Artikel über den Journalismus, Herausgeber von Sachbüchern zur deutsch-deutschen Geschichte (Die unvollendete Revolution, Meine Wende) sowie Dozent in der Aus- und Weiterbildung von Journalisten. Mit Wolf Schneider gibt er das „Neue Handbuch des Journalismus" heraus, seit zwei Jahrzehnten bei Rowohlt das Standardwerk des Journalismus.

Saskia Riechers, B. Eng., studierte an der HTWK Leipzig zunächst im Bachelor „Buch-und Medienproduktion", bevor sie ab Oktober 2017 den Masterstudiengang „Medienmanagement" anschloss. Im Rahmen beider Studiengänge hat sie sich mit neuen, innovativen Medientechnologien sowie deren Möglichkeiten und Herausforderungen für die Zukunft der Kommunikation beschäftigt. Dies führte sie im Rahmen der Organisation der Fachtagung „Die neue Öffentlichkeit" fort.

Karolin Schwarz arbeitet als Social-Media-Redakteurin und Journalistin in Berlin. Sie ist unter anderem Teil des Faktenchecking-Teams von Correctiv und betreut die Social-Media-Auftritte von Jäger & Sammler (funk). Im Februar 2016 gründete sie das Projekt Hoaxmap, das sich der Aufklärung von Falschmeldungen und Gerüchten über Geflüchtete widmet. Gemeinsam mit Lutz Helm war sie deshalb für den Grimme Online Award nominiert. Sie hält Vorträge und gibt Workshops zu Themen wie Fake News, Community Management und Hate Speech.

Komnen Tadic, B. Eng., studiert seit April 2017 Medienmanagement im Master an der HTWK Leipzig. Zuvor absolvierte er sein Bachelorstudium im Bereich Druck- und Medientechnik an der Hochschule in München. Innerhalb seines Masterprojektes ist er Teil der Redaktionsleitung für partizipative Fernsehformate beim Hochschulfernsehsender floid an der HTWK Leipzig. Hauptaufgabe ist es hierbei, die Studierenden zum Entwickeln von partizipativen Beiträgen zu motivieren und die Erstellung dieser in den Arbeitsablauf von Floid zu integrieren und etablieren. Um dieses Ziel zu erreichen wurden unterschiedliche Methoden und Möglichkeiten an diversen Hochschulveranstaltungen ausprobiert.

Benjamin Unger, B. A., wurde 1980 in Nienburg/Weser geboren. Nach seinem Studium an der Universität Potsdam machte er 2008 sein Volontariat beim NDR. Seit 2010 ist er Autor beim NDR Fernsehen. Außerdem ist er Mitglied des Next-NewsLab des NDR. 2016 erhielt er den Litera Vision-Preis. 2015 machte er die Dokumentation „uM – unterstützende Mittel. Das Trauma des DDR-Sport" und 2017 die Dokumentation „Kindheit unter Qualen. Missbrauch im DDR-Leistungssport" für den NDR.

Podium

Johann-Michael Möller moderierte die Podiumsdiskussion „Die neue Öffentlichkeit". Er wurde 1955 in Bönnigheim in Baden-Württemberg geboren. Er studierte Germanistik, Geschichte und Ethnologie in Stuttgart und Frankfurt/Main und war schon während des Studiums ständiger freier Mitarbeiter der Frankfurter Allgemeinen Zeitung(FAZ). 1985 wurde Möller Redakteur für die Ressorts Geisteswissenschaften und Neue Sachbücher der FAZ und ging 1989 als Korrespondent dieser Zeitung in die DDR. Zuletzt war er Landeskorrespondent für Thüringen und Sachsen. 1992 wurde er Hauptabteilungsleiter Fernsehen im MDR Landesfunkhaus Thüringen in Erfurt. 1995 wechselte Möller zum ZDF als stellvertretender Leiter und Moderator der Sendung Kennzeichen D. 1998 ging er zurück zur Tageszeitung, zunächst als Leiter des Ressorts Innenpolitik der Welt, dann als stellvertretender Chefredakteur der Welt und der Berliner Morgenpost. Von 2006 bis 2016 war Johann Michael Möller MDR-Hörfunkdirektor. Möller engagiert sich im Petersburger Dialog für die deutsch-russischen Beziehungen und ist verantwortlicher Herausgeber des Rotary Magazins.

Christina Elmer, Dipl.-Journ., geboren 1983, leitet bei SPIEGEL ONLINE als Mitglied der Chefredaktion das Ressort für Datenjournalismus. Sie engagiert sich im Vorstand des Vereins Netzwerk Recherche für datenjournalistische Angebote und betreut Seminare in Redaktionen, Hochschulen und Ausbildungsprogrammen. Vom „medium magazin" wurde sie als „Wissenschaftsjournalistin des Jahres 2016" ausgezeichnet. Bis 2013 gehörte Christina Elmer zum Team Investigative Recherche des Sterns und arbeitete als Redakteurin für Infografiken bei der Deutschen Presse-Agentur (dpa), wo sie zuvor „dpa-RegioData" mit aufgebaut hatte, Deutschlands erste Redaktion für Datenjournalismus und Computer Assisted Reporting. Der Weg dorthin: Volontariat beim Westdeutschen Rundfunk (WDR), Studium der Journalistik und Biologie an der TU Dortmund, freie Autorin für Wissenschaftsthemen.

An der Podiumsdiskussion nahmen weiterhin Uwe Krüger, Uwe Kulisch, Stefan Primbs und Karolin Schwarz teil.

I
Öffentlichkeitswandel und digitale Revolution

Ein Plädoyer für mehr Empathie im Netz

Richard Gutjahr / Protokoll: Constanze Farda

Zusammenfassung

Fünf technische Errungenschaften prägen das 21. Jahrhundert: Digitalisierung, Vernetzung, Bandbreite und Geschwindigkeit, Automation, Künstliche Intelligenz. In seiner Keynote spannt Richard Gutjahr den Bogen von der Frühen Neuzeit bis in die Zukunft.

Schlüsselbegriffe

Digitalisierung, Vernetzung, Bandbreite, Automation, Künstliche Intelligenz

Was in Medien und Gesellschaft gerade geschieht, ist eine Revolution. Um dies zu beschreiben, wird der Beitrag einen Bogen schlagen von der Reformation bis zur Digitalisierung. Um mit einem aktuellen Beispiel anzufangen: Am Tag, als Trump zum US-Präsidenten gewählt worden war, war ich in der Redaktion der Washington Post. Ich habe noch nie in so viele ratlose Gesichter geblickt wie an jenem Tag.

Beginnen möchte ich mit einem kurzen Rückblick in die Geschichte. Vor 500 Jahren hat Martin Luther seine 95 Thesen an die Schlosskirche genagelt. Diese führte zu großen Umwälzungen in der Geschichte. Allerdings hätten 95 Thesen an einer Tür alleine nichts bewirkt. Erst das Zusammenspiel mit der kurz vorher erfundenen Druckerpresse brachte den Stein ins Rollen, der schließlich zu vielen historischen Veränderungen führte: Glaubenskriege, Kirchenspaltung, Bauernkrieg und Bauernaufstände – die erste Revolution, die auf deutschem Boden stattfand –, die Französische Revolution. Ich glaube, wir stehen heute wieder an der Schwelle einer Revolution stehen und zwar an der Revolution der Digitalisierung. Man kann einen direkten Zusammenhang zwischen der Digitalisierung und den Erwägungen, die wir zur Zeit erleben feststellen. Um nicht zu sehr ins Philosophische abzugleiten, möchte ich mich an der Technik orientieren. Die Technik ist sehr konkret, und da lässt sich wenig hineininterpretieren. Meine Theorie lässt sich an fünf technischen Errungenschaften festmachen, alle zusammenkommen einen „perfect storm", also einen perfekten Sturm generieren. Wir haben heute eine Konstellation, wo der Schlag eines Schmetterlings zu einem veritablen Storm bzw. Shitstorm führen kann.

Die Schlüsselfaktoren, die zusammenkommen sind:

- **Digitalisierung**
  Die Digitalisierung ist immens, ja sogar noch größer als Buchdruck war. Durch Digitalisierung wird alles Physische in eine Sprache übersetzt, die von Maschinen gelesen werden kann. Alles wir gescannt und in Nuller und Einser verwandelt. Dieser epochale Schritt ermöglicht es, das eben nicht nur Menschen miteinander reden können, sondern auch Maschinen mit Menschen, Menschen mit Maschinen und auch Maschinen untereinander. Das ist ein immenser Einschnitt in die Menschheitsgeschichte.
- **Vernetzung**
  Noch nie haben sich so viele Menschen und mittlerweile auch Dinge miteinander vernetzt. Es ist eine Explosion von Vernetzungen erfolgt. In der ganzen Menschheitsgeschichte waren noch nie so viele Menschen mit einander verbunden bzw. vernetzt.
- **Bandbreite und Geschwindigkeit**
  kommen jetzt hinzu, so dass immer mehr Menschen die Digitalisierung auch wahrnehmen können.
- **Automation**
  Spätestens seit einem Jahr ist der Begriff Bots in alle Munde. Auch bei der Bundestagswahl gab es Evidenzen, dass Bots im Spiel waren, die hatten zwar in Deutschland, nur sieben Prozent der Deutschen sind auf Twitter, nicht so einen durchschlagenden Erfolg wie in den USA, aber es lässt sich feststellen, dass dies auch bei uns noch stärker durchschlagen wird.
- **Künstliche Intelligenz**
  In diesem Jahr hat ein Google-Rechner den Champion im Spiel „Go" geschlagen. Go ist ein Spiel, das nicht mit Logik, sondern nur mit Intuition gewonnen werden kann. Nach sechs Monaten war der Rechner in der Lage, die besten 50 Go-Spieler der Rankliste parallel zu schlagen. Es liegt hier also ein exponentielles Wachstum vor, das nicht zu unterschätzen ist.

Das sind die fünf Dinge, die unsere Gesellschaft in den nächsten Jahren prägen werden, deshalb sollten wir uns mit ihnen anfreunden.

Digitalisierung

Wir können die Schlacht Print gegen Bildschirm nun endgültig zu den Akten legen. Der Bildschirm hat gewonnen. Es wird zwar in 20 Jahren auch noch eine gedruckte Zeitung geben. Diese hat aber dann nicht mehr die Aufgabe zu informieren, sondern zu unterhalten oder Dinge einfach weiter zu schreiben. Wenn man sich informieren will, was tatsächlich los ist, werden die Menschen nicht mehr zur Zeitung greifen. Um ein anderes Bild zu verwenden: Pferdekutschen gibt es heute auch noch, aber sie erfüllen heute einen anderen Zweck als vor hundert Jahren. So muss man das mit der Zeitung auch verstehen.

Einer aktuellen Studie des Reuters-Instituts zur Mediennutzung[1] zufolge ist eindeutig, wohin die Reise geht. Die älteren Jahrgänge nutzen noch Fernsehen, Print und Radio. Die jüngeren Jahrgänge sind voll im digitalen bzw. Online-Bereich und in den sozialen Medien. Und sie werden sich das Smartphone nicht mehr nehmen lassen, auch wenn sie 50 oder 60 Jahre alt sind. Die jüngeren Generationen sind ganz anders sozialisiert als wir. Sie werden nicht zum guten alten „Dampffernseher" zurückkehren.

Das kann man auch festmachen, denn wir haben das alles schon mehrfach erlebt. Zwei Beispiele sollen dies verdeutlichen:

1. **Verlauf der Verkaufszahlen der Musikindustrie:**
   Durch die CD ist es gelungen, dass wir bereits gekaufte Musik (Kassetten oder LPs) noch einmal gekauft haben. Dann kam die Digitalisierung, also die Übersetzung in Nullen und Einser, die man beliebig oft kopieren kann.
2. **Zeitungsindustrie:**
   Noch nie wurde mit dem gedruckten Papier so viel Geld verdient wie in der Jahrtausendwende. Mit der Zeit sind aber auch immer mehr ältere Menschen online gegangen und haben ihre Abos gekündigt. So ist ein kontinuierlicher Rückgang der Zeitungsauflagen seit der Jahrtausendwende festzustellen.

---

1 Hölig, S.; Hasebrink, U. (2017): Reuters Institute Digital News Survey 2017 – Ergebnisse für Deutschland. Hamburg: Verlag Hans-Bredow-Institut, Juni 2017 (Arbeitspapiere des Hans-Bredow-Institut Nr. 42), https://www.hans-bredow-institut.de/uploads/media/Publikationen/cms/media/2d87ccdfc2823806045f142bebc42f5f039d0f11.pdf, [abgerufen 15.11.2017]

Vernetzung

Im Internet bzw. im Internet, wie wir es kennen, gibt es vier Trillionen Adressen (IPV4). Ursprünglich meinte man, dass man mit dieser Zahl an Adressen bis 2030 auskommen werde. Doch der Hunger nach Daten hat zur Folge, dass man mehr Adressen braucht. Deshalb wurde der Schritt zu IPV6-Adressen vorgezogen. Und heute stehen uns 340 Sechstrillionen Adressen zur Verfügung. Diese Vielzahl an Seiten ist die Konkurrenz für Medienmacher. Es hat eine Explosion an Information gegeben.

Die Menschen kommunizieren heute dezentral und chaotisch. Wird eine Nachricht an einer Stelle gekappt, findet sie einen anderen Weg. Das erinnert an neuronale Netzwerke. Man kann sich unsere Welt dank dieser Geräte wie einen Supercomputer vorstellen. Und das ändert unsere Gesellschaft. Das ist nicht mehr hierarchisch top-down, also ein Sender und lauter passive Empfänger.

Wir hatten die Massenmedien seit rund 200 Jahren. Wir sind alle so aufgewachsen: Oben ist die Elite, also die Medien und die Wirtschaft. Darunter haben wir das passive Publikum. Und dann ist etwas Fundamentales passiert. Plötzlich hat sich diese Pyramide umgedreht. Plötzlich sind wir alle, Dank der verschiedenen Geräte, durch Social Media oder Twitter dabei. Wir sind die Chefredakteure geworden. Mit unseren Likes werden wir zum Programmchef. So bilden sich auch diese Filterkammern, also die Bubbles. Und die Eliten schauen dieser Entwicklung hilflos zu. Sie sagen: „Moment, wir sind doch die Gatekeeper. Wir bestimmen doch, was heute in der Tagesschau läuft."

An einem kurzen Beispiel soll das Dilemma näher erläutert werden. Wenn sich die Pyramide dreht, wird das gesamte Journalismusmodell auf den Kopf gestellt. Wenn beispielsweise Trump um 3 Uhr früh einen Tweet raushaut, dann versuchen Sie mal als Medium, nicht darüber zu berichten. Sie können nicht nicht berichten. Das geht nicht. Natürlich muss die Presse darüber berichten, sonst bekommen sie den Vorwurf zu hören, dass sie etwas verschweigt. Wir sind plötzlich in einem Dilemma: Egal, was wir machen, Trump gewinnt. Trump ist der Agendasetter. Er muss nicht mehr einen Redakteur um Erlaubnis fragen. Er tweetet etwas und damit ist die Nachricht in der Welt. Und das ändert viele Dinge.

Wie war das noch vor zehn Jahren? Der Politiker musste sich immer mit den Massenmedien beschäftigen. Von den Massenmedien gelangte die Botschaft zum Publikum. Das System Trump funktioniert wie folgt: Trump haut irgendwas raus. Er kommuniziert jetzt aber direkt mit dem Publikum. Die Presse bekommt das auch zeitgleich mit. Sie versucht die Botschaft nach dem klassischen System an ihr Publikum weiterzugeben. Nur was ist passiert? Das Publikum hat die gleiche Information wie der Zwischenhändler und sagt: „Nee Jungs, so nicht. Lügenpresse!"

Trump umgeht also den Mittelsmann. Er setzt ein Thema an den klassischen Medien vorbei. Wenn die Presse versucht, ihn zu kritisieren, wird sie, nicht Trump, kritisiert.

Wir hatten die klassische Tageschau-Welt. Wurde von den Korrespondenten über ein Ereignis nicht berichtet, fand es nicht statt. Heute sitzen überall Korrespondenten. Sie berichten über Ereignisse, die uns klassischen Korrespondenten entgangen oder nicht so wichtig sind. Und die Nachricht findet ihren Weg trotzdem zum Publikum. So kommt es, dass es dann plötzlich zwei narrative Stränge gibt. Diese neue Welt hat die klassische Welt nicht vollkommen abgelöst. Es hat aber eine Vermischung gegeben, das heißt, die klassische Nachrichtenwelt wurde um eine Social-Media-Welt ergänzt. Die beiden Welten lassen sich nicht mehr trennen.

Bandbreite

In Deutschland haben wir nicht das schnellste Internet. Hierzulande haben wir nur 1,6 Prozent Breitband-Abdeckung. Im internationalen Vergleich liegen wir auf Platz 26. Wenn wir in zwei Jahren die nächste Mobilfunkgeneration bekommen, dann brechen alle Dämme. Und das liegt an der Übertragungsgeschwindigkeit. Dann wird auch das Video kein Problem mehr sein.

Automation

Im Moment haben wir es mit einer Teilautomation zu tun: mit den Bots. Was sind Bots? Ein Bot ist ein Profil, dass Tweets automatisch postet. Um einen echten Profil zu gleichen, twittern sie beispielsweise auch nur von 9 bis 22 Uhr. So soll man nicht erkennen, dass es ein Computer ist.

Beispiel: US-Wahlkampf Clinton-Trump: Während Clinton sich aufs Targeting konzentriert hat, hat das Gegenlager auch noch Falschnachrichten kreiert und diese mit Targeting kombiniert. Das war der Schritt, den Clinton nicht gemacht hat. So fand die Schlacht im digitalen Web statt.

Künstliche Intelligenz

Mit unseren Sprachassistenten haben wir alle künstliche Intelligenz in der Hosentasche. Machen wir uns nichts vor. Diese Geräte und Anwendungen sind noch keine künstliche Intelligenz. Wir sollten aber nicht den Fehler machen und immer nur von der Gegenwart ausgehen. In den Laboren gibt es Systeme, die fast schon künstlich funktionieren. Der Programmierer weiß selbst nicht mehr, wie der Computer auf eine gestellte Frage antworten wird. Wenn der Lösungsbaum sehr differenziert wird, dann kann nicht einmal mehr der Schöpfer der KI sagen, was passieren wird.

Fazit: Vor 500 Jahren wurden die Reformation, die Gegenreformation und alle weiteren Ereignisse von Martin Luther ausgerufen. Dies funktionierte nur aufgrund der Technik. Und diesen Schlüsselfaktor sehe ich heute wieder. Statt der Druckerpresse haben wir heute die Digitalisierung, die Vernetzung, die Geschwindigkeit, die Automation und dann in naher Zukunft die Künstliche Intelligenz. Was das mit unserer Gesellschaft macht, kann keiner sagen. Deshalb ist mehr Empathie notwendig, um zu verstehen, was gerade mit uns passiert. Eines steht fest: Es wird nichts mehr so bleiben, wie es heute ist. Bill Gates sagte einmal: „Wir überschätzen gern, was in zwei Jahren passieren wird, aber unterschätzen, was in zehn Jahren passieren wird." Alles, was wir heute erleben, ist nur der Anfang zu einer Revolution. Was macht man in Zeiten, in denen sich Dinge rapide ändern? Es war nie die stärkste Spezies, die überlebt. Es war auch nie die intelligenteste, sondern es war immer diejenigen, die bereit war, sich an den Wandel anzupassen.

Der neue Strukturwandel der Öffentlichkeit und die German Angst

Uwe Krüger

Zusammenfassung

Vor dem Hintergrund der gesellschaftlichen Ängste und Spaltungstendenzen, die zum Aufstieg der rechtspopulistischen Partei Alternative für Deutschland (AfD) geführt haben bzw. mit ihm einhergehen, fragt dieser Beitrag nach der Bedeutung des Medienwandels innerhalb dieses Komplexes. Er zeichnet den aktuellen Strukturwandel der Öffentlichkeit nach, dessen Beginn auf Mitte der 1980er Jahre datiert wird und der durch Metaprozesse wie Digitalisierung, Globalisierung, Individualisierung und Ökonomisierung eine über Jahrzehnte stabile, klassische nationale Medienlandschaft transformiert hat. Es wird gezeigt, dass einige der Ängste, die im Bundestagswahljahr 2017 die deutsche Bevölkerung umgetrieben haben, mit dem Medienwandel hin zu einer Ära globalisierter digitaler Netzwerkmedien in mindestens indirektem Zusammenhang stehen, etwa Terrorismus und Spannungen durch Zuzug von Ausländern.

Schlüsselbegriffe

Öffentlichkeit, Medienwandel, Journalismus, Mediennutzung, Medienangebot, Werbeeinnahmen

---

© Springer Fachmedien Wiesbaden GmbH, ein Teil von Springer Nature 2018
G. Hooffacker et al. (Hrsg.), *Die neue Öffentlichkeit*,
https://doi.org/10.1007/978-3-658-20809-7_2

Einführung

2017 war das Jahr der German Angst. Symptomatisch dafür stand das Abschneiden der Alternative für Deutschland (AfD) bei der Bundestagswahl als drittstärkste politische Kraft, das von den meisten Beobachtern als „politisches Beben" und „Zäsur" betrachtet wurde. Der Aufstieg der rechtspopulistischen Partei jagte einerseits den etablierten Parteien gehörige Angst ein, und ihren Erfolg bei der Bundestagswahl verdankte sie dabei vor allem dem Ausnutzen von Ängsten in der Bevölkerung. Stefan Petzner, der ehemalige Berater des österreichischen Rechtspopulisten Jörg Haider, erklärt das Erfolgsrezept der AfD so: „Die Digitalisierung sorgt für Umbrüche, die Automobilindustrie steht vor einem großen Wandel, der Druck am Arbeitsmarkt wird immer höher. Gesellschaftliche Instanzen, Normen und Werte sind verloren gegangen und mit ihnen Haltegriffe, an denen man sich orientieren kann, die Sicherheit geben." All diese Aspekte schürten eine Unsicherheit und eine große Angst vor der Zukunft, mit der die AfD spiele. „Sie kanalisiert die Angst und setzt alle Themen der sozialen Gerechtigkeit in Bezug zu Flüchtlingen. Damit gibt sie automatisch immer den Flüchtlingen die Schuld und nutzt sie als Ventil" (Tominski 2017).

Dieses Zitat verdeutlicht, dass für eine diffuse Angststimmung in großen Teilen der Bevölkerung zwar vordergründig Ängste vor Flüchtlingen und den Folgen von Einwanderung verantwortlich sind, im Hintergrund aber weitere Entwicklungstendenzen wie die Digitalisierung und die mit ihr einhergehenden gesellschaftlichen Umwälzungen sind. In diesem Artikel soll dieser Gedanke weiterverfolgt und nicht auf die Digitalisierung als Ganzes, sondern auf den medialen Wandel infolge der Digitalisierung im Speziellen bezogen werden. Seine These lautet: Auch der gegenwärtige Strukturwandel der Öffentlichkeit von der Ära der klassischen Massenmedien hin zur Ära digitaler Netzwerkmedien[1] spielt eine Rolle für die Angststimmung, die die bundesdeutsche Gesellschaft seit einigen Jahren unter erheblichen Stress setzt und Spaltungstendenzen befördert. Wandel erzeugt Angst, das gilt als Axiom. Aber inwiefern kann medialer Wandel Angst hervorrufen – und handelt es sich dabei um eine spezifische „German Angst", also jene typisch deutsche Zögerlichkeit und Furchtsamkeit, die andere Völker offenbar nicht kennen, oder erlebt man sie auch außerhalb der Landesgrenzen?

---

1 „Digitale Netzwerkmedien" als zusammenfassender Begriff für das strukturell Neue in der Herstellung von Öffentlichkeit ist hier von Buschow (2012) übernommen.

2. Der neue Strukturwandel der Öffentlichkeit und die German Angst   11

Abb. 1   Gegen die „German Angst" an der Digitalisierungsfront: Plakat der FDP im Bundestagswahlkampf 2017

Der FDP-Vorsitzende Christian Lindner war im Bundestagswahlkampf gegen eine solche medienbezogene Zögerlichkeit zu Felde gezogen und hatte sich als unerschrockener Smartphone-Surfer und mobiler Macher mit dem Slogan „Digital first. Bedenken second" (Abb. 1) inszeniert. Hinter „Digital first" standen Forderungen im FDP-Wahlprogramm wie Digitaler Binnenmarkt, Ausbau der Digitalen Infrastruktur, Anpassung des Wettbewerbsrechts an die Digitalisierung. „Bedenken second" war schon weniger nachvollziehbar und klang wie das Gegenteil des Vorsorgeprinzips, das in der bundesdeutschen Umwelt- und Gesundheitspolitik in den 1970er Jahren eingeführt wurde, laut dem Risiken, Belastungen und Schäden im Voraus minimiert werden sollen und selbst wenn es noch an wissenschaftlicher Gewissheit über jene Gefahren mangelt (dieses Vorsorgeprinzip ist übrigens kein rein deutsches Bedenkenträgertum geblieben, sondern wurde mittlerweile auch in Dokumente der EU und der UN übernommen). Bedenken sind etwas für Verlierer, wollte die FDP wohl mitteilen – und übersprang bzw. bagatellisierte dabei gleich eine ganze Reihe von ernstzunehmenden Gefahren: „Überwachung, Datensicherheit, Bürgerrechten, Cyberkriminalität", brachte André Wilkens, der Autor des Buches „Analog ist das neue Bio" (Metrolit, Berlin 2015), in diesem Zusammenhang ins Gespräch, und: „Digitale Filterblasen radikalisieren ehemals friedliche Gemeinwesen, künstliche Intelligenz schafft menschliche Arbeit ab und vor lauter Datteln auf dem Smartphone verlernen wir das Denken" (Wilkens 2007). Dies also einleitend noch zur Ehrenrettung der Angst: Sie kann ein natürlicher, evolutionär sinnvoller Schutzmechanismus sein – auch in Bezug auf die Digitalisierung.

Um die Rolle des Medienwandels für gesellschaftliche Ängste und Spaltungstendenzen auszuloten, wird im Folgenden zunächst der gegenwärtige Strukturwandel der Öffentlichkeit beschrieben. Anschließend werden Umfrageergebnisse zu Ängsten in der deutschen Erwachsenenbevölkerung in Bezug zu Medien und Öffentlichkeit gesetzt.

Der neue Strukturwandel der Öffentlichkeit

Will man den gegenwärtig ablaufenden Medienwandel auf den Begriff bringen, kann man mit einigem Recht von einem neuen Strukturwandel der Öffentlichkeit sprechen. Wer dies aber tut, kommt ohne Verweis auf Jürgen Habermas und dessen Beschreibung des ersten Strukturwandels der Öffentlichkeit nicht aus. Laut Habermas (1990/1962) etablierte sich erstmals im 18. Jahrhundert eine Öffentlichkeit im Sinne einer „Sphäre der zum Publikum versammelten Privatleute", die allerdings noch kaum medienvermittelt war. Sie entstand durch das persönliche Gespräch von wohlhabenden und gebildeten Bürgern in Kaffeehäusern, Salons und Tischgesellschaften, wobei jedoch auch literarische Zeitschriften eine Rolle spielten: Mit Buchrezensionen begann unter den Bedingungen staatlicher Zensur im Absolutismus ein politischer Journalismus, der an den genannten Orten Anschlusskommunikation erfuhr; in diesem Setting einer frühbürgerlichen Öffentlichkeit wurde erstmals monarchische Herrschaft kritisch-rational erörtert und diskursiv geprüft. Im Anschluss entfaltete sich das emanzipatorische Potenzial dieser politischen Öffentlichkeit zunehmend in Form einer bürgerlichen Presse mit einem Journalismus, für den in langen, zähen Kämpfen schließlich Pressefreiheit, also

2. Der neue Strukturwandel der Öffentlichkeit und die German Angst 13

Unabhängigkeit von staatlichen Zensoren errungen wurde. Bereits im späten 19. Jahrhundert, mindestens aber im 20. Jahrhundert ging laut Habermas der Frühling des Liberalismus in der politischen Öffentlichkeit zu Ende: Vermachtungstendenzen schmälerten die diskursiven Qualitäten der bürgerlichen Öffentlichkeit, Zeitungen wurden nun von Medienkonzernen herausgegeben und kommerzialisiert, die Public Relations von (Wohlfahrts-)Staat und Verbänden sowie manipulative Werbung dominierten und verfälschten den Diskurs.

Hier ist nicht der Ort, um Habermas' Analyse einer kritischen Erörterung zu unterziehen oder ihre historischen Ungenauigkeiten zu diskutieren (dafür siehe etwa Saxer 1994 und Böning 2008); Habermas selbst distanzierte sich später von seiner romantischen Idealisierung der frühen bürgerlichen Öffentlichkeit und räumte ein, dass er die kritischen Potenziale in der Bevölkerung der Gegenwart unterschätzt hatte. Interessant ist aber das starke Bild, das er vom Strukturwandel zeichnet: Politische Öffentlichkeit wurde erst von debattierenden Bourgeois in Salons getragen, später von professionellen, wie am Fließband arbeitenden Redakteuren in den Großraumbüros der Massenpresse; ihre Herstellung verlagerte sich von den Kaffee- zu den Zeitungshäusern. Das ist auch deshalb interessant, weil heutige Beobachter soziale Netzwerke wie Facebook zuweilen als „Kaffeehäuser des digitalen Zeitalters" bezeichnen (Weichert 2011). Den neuerlichen Strukturwandel der Öffentlichkeit könnte man umschreiben als den Weg von der klassischen massenmedialen Welt der zweiten Hälfte des 20. Jahrhunderts in die Ära digitaler Netzwerkmedien.

Doch dieser Wandel begann nicht erst mit dem Durchbruch des Internet als Massenmedium um das Jahr 2000, sondern bereits mit technologischen Entwicklungen und medienpolitischen Entscheidungen Anfang der 1980er Jahre. Mit der überschaubaren alten Medienwelt, in der eine recht kleine Zahl privater Print-Verlage und öffentlich-rechtlicher Rundfunkanstalten innerhalb professioneller Strukturen Inhalte für große, weitgehend passive Publika in einem fast ausschließlich nationalen Rahmen produzierte, ging es schon mit Einführung der Satelliten- und Digitaltechnik und der Zulassung des privaten Rundfunks (also der Einführung des Dualen Rundfunksystems) zu Ende.

Führen wir uns allein die Vermehrung der Sender im Radio- und Fernsehbereich seit 1984 vor Augen: In die Fernsehwelt von ARD, ZDF und den dritten Programmen stießen allein im Jahr 1 der Liberalisierung die neuen TV-Kanäle Sat.1, RTL plus und das öffentlich-rechtliche 3sat. Seitdem wuchs das Angebot kontinuierlich. Die Anzahl der TV-Sender, die einen Marktanteil von mindestens 0,1 Prozent aufweisen, stieg allein zwischen 1995 und 2015 von 14 auf 36. Dabei schrumpften tendenziell die Marktanteile, die die einzelnen Sender erringen konnten: Auf über 10 Prozent kommen inzwischen nur noch zwei Sender (ARD und ZDF), RTL und Sat.1 sind bereits unter diese Marke gerutscht (Zubayr & Gerhard 2016, S. 146). Auf ähnliche

Weise hat sich die Anzahl der Radioprogramme in den letzten 35 Jahren vervielfacht. 1982 strahlte jede der neun Landesrundfunkanstalten in ihrem Sendegebiet drei bis vier Wellen aus (insgesamt 27), hinzu kamen noch je ein deutschsprachiges Programm der Bundesrundfunkanstalten Deutschlandfunk und Deutsche Welle sowie zwei Programme des US-amerikanischen Senders Rias (Arbeitsgemeinschaft der öffentlich-rechtlichen Rundfunkanstalten der Bundesrepublik Deutschland 1983, S. 361). Im Januar 2017 wurden in Deutschland bereits 71 öffentlich-rechtliche und 288 private Radioprogramme terrestrisch verbreitet (Die Medienanstalten 2017, S. 137). Im Printbereich ist die Situation ambivalent: Bei den Publikumszeitschriften gab es eine Expansion des Angebots, die Anzahl stieg zwischen 1990 und 2016 von 565 auf 788 (zwischenzeitlich, im Jahr 2010, waren es sogar 890). Die verkaufte Auflage allerdings ging von 110 auf 93 Millionen Exemplare zurück (Krupp & ARD Werbung 2016, S. 46), was der Marktanteilsschrumpfung bei Angebotsexpansion im Rundfunkbereich entspricht. Bei den Tages- und Sonntagszeitungen ist allerdings sowohl Anzahl wie auch Auflage rückläufig: Zwischen 1990 und 2016 ging ihre Zahl langsam, aber stetig von 394 auf 339 zurück, ebenso sank ihre verkaufte Auflage in einer ungebremsten Talfahrt von 25 auf 17 Millionen.

Dafür stiegen im Internet die Informationsmöglichkeiten exponentiell an. Allein die Zahl der Online-Zeitungen, die von traditionellen Zeitungsverlagen in Deutschland angeboten wurde, stieg von 5 im Jahr 1995 auf 662 im Jahr 2015 (Bundesverband Deutscher Zeitungsverleger 2016, S. 19). Daneben wuchs die Zahl der politischen Blogs und alternativen Nachrichtenportale, in denen sich sowohl ausgebildete oder frühere Journalisten als auch Laien publizistisch betätigen. Das Web 2.0 mit seinen Blogs, Wikis und sozialen Netzwerkplattformen bieten darüber hinaus allen Organisationen (von Regierungen und Ministerien, Kommunen, Konzernen und mittelständischen Unternehmen, Verbänden, Vereinen und Nichtregierungsorganisationen bis hin zu informellen Netzwerken und sozialen Bewegungen) und auch allen Einzelpersonen die Möglichkeit, ihre Informationen, Meinungen, Argumente und Perspektiven öffentlich zu artikulieren und mit ihren Ziel- oder Bezugsgruppen direkt zu kommunizieren. Die Digitalisierung hat damit Partizipationsmöglichkeiten geschaffen, die das Informations- und Deutungsmonopol des professionellen Journalismus aufgebrochen haben, und Kommunikation gleichzeitig räumlich entgrenzt. Jarren stellt fest,

„dass die entscheidenden Folgen für die Massenmedien und den Journalismus sich nicht bloß aus technischen Innovationen wie dem Internet ergeben, sondern vielmehr aus der mit der Digitalisierung erstmals möglichen kulturellen wie kommunikativen Globalisierung resultieren. Diese führt zu neuen Medienanbietern und Angeboten, die nicht nur ohne große Barrieren zugänglich sind, sondern auch ein neues Beteiligungspotential beinhalten. Diese neuen Anbieter und Angebote treten in Konkurrenz zu nationalen Medien- und Journalismuskulturen und relativieren deren kulturelle Vorherrschaft." (Jarren 2015, S. 113)

Hat sich der professionelle Journalismus einst als „Teil des nationalstaatlichen Institutionengefüges und des Elitensystems" (ebd., S. 114) herausgebildet und eingerichtet, so wird der „abermalige Strukturwandel der Öffentlichkeit hin zu einem weltgesellschaftlichen System ( ) nicht mehr im Nationalstaat und unter Beteiligung seiner Eliten gestaltet, sondern findet als ökonomischer Prozess im europäischen und vor allem globalen Maßstab statt" (ebd., S. 115). Damit steht nichts weniger als eine Rekonfigurierung des Verhältnisses zwischen Eliten und Bevölkerung an, denn „der elitistische Top-Down-Vermittlungsmodus mit begrenzten Beteiligungsmöglichkeiten des Publikums, für den die traditionellen Massenmedien mit ihrem Journalismus stehen, wird ergänzt und partiell verdrängt durch Bottom-Up-Vermittlungsformen, wie sie Social Media-Plattformen repräsentieren" (ebd.).[2] Die Diskussion um die Glaubwürdigkeit der Medien und um die Nähe von Journalisten zu Eliten aus Politik und Wirtschaft, die seit 2014 mit teils heftigen verschwörungstheoretischen Ausschlägen und in rüdem Tonfall á la „Lügenpresse" läuft (vgl. Krüger 2016 und Krüger & Seiffert-Brockmann 2017), ist somit auch als Ausläufer und Symptom des Strukturwandels der Öffentlichkeit zu verstehen.

Das Internet hat die Publikationskosten (per Weblog, Facebook, Twitter etc.) bis auf Null gesenkt und aus vielen bislang passiven Konsumenten aktive Produzenten von Medieninhalten gemacht. Die gestiegenen Teilhabemöglichkeiten für den Einzelnen sind wiederum erkauft für den Preis tendenziell gesunkener Reichweite in einem digitalen Universum mit inflationären, teils personalisierten bzw. privaten Teilöffentlichkeiten in Sozialen Medien: Der „Long Tail" des Öffentlichen ist länger geworden (Brosda 2013, S. 179), d. h. zu wenigen reichweitenstarken Medien sind eine Unmenge an reichweitenschwachen hinzugekommen. Im Internet verschmelzen nicht nur einstmals getrennte Mediengattungen technisch und formatlich (Medienkonvergenz); hier verschwimmen auch die Grenzen zwischen Individual- und Massenkommunikation, etwa wenn Postings von Privatpersonen virale Verbreitung erfahren oder wenn klassische Medienbeiträge kommentiert bzw. geteilt werden. Das Phänomen der „Social Navigation" tritt hinzu, das meint, dass journalistische Beiträge oft nicht mehr als Teil eines redaktionell gebündelten Gesamtpakets (Tageszeitung, Nachrichtensendung, Politmagazin) ihre Nutzer

---

2 Ergänzt werden sollte, dass es publizistische Bottom-Up-Ansätze freilich schon vor der Digitalisierung gab, v. a. seit Beginn der 1970er Jahre in Form von Alternativmedien, die Gegenöffentlichkeit für die Neuen Sozialen Bewegungen herstellten. Beispiele sind der „Informations-Dienst zur Verbreitung unterbliebener Nachrichten", „Stattzeitungen", Piratenradio oder Bürgerfunk (vgl. Wimmer 2007, S. 153-242, Scholl 2009).

finden, sondern „entbündelt" per Empfehlung durch Freunde oder Followings (vgl. Hautzer et al. 2012).
So sind nicht nur im Medienangebot, sondern auch in der Mediennutzung deutliche Anzeichen eines Strukturwandels zu sehen. Einerseits gab es auch hier eine Expansion: Noch nie wurde so viel Zeit für die Nutzung tagesaktueller Medien aufgewendet wie heute. Das Zeitbudget dafür in der Gesamtbevölkerung ist laut der ARD/ZDF-Langzeitstudie Massenkommunikation in den letzten 35 Jahren von 5 Stunden (1984) auf achteinhalb (2015) angestiegen, die junge Zielgruppe von 14-29 Jahren liegt stets knapp darunter (Krupp & Breunig 2016, S. 19 sowie Feierabend et al. 2016, S. 122; siehe Abb. 2). Das Zeitbudget in der Gesamtbevölkerung erhöhte sich damit um 70 Prozent, in der jungen Zielgruppe um 88 Prozent.

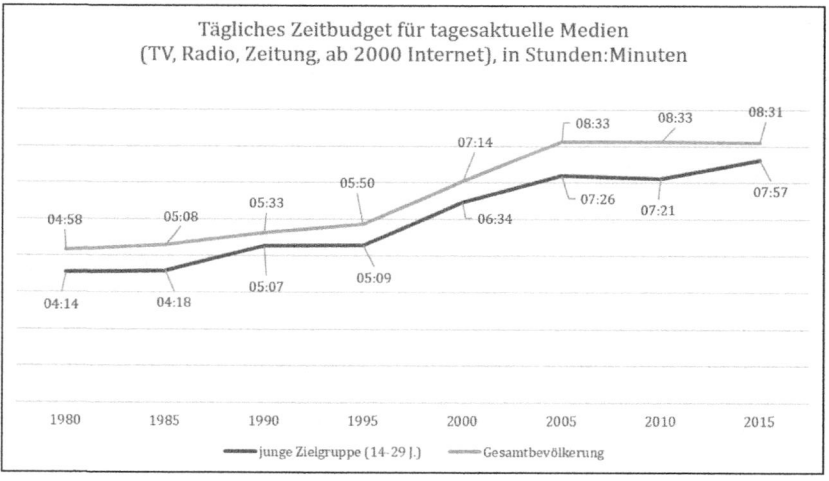

Abb. 2 Der Anstieg der Nutzungsdauer für tagesaktuelle Medien (TV, Radio, Zeitung, ab 2000 Internet) in Deutschland. Quelle: ARD/ZDF-Langzeitstudie Massenkommunikation

Dieses gestiegene Zeitbudget ist den unterschiedlichen Mediengattungen höchst unterschiedlich zugutegekommen. Laut der ARD/ZDF-Langzeitstudie Massenkommunikation schaute 1980 jeder Deutsche zwei Stunden lang fern (125 Minuten) und hörte 2 ¼ Stunden Radio (135 Minuten). 2015 wurde mehr Radio gehört (173 Minuten) und mehr ferngesehen (208 Minuten), während sich Print im Sinkflug befand: Das Zeitbudget, das die Deutschen für das Lesen einer Tageszeitung aufwenden,

2. Der neue Strukturwandel der Öffentlichkeit und die German Angst

schrumpfte im selben Zeitraum von 38 auf 23 Minuten, und die Tagesreichweite der Zeitung sank von 64 auf 33 Prozent der Bevölkerung. Der große Gewinner im Kampf um die Aufmerksamkeit ist das Internet. Von 13 Minuten im Jahr 2000 stieg die tägliche Nutzungsdauer des durchschnittlichen deutschen Erwachsenen auf 107 Minuten im Jahr 2015. Bei der jungen Zielgruppe, den 14-29-Jährigen, stieg die Dauer noch steiler an, von 25 auf 187 Minuten. Hier ist das Internet schon zur meistgenutzten Mediengattung geworden und hat dem Fernsehen, das in der Gesamtbevölkerung noch das Leitmedium darstellt, bereits den Rang abgelaufen; letzteres wird 144 Minuten täglich geschaut, Radio 137 Minuten gehört und eine gedruckte Tageszeitung 9 Minuten lang gelesen (Krupp & Breunig 2016, S. 27, siehe Abb. 3).

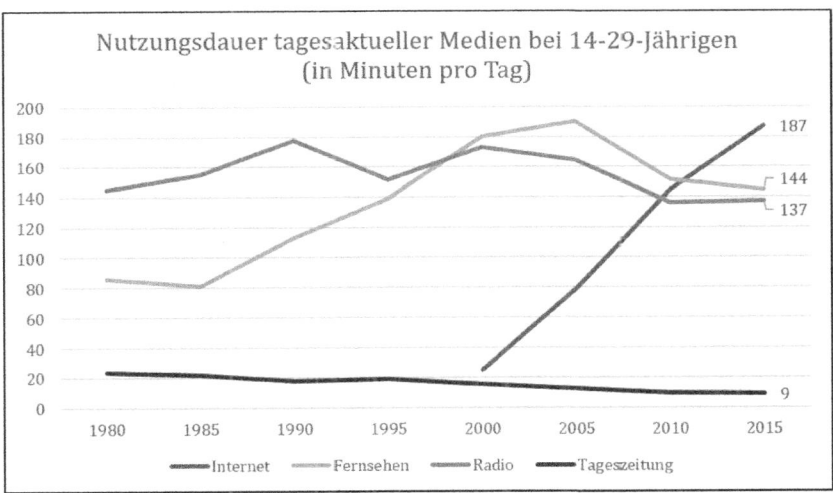

Abb. 3 Bei den Jüngeren hat das Internet das Fernsehen schon überholt: Tägliche Nutzungsdauer der einzelnen Mediengattungen. Quelle: ARD/ZDF-Langzeitstudie Massenkommunikation

Der Strukturwandel der Öffentlichkeit zeigt sich besonders deutlich in den Unterschieden zwischen den Generationen. Das Hans-Bredow-Institut in Hamburg befragte 2011 die Deutschen nach den Informationsquellen, die für ihre politische Meinungsbildung am wichtigsten sind. Die Top-Ten-Liste der Jüngeren unterschied sich deutlich von derjenigen der Senioren: Bei den Älteren standen fast nur öffentlich-rechtliche Fernsehsendungen und Tageszeitungen auf dem informationellen

Speiseplan, bei den Jüngeren war es eine bunte Mischung aus öffentlich-rechtlichem und privatem TV, Spiegel Online, Bild, Google, Facebook und Freunden (Hasebrink & Schmidt 2012, S. 54, siehe Tab. 1).

Tab. 1 Die wichtigsten Informationsquellen zur Meinungsbildung über politische Themen nach Altersgruppen, 2011 (in Prozent der Befragten)

Rang	14 bis 29 Jahre	ab 60 Jahre
1	ARD-Tagesschau	ARD-Tagesschau
2	Spiegel Online	ZDF heute
3	google.de	ARD Nachrichten
4	web.de	ZDF Nachrichten
5	n-tv-Nachrichten	regionale Tageszeitung
6	facebook.com	ZDF heute journal
7	Bild-Zeitung	ARD (allgemein)
8	N24-Nachrichten	Anne Will
9	RTL-Nachrichten	google.de
10	Freunde	Süddeutsche Zeitung

Quelle: Hans-Bredow-Institut

In diesen altersspezifischen Informationsrepertoires der Deutschen, die bislang leider in keiner neueren Studie abgefragt wurden, ist die digitale Spaltung der Gesellschaft sichtbar: Bei den Jüngeren haben sich die Algorithmen von Suchmaschinen und sozialen Netzwerkplattformen zwischen die klassischen Gatekeeper und die Bürger geschoben und spielen nun genauso eine Rolle wie Bekannte mit ihren Empfehlungen einzelner Medienbeiträge im Social Web. Das Netz verteilt die kommunikative Macht in der Gesellschaft neu: Die Journalisten, die in der klassischen Medienwelt als „Gatekeeper" noch weitgehend konkurrenzlos darüber entschieden, welche Themen und Meinungen überhaupt in die öffentliche Arena kamen, sind heute oft nur noch „Gatewatcher" und Kuratoren eines unendlichen Stroms an Informationen, Daten, Berichten und Diskussionen im World Wide Web. Der Nutzer kann sein eigener Programmdirektor sein – und läuft doch gleichzeitig Gefahr, in Sachen Datenschutz, Privatsphäre und informationeller Selbstbestimmung zum Sklaven digitaler Supermächte zu werden, durchleuchtet und abhängig von intransparenten Quasi-Monopolisten wie Google und Facebook.

Wer hat Angst vorm Medienwandel?

Das Substantiv „Angst" gehört laut Herkunftswörterbuch im Sinne von „Enge, Beklemmung" zu der indogermanischen Wortgruppe von „eng" (Duden 2011, S. 38). So ist nun zu fragen: Wo wird es aufgrund des aktuellen Strukturwandels der Öffentlichkeit eng, und vor allem: für wen? Zunächst einmal und vordergründig wird es für die gedruckten Tageszeitungen eng. Sie kämpfen seit 2000 nicht nur mit stetig sinkenden Auflagen und damit sinkenden Vertriebserlösen, sondern auch mit stetig sinkenden Werbeeinnahmen (Abb. 4). Inzwischen sind die Werbeerlöse auf das Niveau von Anfang der 1980er Jahre gefallen – in einer auf stetiges Wachstum angewiesenen Ökonomie eine Katastrophe. Das Fernsehen steht besser da, doch das Wachstum ist seit 2000 ebenfalls zum Stillstand gekommen. Dafür wird kontinuierlich mehr Werbegeld im Internet ausgegeben, wo es aber häufig nicht der (Quer-)Finanzierung journalistischer Produkte dient, sondern oftmals an Firmen fließt, die Aggregatoren, Netzwerkplattformen oder Suchmaschinen betreiben.

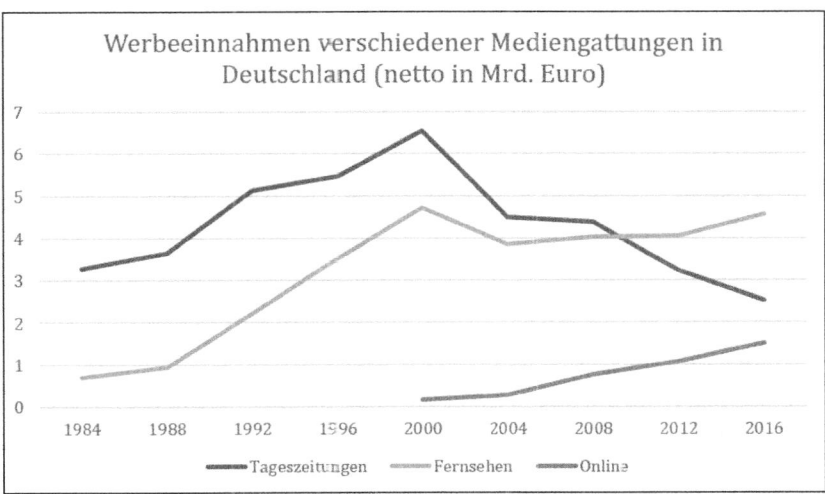

Abb. 4 Seit 2000 verlieren die Zeitungen an Werbeeinnahmen, das Fernsehen bleibt stabil und Online gewinnt: Werbeeinnahmen verschiedener Mediengattungen seit 1984 (ab 1992 mit alten Bundesländern, bis 1999 DM umgerechnet in Euro). Quelle: Zentralverband der deutschen Werbewirtschaft 2017, S. 13, sowie die vorangegangenen Jahrbücher seit 1984

Alte, einstmals profitable Geschäftsmodelle brechen also weg, und insgesamt ist die Bedeutung professioneller Journalisten als Gatekeeper und Hersteller von Öffentlichkeit in Zeiten kommunikativer Inflation gesunken. Henry Blodget, der Chef des Onlineportals *Business Insider*, drückte es in einem *Spiegel*-Gespräch so aus: „Bevor es das Internet gab, waren große Zeitungen wie Wasserspender in der Wüste ( ), sie hatten die Kontrolle über die Wasserversorgung. Heute sind sie nur noch kleine Bäche, die in einen großen Ozean münden" (Hülsen 2016, S. 63). Mit dem Anwachsen der Gesamtmenge an Information und Kommunikation scheint auch der Wert journalistisch aufbereiteter Information gesunken zu sein. In Analogie zur Geldentwertung bei ansteigender Geldmenge kann man auch von Informationsentwertung bei kommunikativer Inflation sprechen. Einen solchen Zusammenhang postulierte bereits Anfang der 1990er Jahre der Soziologe Richard Münch, als er die „Kommunikationsgesellschaft" ausrief (wohlgemerkt noch vor dem Siegeszug des Internet, allerdings nach Beginn des aktuellen Strukturwandels der Öffentlichkeit). Münch bezog diese Aussage aber nicht nur auf den ökonomischen Wert der Ware Journalismus, sondern vor allem auf ihren meritorischen Wert für die gesellschaftliche Verständigung. Er sprach von einer „Entwertung der öffentlichen Sprache" und warnte:

> „Es wächst der Umfang der Kommunikation wie die Geldmenge in der Wirtschaft, Verständigung wird jedoch immer weniger erreicht, wie man bei einer Geldinflation mit dem Geld immer weniger Waren erwerben kann. Je mehr sich diese Erfahrung ausbreitet, umso mehr kann es zum Ausweichen in Ersatzwährungen und zur Rezession kommen. In beiden Fällen nimmt das Vertrauen in die Kommunikation ab" (Münch 1993, S. 272).

Heute klingen diese Worte beinahe prophetisch angesichts der Krisenphänomene, die mit Schlagworten wie Fake News, Verschwörungstheorien, Filterblasen und Echokammern aktuell vor allem in Bezug auf das Social Web diskutiert werden und die Beobachter aus der gesellschaftlichen Mitte einen „Dialog- und Kommunikationsinfarkt" befürchten lassen, „der einer offenen Gesellschaft gefährlich werden kann" (Pörksen 2015, S. 72). Unter politischen und medialen Eliten als Entscheidungs- und Verantwortungsträger der politischen Öffentlichkeit geht die Angst um, dass es in einer solch zerklüfteten, entgrenzten und hochgradig partizipativen Medienlandschaft unmöglich wird, einen vernünftigen Diskurs zu führen, gesellschaftlichen Zusammenhalt zu gewährleisten und politischen Konsens herzustellen. Dabei kommt zu den innergesellschaftlichen Verwerfungen, Konfliktlinien und Meinungsklüften zwischen Elite und Bevölkerung (Krüger 2017, S. 254-258) die Möglichkeit der Manipulation des politischen Meinungs-

2. Der neue Strukturwandel der Öffentlichkeit und die German Angst

und Willensbildungsprozesses durch Trollarmeen, Social Bots und automatisierte Propaganda noch dazu.

Doch wie sieht es mit den Ängsten der Nicht-Eliten aus? Was die deutsche Normalbevölkerung umtreibt, erhebt die R+V-Versicherung in einer repräsentativen Langzeitstudie mit jeweils 2.400 Befragten. In der Erhebung von 2017 waren die größten Angstmacher Terrorismus (71 Prozent), politischer Extremismus (62 Prozent), Spannungen durch den Zuzug von Ausländern (61 Prozent), Kosten für die Steuerzahler durch die EU-Schuldenkrise (58 Prozent), Schadstoffe in Nahrungsmitteln (58 Prozent), Überforderung der Deutschen bzw. der Behörden durch Flüchtlinge (57 Prozent) sowie Naturkatastrophen (56 Prozent) (R+V 2017, s. Abb. 5).

Abb. 5 Die größten Ängste der Deutschen 2017. Abgefragt wurden 20 Items mit einer Skala von 1 (gar keine Angst) bis 7 (sehr große Angst). Zu sehen sind hier die zusammengefassten Werte für 5, 6 und 7 (in Prozent). n=2380. Quelle: Infocenter der R+V-Versicherung.

Der Medienwandel spielt hier auf den ersten Blick keine Rolle. Man könnte einwenden, dass die Designer der geschlossenen Fragen dieses Thema nicht interessiert hat; tatsächlich gibt es im Fragebogen kein einziges Item mit explizitem Bezug zu Medien oder Öffentlichkeit. Doch haben viele Angstthemen aus der Top-Ten-Liste durchaus mit Medien und dem Strukturwandel der Öffentlichkeit zu tun. Terrorismus etwa kommt erst durch die Medien ins Bewusstsein der Bevölkerung, durch Radio, Fernsehen, Onlinemedien und soziale Medien sogar manchmal in Echtzeit, und kann erst durch diese Verbreitung seine terrorisierende Wirkung entfalten. Man könnte die These aufstellen, dass die Menschen nicht vor dem nächsten Terroranschlag, sondern vor der *Berichterstattung* über den nächsten Terroranschlag Angst haben. Journalisten besorgen mit der Berichterstattung über Terroranschläge nolens volens das PR-Geschäft der Terroristen und machen damit wohl auch den nächsten Terroranschlag wahrscheinlicher, denn wo kein Angst-Effekt in der Bevölkerung, da auch weniger Anreiz für solche Taten; und mancher Nachahmer bekommt erst aus der medialen Beschreibung des Tathergangs seine Inspiration. Über dieses ethische Dilemma wird im Journalismus und in der Kommunikationswissenschaft regelmäßig diskutiert; jüngste Beispiele sind ein *Zeit*-Dossier (Berbner 2017) und ein Debattenschwerpunkt im DGPuK-Informationsdienst *Aviso* (Verhovnik 2017). Dass eine demokratische Gesellschaft dieser Zwickmühle kaum entrinnen kann und ein kompletter Verzicht auf Berichterstattung nicht in Frage kommt, ist dabei Konsens, jedoch gibt es probate Mittel und handwerkliche Empfehlungen für Redaktionen, um das angstmachende Moment von Terrorberichterstattung zu reduzieren (Wyss 2017).

Ein weiteres großes Thema in den Top Ten der „German Angst" sind Ausländer und Flüchtlinge. Der Medien- und Öffentlichkeitsbezug ist nicht schwer zu erkennen: Digitalisierung ermutigt zu Flucht und Migration und erleichtert sie. Ohne mobile Endgeräte und digitale Netzwerkmedien hätten sich in den letzten Jahren viel weniger Menschen aus krisengeschüttelten oder verarmten Regionen des Globalen Südens auf den Weg in den Globalen Norden gemacht. Digitalisierte massenmediale und interpersonale Kommunikation macht in den Herkunftsländern sichtbar, wie das Leben auf der Friedens- und Wohlstandsinsel Deutschland bzw. Europa aussieht, und sie hilft beim Bewältigen der Wegstrecke. Der Soziologe Stephan Lessenich entwickelt in seinem jüngsten Buch „Neben uns die Sintflut – Die Externalisierungsgesellschaft und ihr Preis" das Argument, dass der Westen als Zentrum des Weltwirtschaftssystems viele soziale und ökologische Kosten seines historisch einmaligen Wohlstands in die Länder des Globalen Südens ausgelagert hat und immer noch auslagert; dort bezahlt man in vielerlei Hinsicht den Preis dafür, dass es den Deutschen (und anderen) so gut geht. Doch nun sei die „Zeit des weltgesellschaftlichen Bumerang-Effekts" (Lessenich 2016, S. 75) gekommen. Die Externalisierungsfolgen kehren nach Hause zurück: Wir essen unsere eigenen Plastiktüten in Form von Mikroplastik, das in den Weltmeeren in die Mägen von Fischen gelangt ist; Tornados, Überschwemmungen und andere extreme Wetterereignisse als Folge des CO_2-Ausstoßes treten auch in Deutschland vermehrt auf, und:

„Unter veränderten, nicht zuletzt auch informations- und mobilitätstechnologisch radikalisierten Bedingungen der Globalisierung werden die ‚Opfer' der Externalisierungsgesellschaft (…) zu ‚Tätern', zu Handelnden, zu Akteuren der Gegenbewegung. Und dies sogar im wahrsten Sinne des Wortes: Zumindest einige von ihnen setzen sich in Bewegung, ziehen von den Peripherien in die Zentren und fordern dort den Preis der Externalisierungsgesellschaft zurück" (Lessenich 2016, S. 75-76).

Es ist wohl diese langsam zur Gewissheit werdende Ahnung, dass es uns Wohlstandsbürgern im Zentrum der Weltwirtschaft bald an den Kragen geht. „Diese Befürchtung ist nachvollziehbar – und sie ist nicht allein eine Frage der im englischen Sprachraum sprichwörtlich gewordenen *German Angst*, sondern mit gutem Grund ein gesamteuropäisches Phänomen, ja ein Phänomen des globalen Nordens" (Lessenich 2016, S. 185, Kursivierung im Original). Von dieser Angst ernähren sich die AfD und andere rechtspopulistische Bewegungen im Westen, die auf Abschottung und Grenzschließung setzen statt auf globale Umverteilung und eine gerechtere Weltwirtschaftsordnung. Wir werden in Zukunft mehr teilen, mehr abgeben müssen – diese eher indirekte Folge des aktuellen Strukturwandels *nicht nur* der Öffentlichkeit ruft wahrscheinlich die meiste (German) Angst hervor.

Literatur

Arbeitsgemeinschaft der öffentlich-rechtlichen Rundfunkanstalten der Bundesrepublik Deutschland (Hrsg.): *ARD-Jahrbuch 83*. Hans-Bredow-Institut, Hamburg 1983.

Berbner, B (2017). Wir Terrorhelfer. *Die Zeit* Nr. 35 vom 24.8., S. 13-15, online: http://www.zeit.de/2017/35/journalismus-terrorismus-anschlaege-medien-bilder-umgang [Zugriff am 3.11.2017]

Böning, H. (2008). Zeitung und Aufklärung. In: Martin Welke & Jürgen Wilke (Hrsg.): *400 Jahre Zeitung. Die Entwicklung der Tagespresse im internationalen Kontext* (S. 287-310). Bremen: edition lumiere.

Brosda, C. (2013). Digitale Chancen für das gesellschaftliche Zeitgespräch. In: Marc Jan Eumann, Frauke Gerlach, Tabea Rößner & Martin Stadelmaier (Hrsg.): *Medien, Netz und Öffentlichkeit. Impulse für die digitale Gesellschaft* (S. 171-181). Essen: Klartext.

Buschow, C. (2012). *Strategische Institutionalisierung durch Medienorganisationen. Der Fall des Leistungsschutzrechtes*. Köln: Halem.

Bundesverband Deutscher Zeitungsverleger (2016). *Die deutschen Zeitungen in Zahlen und Daten 2016*, online: https://www.bdzv.de/fileadmin/bdzv_hauptseite/aktuell/publikationen/2016/ZDF_2016.pdf [Zugriff am 3.11.2017]

Die Medienanstalten (2017). *Jahrbuch 2016/17*. Leipzig: Vistas, online: http://www.die-medienanstalten.de/fileadmin/Download/Publikationen/ALM-Jahrbuch/Jahrbuch_2017/Medienanstalten_Jahrbuch_2016-17_Web-PDF.pdf [Zugriff am 3.11.2017]

Duden (2001). *Das Herkunftswörterbuch. Etymologie der deutschen Sprache.* 3. Auflage. Duden Band 7. Mannheim, Leipzig, Wien, Zürich: Dudenverlag.
Feierabend, S., Klingler, W., Turecek, I. (2016). Mediennutzung junger Menschen im Langzeitvergleich. Nutzungsmuster 14- bis 29-Jähriger auf Basis der Studie Massenkommunikation. *Media Perspektiven* Heft 2, S. 120-128, online: http://www.ard-werbung.de/media-perspektiven/fachzeitschrift/2016/artikel/mediennutzung-junger-menschen-im-langzeitvergleich/ [Zugriff am 3.11.2017]
Habermas, J. (1990 [1962]). *Strukturwandel der Öffentlichkeit. Untersuchungen zu einer Kategorie der bürgerlichen Gesellschaft.* Frankfurt am Main: Suhrkamp.
Hasebrink, U., Schmidt, Jan-Hinrik (2012). *Informationsrepertoires der deutschen Bevölkerung.* Arbeitspapiere des Hans-Bredow-Instituts Nr. 24, Hamburg, online: https://www.hans-bredow-institut.de/uploads/media/Publikationen/cms/media/59105af0016943f9b-8b29e1525b1b37e699c444f.pdf [Zugriff am 3.11.2017]
Hautzer, L., Lünich, M., Rössler, P. (2012). *Social Navigation. Neue Orientierungsmuster bei der Mediennutzung im Internet.* Baden-Baden: Nomos.
Hülsen, I. (2016). „Was mir passiert ist, war peinlich". Interview mit Henry Blodget. *Der Spiegel* Nr. 20 vom 14.5., S. 60-63, online: http://magazin.spiegel.de/EpubDelivery/spiegel/pdf/144788058 [Zugriff am 3.11.2017]
Jarren, O. (2015). Journalismus – unverzichtbar?! *Publizistik* 60(2), S. 113-122.
Krupp, M., ARD Werbung (Hrsg.) (2016). *Media Perspektiven* Basisdaten – Daten zur Mediensituation in Deutschland 2016.
Krupp, M., Breunig, C. (Hrsg.) (2016). *Massenkommunikation IX. Eine Langzeitstudie zur Mediennutzung und Medienbewertung 1964-2015.* Baden-Baden: Nomos.
Krüger, U. (2016). *Mainstream. Warum wir den Medien nicht mehr trauen.* 2., durchgesehene und aktualisierte Auflage. München: C.H.Beck
Krüger, U. & Seiffert-Brockmann, J. (2017). Lügenpresse: Eine Verschwörungstheorie? Hintergründe, Ursachen, Auswege. In: H. Haarkötter, J.-U. Nieland (Hrsg.). *Nachrichten und Aufklärung. Medien- und Journalismuskritik heute: 20 Jahre Initiative Nachrichtenaufklärung* (S. 67-88). Wiesbaden: Springer VS.
Krüger, U. (2017). Medien-Mainstream. Eine Streitrede wider Konformität im Journalismus und für eine kritische Journalistik. In: I. Neverla, V. Lilienthal (Hrsg.). *Lügenpresse. Anatomie eines politischen Kampfbegriffs* (S. 248-265). Köln: Kiepenheuer & Witsch.
Lessenich, S. (2016). *Neben uns die Sintflut. Die Externalisierungsgesellschaft und ihr Preis.* München: Hanser Berlin.
Münch, R. (1993). Journalismus in der Kommunikationsgesellschaft. *Publizistik* 38(3), S. 261-279.
Pörksen, Bernhard (2015). Der Hass der Bescheidwisser. *Der Spiegel* Nr. 2 vom 5.1., 72-73, online: http://www.spiegel.de/spiegel/print/d-131147816.html [Zugriff am 3.11.2017].
R+V (2017). Die Ängste der Deutschen. Umfrage des Infocenters der R+V Versicherung, Wiesbaden. Online: https://www.ruv.de/presse/aengste-der-deutschen/downloads [Zugriff am 3.11.2017].
Saxer, U. (1994). Strukturwandel der Öffentlichkeit. Jürgen Habermas' Klassiker wi(e)dergelesen von einem Kontrahenten. *Zoom K&M*, Nr. 4 (Oktober), S. 71-75, online: http://www.medienheft.ch/uploads/media/04_ZOOM_KM_13_Ulrich_Saxer_Strukturwandel_der_Oeffentlichkeit.pdf [Zugriff am 3.11.2017]

Scholl, A. (2009). Vom Dissens zur Dissidenz. Die Bedeutung alternativer Gegenöffentlichkeit für die Gesellschaft. In: K. Merten (Hrsg.). *Konstruktionen von Kommunikation in der Mediengesellschaft* (83-95). Wiesbaden: VS.

Tominski, K. (2017). „Die AfD spielt mit der Angst". *Fakt ist!*, MDR Fernsehen am 25.08., 22:05 Uhr, online: http://www.mdr.de/sachsen/fakt-ist-die-afd-spielt-mit-der-angst100.html [Zugriff am 3.11.2017]

Verhovnik, M. (2017). Berichterstattung über Terror – Medien und Verantwortung. *Aviso* Nr. 65, Herbst, S. 2.

Weichert, S. (2011). Zehn Thesen zum digitalen Medienwandel. *Vocer.org* am 31.8., online: http://www.vocer.org/zehn-thesen-zum-digitalen-medienwandel/ [Zugriff am 3.11.2017]

Wilkens, A. (2017). Debatte FDP-Digitalkampagne: Denken first, digital second. *taz* vom 22.9., online: http://www.taz.de/ 5449680/ [Zugriff am 3.11.2017]

Wimmer, J. (2007). *(Gegen-)Öffentlichkeit in der Mediengesellschaft. Analyse eines medialen Spannungsverhältnisses.* Wiesbaden: VS.

Wyss, V. (2017). Dem Interessenskonflikt mit Qualitätsmanagement begegnen. *Aviso* Nr. 65, Herbst, S. 8-9.

Zentralverband der deutschen Werbewirtschaft (2017): Werbung 2017. Berlin: edition ZAW.

Zubayr, C., Gerhard, H. (2016). Tendenzen im Zuschauerverhalten. Fernsehgewohnheiten und Fernsehreichweiten im Jahr 2015. *Media Perspektiven* Nr. 3, S. 142-155, online: http://www.ard-werbung.de/fileadmin/user_upload/media-perspektiven/pdf/2016/03-2016_Zubayr_Gerhard.pdf [Zugriff am 3.11.2017]

Transmedialer Wandel und die German Angst

3

Paul-Josef Raue

Zusammenfassung

Die Angst ist keine Erfindung des 21. Jahrhunderts. Der Beitrag zieht Parallelen zwischen den Umbrüchen und dem Medienwandel des 16. Jahrhunderts zum heutigen transmedialen Wandel. Er stellt die aktuellen Herausforderungen an den Journalismus dar und zeigt mögliche Auswege auf.

Schlüsselbegriffe

Martin Luther, Medienwandel, Journalismus, Digitalisierung, Lügenpresse, Transmedia

Eine Woche vor der Bundestagswahl 2017 moderierte der Bestseller-Autor Peter Hahne im ZDF ein halbstündiges Gespräch über „German Angst". Zu sehen waren eingangs die deutschen Nationalfarben, in das mittlere rote Feld stand geschrieben: „German Angst". Peter Hahne und seine Gäste ließen keinen Zweifel aufkommen: Die Angst bilden wir uns nicht ein, sie ist real.

Diese Angst ist keine Erfindung des 21. Jahrhunderts. Populär gemacht hat sie vor einem halben Jahrtausend Martin Luther. Bielefelder Soziologie-Studenten zeigten 2013 in ihrem Magazin „SOZusagen" eine Bild-Montage: Dem Luther im Gemälde von Lucas Cranach dem Älteren hatten Sie eine Tafel umgehängt: „The END is NEAR".

Luther erfand nicht nur die deutsche Angst, sondern auch die Massenmedien. So kamen die beiden zusammen: Angst und Öffentlichkeit. Was brauchte Luther dafür?

© Springer Fachmedien Wiesbaden GmbH, ein Teil von Springer Nature 2018
G. Hooffacker et al. (Hrsg.), *Die neue Öffentlichkeit*,
https://doi.org/10.1007/978-3-658-20809-7_3

- Eine neue Technik, den Buchdruck, siebzig Jahre zuvor von Johannes Gutenberg erfunden;
- die deutsche Sprache, die Luther selber entwickelte und populär machte;
- Zugang zu den Menschen, also Abschied vom Dünkel der Eliten, von Fürsten, Bischöfen und Priestern;
- einen Künstler und Manager wie Lucas Cranach, der in Wittenberg Luthers Flugschriften mit Bildern versah und tausendfach druckte – und
- er brauchte die deutsche Angst.

Luther war sich sicher: Die Welt geht unter noch zu meinen Lebzeiten. Viele seiner Schriften kreisen um den Untergang und machten ihn zum Bestseller-Autor. Seine Flugschriften erreichten rund eine Million Menschen, etwa zehn Prozent der Bevölkerung[1]. Erasmus von Rotterdam veranlasste dieser Erfolg zu der leicht verzweifelten Aussage: „Bei den Deutschen lässt sich kaum noch etwas verkaufen außer lutherischen oder antilutherischen Schriften."[2]

Luther löste eine Untergangs-Welle aus

In einem Jahr wie 1524 verkauften Luther, seine Anhänger und Gegner 2.400 Flugschriften in einer Auflage von 2,4 Millionen Exemplaren[3]: Solch einen Erfolg in Deutschland haben heute allenfalls Harry-Potter-Bücher.

„Das Gericht" – gemeint ist das Jüngste Gericht – „ist jetzt schon in der Welt, wenn auch noch nicht offenbart ist, was an jenem Tage geschehen wird", spricht der gerade berufene Professor Luther in seiner ersten Wittenberger Vorlesung. „Es wird nichts so bleiben, wie es ist", sagte Richard Gutjahr in seiner Keynote. Das gilt nicht nur für uns heute, es galt auch vor fünfhundert Jahren: Überall war damals Weltuntergang, herrschte die deutsche Angst. Sie ist nicht neu.

---

1 Polenz, Peter von (2000). Deutsche Sprachgeschichte vom Spätmittelalter bis zur Gegenwart. Seite 134. Berlin: Walter de Gruyter, 2. Auflage, zitiert nach Google Books: https://books.google.de/books/about/Deutsche_Sprachgeschichte_vom_Sp%C3%A4tmitte.html?hl=de&id=0RrHcVfn5VcC&redir_esc=y
2 Zitiert nach Polenz, 2000, Seite 134
3 Nieden, Marcel: Die Wittenberger Reformation als Medienereignis, in: Europäische Geschichte Online (EGO), hg. vom Leibniz-Institut für Europäische Geschichte (IEG), Mainz 2012-04-23. URL: http://www.ieg-ego.eu/niedenm-2012-de URN: urn:nbn:de:0159-2012042305 [27.10.2017].

3. Transmedialer Wandel und die German Angst

Neu ist allerdings: Unsere Weltuntergangs-Stimmungen, unsere Lust am Untergang, stiften in den Medien zwar Wonnen der Verzweiflung, aber ohne Luthers Gewissheit, dass nach dem Untergang eine bessere Welt wartet. Wir warten mit Googles Hilfe auf das ewige Leben auf Erden – mit oder ohne Angst. Wir haben die transzendente Hoffnung in eine transmediale Wirklichkeit verwandelt.

Google verspricht: „Es ist möglich, 500 Jahre zu leben"

Bill Maris ist der Gründer der Google-Gesundheitssparte „Calico". In einem CNN-Interview antwortete er 2015 auf die Frage, ob man den Tod besiegen könne: „Wenn Sie mich heute fragen, ob es möglich ist, 500 Jahre zu leben, so lautet die Antwort: Ja!"[4] Da sind wir von der Transzendenz über die Transmedien beim Transhumanismus gelandet – und wollen doch bei der Angst bleiben, der German Angst.

Über Jahrzehnte hat der Journalismus, vornehmlich im Boulevard, mit der Angst gehandelt: Schlechte Nachrichten sind die eigentlich guten Nachrichten. Journalisten spielen mit der Angst der Leser in der Absicht, so die Auflagen und Einschaltquoten zu heben oder zumindest zu halten – und sind meist fröhlich dabei.

Doch seit einigen Jahren ist auch die Angst der Journalisten zu spüren. Die Digitalisierung der Medien wird als Weltuntergang beschworen. Wen stört da das Argument, dass die Auflagen der Zeitungen schon zurückgingen, als das Internet nur für eine Minderheit eine Bedeutung hatte?

Tagungen zur Krise des Journalismus haben Konjunktur. Wer an Universitäten lehrt, zu Vorträgen eingeladen oder als Berater in Redaktionen geholt wird, hört diese Melodie: „Machen Sie was mit Online!"

Der multimediale, crossmediale, transmediale Redakteur ist ein Traum weniger, aber ein Albtraum für viele. Der Redakteur der Zukunft soll an Facebook, WhatsApp und Snapchat denken, er soll Communitys betreuen, Videos produzieren, Podcasts, Grafiken, Scrollytelling und so weiter.

Doch geht es wirklich nur um Technik? Um Werkzeuge, neudeutsch: Tools? Ist der Journalismus in Gefahr? Stehen deshalb Gesellschaft und Demokratie am Abgrund? Oder sind nur die Journalisten in Gefahr, vom Absturz bedroht?

Es hat sich in der Tat einiges verändert:

---

4   Lobe, Adrian (2017): Herr, unsere tägliche Technik gib uns!, in: Neue Zürcher Zeitung Online 19.9.17 – https://www.nzz.ch/feuilleton/herr-gib-uns-unsere-technik-ld.1316933 (27.10.17)

1. **Das Geschäftsmodell der gedruckten Medien funktioniert nicht mehr.** Die Werbekunden verlassen die Zeitung; höhere Vertriebs-Einnahmen gleichen die Verluste nicht mehr aus; stark gestiegene Abo-Preise veranlassen immer mehr Leser, ihr Abo zu kündigen; Online ist für Verlage kaum Geld zu verdienen. Ein neues Geschäftsmodell gibt es nicht.
2. **Verleger und Verlags-Manager sparen:** Die Zahl der Redakteure sinkt beträchtlich; Zentralredaktionen versorgen mehrere Zeitungstitel; Lokalredaktionen werden zusammengelegt oder geschlossen.

Und bei den Journalisten?

1. **Sie haben die Krise zum Teil selbst verschuldet.** Über Jahrzehnte reichte es, eine Zeitung **für** die Leser zu machen statt **mit** ihnen. Nur wenige beobachten die Gesellschaft genau und verknüpfen das wachsende Selbstbewusstsein der Bürger mit dem starken Selbstbewusstsein der Redakteure. Zu viele bleiben ihrem Hochmut treu und sitzen bei Empfängen in der ersten Reihe mit Politikern und den anderen VIPs. Nur – wer in der ersten Reihe sitzt, hält das Volk auf Distanz.
2. **Zu viele Journalisten und Verlage haben den Wandel verschlafen:** Die Gesellschaft hat sich verändert, die Bürger sind skeptischer geworden und wollen mitreden; Journalisten haben den Wandel begrüßt, so lange er sich gegen „die Politik" richtete, aber sie haben den Wandel nicht als Auftrag verstanden. Redakteure erleben nun am eigenen Leib die Ablehnung, die Politiker schon länger erfahren.

Der Journalismus verändert sich nicht

Wie die meisten Politiker sind Redakteure überzeugt von ihrer Arbeit, sie zitieren Artikel 5 des Grundgesetzes und glauben fest daran, der Journalismus sei wichtig für Gesellschaft und Demokratie. Und sie haben Recht: Ohne freien Journalismus gerät die Demokratie in Gefahr – wie wir in der Türkei sehen, in Polen und Ungarn.

Aber es geht um den Wert des Journalismus und nicht um den Status des Journalisten. Wir haben zwar Werkzeuge, um Massen an Nachrichten zu verschicken – rund um die Uhr und rund um die Welt. Der Journalismus verändert sich aber nicht.

3. Transmedialer Wandel und die German Angst

Madhav Chinnappa ist bei Google „Head of Strategic Relations, News and Publishers" und damit auch verantwortlich für Google News. In einem Interview stellte er 2015 fest:

> „Grundsätzlich müssen Journalisten Inhalte nach wie vor bei jeder Recherche verifizieren und auf ihren Wahrheitsgehalt prüfen, bevor sie diese in einen klaren Kontext setzen können – egal ob sie auf Online-Video-Plattformen, auf Facebook oder in der Zeitung recherchieren. Die Informationsflut ist demnach ein zweischneidiges Schwert. Zwar stehen uns so viele Informationen wie noch nie zur Verfügung, aber dadurch wird es umso wichtiger, an den journalistischen Grundprinzipien festzuhalten."[5]

Es gibt sie also, die Prinzipien des Journalismus, die von Technik und Plattform unabhängig sind:

1. Nachrichten müssen stimmen, müssen wahr sein: Also präzise Recherche und genaue Quellenprüfung.
2. Sicherer Umgang mit Texten: Verständlich schreiben und attraktiv.
3. Die Trennung von Nachricht und Meinung.
4. Ein Gespür für Themen entwickeln: Was ist wichtig? Was wähle ich aus? Was bringe ich groß?

Algorithmen haben keine Moral, sie achten nicht auf Prinzipien, wenn sie Nachrichten auswählen und die Meinung der Menschen beeinflussen. Zwar steht alles im Netz, was der Bürger wissen muss, doch das Internet kann in die Irre führen: In der Filterblase erstickt, wer nur noch liest, was er lesen mag und was andere für ihn auswählen; er verliert die Welt. Selbst wer sich nicht in der Filterblase eingerichtet hat, verirrt sich leicht: Das Wichtige ist schwer zu finden; noch schwerer sind Nachrichten auf Seriosität zu kontrollieren.

Zudem sollte ein guter Journalist Hajo Friedrichs Gesetz beachten: „Distanz halten, sich nicht gemein machen mit einer Sache, auch nicht mit einer guten, nicht in öffentliche Betroffenheit versinken, im Umgang mit Katastrophen cool bleiben, ohne kalt zu sein."[6] Nur so vertrauen Leser und Zuschauer den Journalisten.

---

5 Michael Kemme: „Hoffen und Wünschen ist nicht genug" – Madhav Chinnappa zur Zukunft des Journalismus in: OSK Blog, postet 14. Oktober 2015 – http://www.osk.de/blog/hoffen-und-wuenschen-ist-nicht-genug-madhav-chinnappa-zur-zukunft-des-journalismus#more-4339

6 „Cool bleiben, nicht kalt". Interview mit Hanns Joachim Friedrichs. In: Spiegel 13/1995 http://www.spiegel.de/spiegel/print/d-9176410.html (27.10.2017)

Dies Vertrauen zu gewinnen, ist schwerer geworden. Leute, die die Zeitungen als Lügenpresse beschimpfen, gab es schon immer. Aber vor dem Internet schrieben sie einen Leserbrief, der meist nicht gedruckt wurde, oder bestellten die Zeitung ab. Heute pöbeln sie im Internet, attackieren Journalisten bei Spaziergängen an der Elbe und verachten öffentlich die Demokratie, die sie das „System" nennen; über sie berichtet dann die „Tagesschau".

Wie sollen Journalisten mit den Hasspredigern umgehen?

Die ganz harte, aber kleine Fraktion der Unbelehrbaren können Journalisten nicht erreichen; aber ansprechbar sind alle, die sagen: Da ist ja was dran an der Kritik! Das sind die Bürger, die weder Hass mögen noch Gewalt noch Verachtung.

Die Redaktion der „Sächsischen Zeitung" in Dresden hat die längste und größte Erfahrung in Deutschland im Umgang mit skeptischen Lesern. Die Redakteure sehen jeden Montag, wie die Pegida-Spaziergänger am Pressehaus an der Elbe vorbeiziehen und „Lügenpresse" rufen.

Annette Binninger, Ressortleiterin in Dresden, erzählte auf einem Modellseminar der Bundeszentrale für politische Bildung: „Wir müssen uns damit abfinden, dass wir neben der Politik der Hauptangriffspunkt von Pegida sind. Es existiert mittlerweile eine klare Schere zwischen dem, was wir abbilden und dem, was die Leute empfinden. Anzunehmen, wir wären frei von Fehlern, ist falsch.

Wir suchen den Kontakt zu denen, die jeden Montag ‚Lügenpresse' rufen. Wenn Leute, die einem nicht ins Ohr brüllen, bei uns anrufen, fragen wir: ‚Wo genau ist der Punkt, an dem Sie glauben, dass wir vorsätzlich die Unwahrheit geschrieben haben?' In einer Kolumne diskutieren wir jede Woche einen dieser kritischen Leserbriefe; wir suchen ganz bewusst den Dialog mit unseren Nutzern. Wir versuchen, die Abgewanderten zurückzuholen. Ich sehe keinen Grund, den Kopf in den Sand zu stecken – wir kommen am Ende aus der Sache gestärkt hervor."[7]

Journalisten haben einen Vorteil gegenüber Politikern, die ähnlich unter der als ungerecht empfundenen Verdrossenheit leiden: Sie bieten in Zeitungen und Magazinen mehr an als eine „Sprechstunde" unter vier Augen, sie bieten und schaffen Öffentlichkeit, sogar eine noch größere Öffentlichkeit, als Pegida je erreichen kann.

---

7   Rittinghaus (Robin): Wege aus der Glaubwürdigkeitskrise: Fehler eingestehen und Transparenz schaffen (2016). In: Kress News 16.6.2016 URL: https://kress.de/news/detail/beitrag/135148-die-mittel-der-glaubwuerdigkeitskrise-fehler-eingestehen-und-transparenz-schaffen.html (27.10.2017)

Diese Chance müssen Redaktionen nutzen – nicht als Rechtfertigung ihrer Arbeit, allenfalls als Erklärung, aber in erster Linie für ein Gespräch zwischen Bürgern, die sich in die Augen schauen: Kein Oben und Unten, kein Besser und Schlechter.
Journalisten sind nicht im Besitz der Wahrheit, sie sind auch Suchende. So kann ein wirkliches Gespräch zwischen Bürgern beginnen.

Die Angst der Demokratie und Luthers „noch"

Bei den Debatten über die Angst wird leicht eine Angst übersehen, die hinter all den Debatten lauert: Müssen Google, Facebook & Co den Bürgern nicht Sorgen bereiten mit ihrem unstillbaren Durst, unsere Daten zu sammeln? Wird unsere Demokratie damit überhaupt noch fertig? Wird der Journalismus damit fertig?

Die Möglichkeiten der Manipulation sind kaum zu überschauen: Werden die Mächtigen nicht der Versuchung erliegen, das Verhalten der Menschen zu steuern – zuerst wohl kaum in Deutschland, aber absehbar in China und anderen Diktaturen, in denen die freie Presse ausgeschaltet ist?

Das Lieblingswort der German Angst ist „noch": Noch geht es uns gut, noch ist das Benzin bezahlbar, noch, noch, noch. Das Adverb „noch" zählt zu den 2300 wichtigen Wörtern unserer Sprache, zum Grundwortschatz: Den sollte jeder beherrschen, der unsere Sprache lernen und das „Zertifikat Deutsch" erlangen will.

„Noch" ist ein Wort, das auch Luther eifrig nutzte – wie in einem Brief an seinen Freund Melanchthon: „Ich sitze noch, unrein durch den Eiterfluss des Ohres, und denke zuweilen an das Leben, zuweilen an den Tod. Es geschehe der Wille des Herrn, Amen." [8]

Um Luthers „noch" rankt sich auch einer seiner bekanntesten Sätze: „Wenn morgen die Welt unterginge, würde ich heute noch einen Apfelbaum pflanzen." Der Satz wurde zur Legende, aber er ist eine Fälschung, Luther hat ihn nie gesagt. Aber auch Erfindungen können alternative Wahrheiten sein.

Luther hätte dagegen wohl nicht protestiert, er hätte ihn sagen können: Es ist ein trotziges „noch".

---

8   Luther, Martin: Brief an Melanchthon (in Regensburg) 18. April 1541. In: Werke, S. 7650 (vgl. Luther-W Bd. 10, S. 296) nach CD Zeno.org, Vandenhoeck und Ruprecht

Journalismus, Big Data, Algorithmen
Digitale Praktiken im modernen Journalismus

4

Andreas Niekler

Zusammenfassung

„Big Data" ist ein Oberbegriff für Anwendungen und Technologien geworden, die uns erlauben bedeutungstragende Strukturen aus riesigen, unübersichtlichen Datenmengen zu gewinnen. Viele geeignete Verfahren, Datenstrukturen und Algorithmen stehen als Open-Source-Software einem breiten Anwenderkreis zur Verfügung. Unter ökonomischen und qualitativen Gesichtspunkten ist der Einsatz von rechnergestützten Prozessen im Journalismus mit wesentlichen Wettbewerbsvorteilen verbunden. Der Beitrag zeigt grundlegende Verarbeitungskonzepte anhand des *Yahoo News Annotated Comments Corpus*.

Schlüsselbegriffe

Big Data, Journalismus, Digitalisierung, Datenjournalismus, Roboterjournalismus, Computational Journalism, computer-assisted reporting, Algorithmen, Topic Modelle, Knowledge Base, Knowledge Graph

Das Berufsbild für im Journalismus Tätige hat sich in den vergangenen Jahren durch die Verfügbarkeit großer digitaler Datenmengen signifikant weiterentwickelt. Die zahllosen Beiträge aus Journalismus und Wissenschaft zu Anwendungen, erkenntnistheoretischen Fragen, Kompetenz, Ökonomie und Ethik im Zusammenhang mit dem Begriff „Big Data" unterlegen diese Beobachtung. Vor allem die Begriffe Datenjournalismus und Roboter-Journalismus sind zu regelrechten Stellvertretern für den Diskurs stilisiert wurden. Neben diesen prominenten Schauplätzen haben sich vielfältige Anwendungen für die verfügbaren Datenmengen herauskristallisiert. Immens ist beispielsweise der Einfluss rechnergestützter Recherchemöglichkeiten, welche die Überprüfung von Fakten und Hintergründen wesentlich beschleunigen. Die Gesamtheit der Berichterstattung selbst, ob von professionellen Redaktionen oder von Nutzern über Dienste wie Twitter generiert, ist von hohem Interesse, um Aufmerksamkeits- und Thematisierungsprozesse im Blick zu haben. Das Projekt news|stream entwickelt für diesen Zweck eine Software, in der „Journalisten tausende Inhalte aus Videoplattformen, RSS-Feeds, Medienarchiven oder sozialen Medien auf dem Bildschirm thematisch bündeln und sich in Echtzeit über aktuelle Ereignisse informieren" (Fraunhofer IAIS, o.J.). Erfolgreiches erreichen der Leserschaft erfordert heute auch intelligent designte Ansätze zur Auswertung der Nutzer- und Mediendaten. In den erfolgreichen Projekten der letzten Jahre spielen dabei immer mehr zentrale Verfahren der Datenanalyse aus Statistik und Informatik eine wesentliche Rolle. Wo in Anfängen der Recherche in massiven Datensätzen noch Crowdsourcing genutzt wurde (Templeton, 2009), sind nunmehr Maschinelle Lernverfahren und die statistische Aufbereitung von Metadaten Bestandteile des digitalen Werkzeugkastens innovativer Redaktionen.

In den Beiträgen zu innovativen Datenprojekten im Journalismus werden die verwendeten Verfahren oder Visualisierungen den Analysekonzepten und Daten untergeordnet. Hinter erfolgreichen Reportagen oder Geschäftsprozessen werden die Hintergründe oft konzeptionell und weniger technisch beleuchtet. Der bekannte Pionier des Datenjournalismus Julius Tröger, bemüht sich hingegen in seinem Blog „Digitaler Wandel" und in Seminaren, im Journalismus Tätigen die technischen Hintergründe näher zu bringen. Diesem Beispiel folgend, wird dieser Beitrag auf technische Prozesse und zentrale Algorithmen eingehen. Zunächst soll der Begriff „Big Data" für die journalistische Arbeit eingeordnet werden und im nächsten Schritt wird gezeigt, wie sich neue Formen journalistischen Arbeitens entwickelt haben. Im dritten Teil werden zentrale Algorithmen und Beispiele gezeigt. Daraus ergibt sich eine Perspektive für das Berufsbild und die Weiterbildung für im Journalismus Tätige.

Das Big Data Paradigma im Journalismus

Das Paradigma „Big Data" steht weniger für eine konkrete Technologie oder Anwendung. Vielmehr ist es über die Jahre ein Oberbegriff für Anwendungen und Technologien geworden, die uns erlauben bedeutungstragende Strukturen aus riesigen, unübersichtlichen Datenmengen zu gewinnen (Stone, 2014). In vielen

4. Journalismus, Big Data, Algorithmen

industriellen Bereichen, und so auch im Journalismus, haben „Big Data"-Anwendungen Arbeitsweisen und Geschäftsprozesse bedeutend beeinflusst. Aber was definiert Anwendungen als „Big Data"? Es ist schwierig eine einheitliche Definition zu finden, da sich die Daten in verschiedenen Bereichen stark in Umfang und Verfügbarkeit unterscheiden. Für Astrophysiker gilt es täglich anfallende Terabyte an numerischen Daten auszuwerten („Welt der Physik: Das Universum im Netz", o. J.). Mit herkömmlichen mathematischen Methoden ist dies nicht möglich. Kernphysiker, Klimaforscher, Genetiker oder Geologen haben mit ähnlichen Problemen zu tun. Im Journalismus kommen auszuwertende Datensätze, wie im Fall der Panama Papers auf einmalige 2.6 Terabyte, die aus 11,5 Millionen Dokumenten bestehen (Panama Papers, o. J.). Andere Datensätze, wie die veröffentlichen Spesenbelege britischer Abgeordneter, kommen auf weitaus weniger Dokumente (Templeton, 2009). Dennoch vereint diese Daten die Einsicht, dass sie nicht manuell interpretiert oder gelesen werden können. Aus einer informatischen Denkweise heraus könnte man sagen, dass die Daten nicht im Speicher heutiger Rechensysteme ausgewertet werden können und über ihren materiellen Kontext hinaus abstrahiert werden müssen (Coddington, 2015). Klaus Mainzer, ein deutscher Philosoph und Wissenschaftstheoretiker, sagt, „Ein wesentlicher Ansatz von Big Data besteht darin, dass man die Inhalte im Detail nicht kennen muss, um bestimmte Informationen aus den Daten abzuleiten" (Mainzer, 2014, S. 240).

Die Eigenschaften von „Big Data" im Journalismus können am besten mit den 4 Vs Volume (Umfang), Velocity (Schnelllebigkeit), Variety (Komplexität) und Value (Wert) beschrieben werden (Hilbert, 2016). Einerseits sind die zugrundeliegenden Daten umfangreich, da alle Eingaben aufgezeichnet werden und nicht nur Datenausschnitte (Samples) genutzt werden. Andererseits liegen die Daten oft in Echtzeit vor und unterliegen einer kurzen Aktualität. Zusätzlich sind die Daten, im Fall von unterschiedlichen Quellen, sehr heterogen und von unterschiedlichem Wert für die Redaktion. Besonders Text-, Video- oder Audiodaten sind zusätzlich schwach strukturiert und die darin enthaltene Information muss aufbereitet werden. Weiterhin müssen wir zwischen dem Inhalt der Daten selbst und den Metadaten unterscheiden, wobei beide Aspekte interessant für die Analyse sein können (Geiselberger, 2013, S. 163).

Metadaten und Inhalte erlauben den empirischen Zugriff auf relevante Informationen oder Fakten. Schieres sammeln von Daten und die Extraktion von Kennzahlen ohne konkretes Analyseziel, helfen allerdings nicht weiter. Ohne Hypothesen ist es schwer aus den Daten Erkenntnisse oder eine gute Story zu gewinnen. Dies zeigt, dass sich der Journalismus im Umgang mit „Big Data" immer mehr Methoden aus den Sozialwissenschaften öffnet, die sich seit einiger Zeit ebenfalls einem neuen empirischen Fundament öffnen (Waldherr u. a., 2016;

Wiedemann, 2013). Die Sozialwissenschaften und auch die Medienwissenschaft können auf eine neue Epidemiologie und Methodik zurückgreifen, die Ihnen geeignete empirische Werkzeuge bereitstellt. Damit ist es auch dem Journalismus möglich, mit wissenschaftlich fundierten Methoden zu arbeiten, wenn es um die Analyse und Recherche in großen Datensätzen geht. So werden nach und nach Methoden einer exakten Wissenschaft in die Redaktionen transferiert. Coddington (2015) beschreibt diese Entwicklung als „Computational Journalism" (rechnerbetonter Journalismus), welcher auch durch eine Übernahme von Normen aus der „open-source"-Kultur definiert ist. Dabei meint er einen technologieorientierten Journalismus, der sich um die Anwendung der Datenverarbeitung zentriert und informatisches Denken in die Recherche, Schlussfolgerungen und Präsentation von journalistischen Inhalten einfließen lässt. Anstatt der bloßen Übernahme von Methoden aus den Daten- und Sozialwissenschaften bedarf es einer Integration der Methoden in das journalistische Arbeitsfeld. Die Relevanz dieser Entwicklung zeigt sich auch in Preisen, die für methodisch innovative Datenprojekte vergeben werden, wie dem Philip Meayer Award (Philip Meyer Awards, o. J.).

Anwendungsperspektiven im Journalismus

Computer-assistierte Rechercheprozesse (engl. computer-assisted reporting (CAR)) sind in Form von Daten und Datenbanken seit Jahrzehnten in den Arbeitsprozessen der Redaktionen integriert (Coddington, 2015). Die Unterstützung klassischer Arbeitsprozesse wie Recherche, Plausibilisierung bzw. Evaluierung und Archivierung durch digitale Quellendokumente, Statistiken, Datenmodelle oder Datenbanken ist selbstverständlich. Aber welche Entwicklungen sind nun richtungsweisend und neu für den Journalismus? Der Antwort auf diese Frage, lässt sich mit mehreren Entwicklungen der Letzen Jahre näherkommen. Zum einen gibt es immer mehr digitale oder „born-digital"-Informationen, die als Gegenstand journalistischer Arbeit relevant sind und in „open-data"-Initiativen, durch öffentlichen Druck oder andere Bezugsquellen, verfügbar werden. Mit diesen Daten können neue Geschichten und Hintergründe erzählt werden. Zum anderen ergänzt sich diese Entwicklung mit der enormen Leistungssteigerung von Rechnersystemen, Netzwerk-basierten Kooperationsmöglichkeiten („crowdsourcing") und frei verfügbarer Software für die Datenverarbeitung („open-source"). Der letzte Punkt hat Technologie und Journalismus in besonderer Weise zusammengebracht. Die steigende Interaktion zwischen Programmierern und Redaktionen zeigt sich, indem immer mehr Programmierer („hacker") in den Redaktionen tätig werden und immer mehr im

4. Journalismus, Big Data, Algorithmen

Journalismus Tätige („hacks") technische Fähigkeiten und kulturelle Normen der „open-source"-Szene übernommen haben (ebd.). Mit diesen Entwicklungen hat sich ein Bedürfnis nach neuen datenbasierten und IT-basierten Arbeitsprozessen in den Redaktionen durchgesetzt (Klausnitzer, 2013, S. 170). Die Forschung ist im Wesentlichen damit beschäftigt, die neuen Prozesse zu verstehen oder digitale Werkzeuge für die Unterstützung von klassischen Redaktionsprozessen zu entwerfen (Anderson, 2013).

Die möglichen Anwendungen können auf folgende Paradigmen bezogen werden. Dem A) Arbeiten mit Daten, dem B) Schreiben über Daten und dem C) automatischen Schreiben über Daten mit Hilfe von Daten und Algorithmen.

A) Arbeiten mit Daten: umfasst alle Prozesse, deren Zuverlässigkeit, Effizienz und Geschwindigkeit durch Daten und Algorithmen unterstützt werden kann. Dazu zählen vor allem Aufgaben aus dem Tagesgeschäft einer Redaktion, wie beispielsweise die Recherche von Hintergrundinformationen, die Publikumsanalyse zur besseren Erreichbarkeit der Kunden, die Planung von Werbekampagnen oder die Verwaltung und Suche in Unmengen von Inhalten (Archive, Soziale Netzwerke, Twitter, Nachrichtendienste, Nachrichtenlage) (Stone, 2014). Diese Prozesse werden durch Daten gestützt, welche ohne Algorithmen und Computersysteme nicht vollständig bearbeitbar und erfahrbar wären. Das Projekt news|stream, dass 3 Kernziele verfolgt, ist hier wegweisend. Das Konsortium kümmert sich um eine Infrastruktur zur echtzeitnahen Analyse von heterogenen Nachrichtenströmen, die semantische Analyse von multimodalen und unstrukturierten Nachrichtendaten und die Pilotierung und Erprobung der neuartigen Analyseinfrastruktur in realen Nachrichtenumgebungen. Die bisher entstandenen Werkzeuge erlauben die „Beobachtung von Twitter-Nachrichten, die Überwachung von Video-Strömen, die Analyse der Verbreitung von Agentur- und Pressemeldungen sowie die direkte Verknüpfung von Textzitaten zum Originalton" (Fraunhofer IAIS, o. J.).

B) Schreiben über Daten: Daten oder Dokumente sind nicht nur Belege oder Beweise für journalistische Geschichten. Sie können auch Gegenstand der Berichterstattung selbst sein (Datenschätze, o. J.). Zunehmend veröffentlichen staatliche Stellen detaillierte Statistiken und geben sie für die Öffentlichkeit frei. Andere Datensätze werden durch öffentlichen Druck freigegeben (vgl. Templeton, 2009) oder werden einer Redaktion durch Informanten zugespielt (vgl. (Panama Papers, o. J.)). Es wurde bereits angesprochen, dass eine bloße Aggregation oder Quantifizierung solcher Daten noch keine eigene Geschichte erzählt. Nur die Einbettung in einen Kontext, gewissermaßen eine Theorie oder Hypothese, erzeugt Hintergrundgeschichten. Das Schreiben über Daten setzt damit voraus, dass neue Arbeitstechniken gelebt werden müssen und andere Disziplinen befragt werden, um mit den Daten umgehen zu können. Damit entstehen durch Daten und Methodik neue Erkenntnisse, welche die klassische Recherche nicht hervorbringen kann.

C) **Automatisches Schreiben:** Das generieren automatischer Inhalte ist unter ökonomischen und logistischen Aspekten für eine Redaktion interessant. In Zeiten steigender Informationsmengen können Inhalte schnell verbreitet werden und der Personalaufwand kann begrenzt werden. Besonders für standardisierte und sehr deskriptive Textsorten, wie z. B. der Sport- und Wirtschaftsberichterstattung, lassen sich Algorithmen produktiv für die Automatisierung einsetzen. Das Spektrum für automatische Assistenten zur Inhaltsgenerierung reicht dabei von Textbausteinen bis hin zur vollständigen oder musterbasierten Synthese. Eine zusätzliche Ebene im Bereich der automatischen Generierung von Nachrichten ist in der Anwendung sozialer Medien erkennbar. Hier können Algorithmen helfen, die Kanäle zu analysieren und gefundene Inhalte gemäß einer redaktionellen Fokussierung weiter zu verteilen, was als redaktioneller Beitrag angesehen werden kann. Die Gatekeeper Funktion der Redaktion wird dann von einem Algorithmus übernommen, welcher aus einer Vielzahl zur Verfügung stehender Informationen (Agenturmeldungen, Tweets, Posts) gemäß einer redaktionellen Vorgabe filtert und verteilt.

Informationen, Daten und ein kompetenter Umgang mit computergestützten Arbeitsweisen optimieren in vielen Bereichen der Redaktion Arbeitsprozesse. Daten werden genutzt, um neue Geschichten zu erzählen, Rezipienten zu verstehen, gezielt zu werben, Inhalte zu organisieren oder den Rechercheprozess zu begleiten. Dabei sollen die Werkzeuge keineswegs Redaktionen ersetzen, sondern „Routinearbeit an Maschinen übergeben, um den Kopf für die eigentlich kreativen Aufgaben frei zu halten" (Mainzer, 2014, S. 242).

Algorithmen

Ein Schlüssel für den Zugang zu großen Datenmengen ist zweifelsfrei der technologische Aspekt. Die damit verbundenen Hürden sind, vor allem durch die Entwicklungen in den Bereichen des Maschinellen Lernens, der Datenvisualisierung und des verteilten Rechnens, niedriger geworden. Viele geeignete Verfahren, Datenstrukturen und Algorithmen stehen als Open-Source-Software einem breiten Anwenderkreis zur Verfügung. Eindrucksvoll haben Projekte, Recherchen und Reportagen in den letzten Jahren gezeigt, dass sich mit diesem Fortschritt auch der

Journalismus weiterentwickelt. Vor allem, da innovative Redaktionen begonnen haben, die Werkzeuge selbstständig einzusetzen (http://www.zeit.de/datenjournalismus, http://www.spiegel.de/thema/daten/, https://www.theguardian.com/media/data-journalism).

Die Beschaffenheit der Daten gibt vor, welche Methodik der Datenverarbeitung gewählt werden muss. Die Daten können bereits in strukturierter Form oder als unstrukturierte Informationsmenge vorliegen. Strukturierte Daten sind beispielsweise Metadaten, wobei jeder Bestandteil mit einer Funktion bzw. Bedeutung versehen ist, wie z. B. die Angabe eines Autors. Ein typisches Beispiel für einen strukturierten Datensatz sind die aufbereiteten Kommunikations-Vorratsdaten des deutschen Politikers Malte Spitz (Zeit, o. J.). In diesem Datensatz sind all seine mobilen Kommunikationsvorgänge mit Zeitpunkt, Ort, Zelle und Dienst verzeichnet. Die Einträge der Tabelle lassen sich direkt filtern oder aggregieren und mit anderen Daten verknüpfen. Orte können direkt auf einer Karte vermerkt werden und über die Zeitpunkte kann ein animiertes Bewegungsprofil erstellt werden. Tatsächlich wurde für diesen Datensatz auch gezeigt, dass sich Blogeinträge und Twitter Nachrichten direkt mit dem Bewegungsprofil verknüpfen lassen. Die Vorratsdatenspeicherung lässt damit sehr umfangreiche Rückschlüsse zu, die weit über die enthaltenen Informationen hinausgehen. Zusätzlich können mit Metadaten sogenannte Facetten gebildet werden, die es erlauben abhängige Zusammenfassungen der Daten zu erzeugen, wie beispielsweise die Berechnung des Durchschnittseinkommens von Bürgern einer Stadt in einem bestimmten Alter. So werden mit einfachen Sortierungen und Verknüpfungen aussagekräftige Informationen erzeugt, aus denen interessante Geschichten entwickelt werden können. Dabei kommen konkrete Algorithmen kaum zum Einsatz. Unstrukturierte Daten müssen hingegen erst in eine strukturierte Form überführt werden, um für eine Analyse oder Anwendung zugänglich zu sein. Beispielsweise unterliegt der Inhalt von Textdokumenten keiner Struktur und einzelne Informationen sind im Fließtext verborgen. Auch Video- oder Audiodaten enthalten Informationen in unstrukturierter Form, die erst extrahiert werden müssen.

In den nächsten Abschnitten werden grundlegende Verarbeitungskonzepte anhand des *Yahoo News Annotated Comments Corpus* gezeigt (Napoles, Tetreault, Rosata, Provenzale, & Pappu, 2017). Diese Textsammlung weist sowohl strukturierte als auch unstrukturierte Eigenschaften auf. Die Einträge sind, wie eine Twitter-Nachricht, eine Kombination aus Metadaten und einem unstrukturierten Kommentar als Volltext. Der Datensatz besteht aus ca. 2400 Diskussionen (10.000 Kommentare), die aus der Kommentarfunktion von Yahoo News Artikeln extrahiert wurden. Der Inhalt der Kommentare ermöglicht einen interessanten Zugang zur Diskussionskultur in englischsprachigen Online-Nachrichtenkanälen. Der strukturierte Teil besteht aus Metadaten wie dem Datum, der zugehörigen Adresse des originalen Artikels und einer anonymisierten Nutzer-ID. Zusätzlich sind nachträglich Eigenschaften wie Überzeugungskraft, Zustimmung, Tonalität oder Stimmung manuell vergeben wurden. Der strukturierte Teil der Beispieldaten ist ohne weitere Verarbeitung zugänglich. Die Angaben zu Tonalität und Überzeugungskraft machen die Grundstimmung eines Kommentars zugänglich, ohne die Inhalte der Kommentare zu kennen. Dies lässt einen interessanten Einblick in die Dynamik der Kommentare zu. In den Yahoo News Kommentaren kann jeder Nutzer andere Kommentare annehmen oder ablehnen. Im Datensatz ist dies über die Angaben thumbs.up (👍) und thumbs. down (👎) gespeichert, welche die Gesamtzahl aller vergebenen Zustimmungen oder Ablehnungen in jedem Kommentar repräsentieren. Wie schon angesprochen, wurden dem Datensatz zusätzliche Eigenschaften wie die Überzeugungskraft, Kommentartyp oder der angeschlagene Ton hinzugefügt. Die Überzeugungskraft wird unterteilt in persuasive (überzeugend) und non-persuasive (nicht überzeugend). Der Kommentartyp wird unterschieden in Argumentative (argumentativ), Flamewar (beleidigend), Off-topic/digression (ohne Themenbezug) uvm., wobei ebenfalls Mehrfachnennungen möglich sind. Die Tonalität unterscheidet zwischen Controversial (konrovers), Sarcastic (sarkastisch), Informative (informativ) oder Mean (gemein). Im Folgenden wird die Facettierung vorgestellt, bei der die Datensätze anhand einer Einschränkung eines oder mehrerer Merkmale selektiert werden. In Abhängigkeit dieser Einschränkung können andere Merkmale quantifiziert oder analysiert werden. Schränken wir nun die Daten so ein, dass wir die Tonalität und den Kommentartyp festlegen, kann der Blick auf die vergebenen Zustimmungen und Ablehnungen erhellend sein. Wir summieren die Eintragungen zu thumbs. up und thumbs.down für alle Artikel, die zu einer bestimmten Ausprägung von Tonalität und Kommentartyp passen. Das Resultat wird in Abbildung 1 gezeigt, wobei die Einschränkung der Artikel aufgrund der Metadaten gezeigt wird, die daraus resultierenden Artikelzahlen dargestellt sind und das Verhältnis zwischen Zustimmung und Ablehnung innerhalb der Kommentare gebildet wurde.

Damit kann gezeigt werden, dass die Nutzerkommentare, je übergriffiger und beleidigender sie werden, vermehrt abgelehnt werden. Wird der Filter nicht auf der Tonalität oder dem Kommentartyp angewendet, sondern auf der benoteten Überzeugungskraft für die Kommentare, so ergibt sich eine Ablehnungsquote von 30% für überzeugende und 34% für nicht überzeugende Kommentare. Es wird deutlich, wie ergiebig schon die einfache Anwendung von strukturierten Metadaten, sowohl für Suchaufgaben als auch für die Datenanalyse, sein kann. Die hier gezeigten Betrachtungen beziehen sich auf alle Artikel, die sich im Datensatz befinden, unbeachtet der damit verbundenen Thematiken. Leiten wir uns nun eine Arbeitshypothese ab,

4. Journalismus, Big Data, Algorithmen

Filter	Artikel	👍	👎	Beispiel
(-) Flamewar (-) Mean (nicht beleidigend und nicht gemein)	16036	0.70	0.30	Doeth, you are so smart
Alle Artikel	23383	0.66	0.34	Cruz and Fiorina have no human warmth and have ice water running through their veins. Who wants to deal with that in the White House?
(+) Mean (-) Flamewar (gemein aber nicht beleidigend)	3732	0.62	0.38	Guess who would get such a thing? The person who didn't listen. Like you obviously didn't.
(+) Mean alle	5391	0.60	0.40	heavy burden carrying around all the white guilt you have huh? idiot.
(+) Flamewar (-) Mean (nicht gemein aber beleidigend)	1956	0.59	0.41	He sucks anyway.
(+) Flamewar alle	3615	0.56	0.44	Atilla you should feel right at home then...
(+) Mean (+) Flamewar (gemein und beleidigend)	1659	0.52	0.48	That's because your a lunatic!!

Abb. 1 Tabelle mit gefilterten Kommentarmengen und daraus resultierenden Verhältnissen zwischen Zustimmung (👍) und Ablehnung (👎)
Quelle: eigene Darstellung

die einen weiteren Unterschied innerhalb unterschiedlicher Thematisierungen und Ressorts unterstellt, so müssen wir auch die Inhalte der Kommentare und Artikel in die Analyse einbeziehen. Im Datensatz wurden keine Informationen hinterlegt, um diese Unterscheidung anhand von Metadaten treffen zu können.

Der Text muss zunächst erkannt und maschinenlesbar aufbereitet werden. Auch durch Sprachanalyse erkannte Textinformation aus Audio- oder Videodaten müssen diesen Schritt für die weitere Analyse durchlaufen. Zunächst werden Einzelworte und Zeichen im Text voneinander abgetrennt. Meist werden Wörter mit einem Leerzeichen getrennt oder bestimmte Sonderzeichen oder Satzzeichen werden als Trenner interpretiert. So können auch Sätze in Texten erkannt werden. Allerdings werden Abkürzungen oft mit einem Punkt beendet oder Apostrophe eingesetzt, was zu Fehlern führen kann. Die Sonderregeln einer Sprache müssen deshalb definiert oder mit maschinellen Lernverfahren erlernt werden. Jeder Text kann dann als Menge von Wörtern begriffen werden, woraus eine Datenstruktur erzeugt wird, das Vector Space Modell (VSM), welches die Texte lediglich als Vektor über ein bestimmtes Vokabular darstellt. Werden diese Vektoren als Zeile einer Matrix aufgefasst, so kann eine Menge aus Dokumenten vollständig über eine Matrix repräsentiert werden (Abb. 2). Dabei geht die Wortreihenfolge verloren, was auch als „Bag-of-words" bezeichnet wird. Die meisten Verfahren für die Suche und die Analyse arbeiten mit dieser Darstellung. Falls die Wortreihenfolge relevant für eine Analyse ist, kann mit sogenannten n-Grammen gearbeitet werden. In diesem Fall werden die im Text befindlichen Wortsequenzen einer bestimmten Länge in den Vektor überführt. Beispielsweise würde der in Abbildung 2 gezeigte Satz D1 in die 2-gramme Kim_is, is_leaving und leaving_home zerlegt werden können. Damit bleiben auch Phrasen und deren Bedeutung für weitere Schritte erhalten.

	Kim	is	leaving	home	.	at	Karen
D1	1	1	1	1	1	0	0
D2	1	1	0	1	1	1	0
D3	0	1	1	0	1	0	1

D1: Kim is leaving home.
D2: Kim is at home.
D3: Karen is leaving.

Abb. 2 Beispielhafte Überführung von drei Dokumenten in eine Vektor-basierte Darstellung der Dokumente
Quelle: Eigene Darstellung

In weiteren automatisierten Schritten der Vorverarbeitung werden oft Wortstämme erkannt, die Groß- und Kleinschreibung entfernt, Wortarten zugeordnet, Eigennamen erkannt oder Mehrworteinheiten identifiziert. Insbesondere der letzte Schritt kann wichtig sein, um Fragmente zu vermeiden, wenn beispielsweise „New York" in 2 Worte aufgetrennt werden würde.

Bei dem so erzeugten Datenobjekt handelt es sich nun um einen strukturierten Datensatz, welcher vielerlei Anwendungen ermöglicht. Ähnliche Dokumente können über den direkten Vergleich der Dokument-Vektoren gefunden werden. Weiterhin kann mit den Vektoren festgestellt werden, welche Wörter oft gemeinsam vorkommen. Eine moderne Volltextsuche basiert unter anderem auf dieser Datenstruktur und ermöglicht eine intelligente Archivierung und Recherchesysteme für heterogene Textdatenmengen, wie beispielsweise die Kommunikation und Nachrichten aus sozialen Medien.

Kommen wir nun zurück zu der oben bereits ausgewerteten Dynamik innerhalb der Nutzkommentare. In den bisher vorgestellten Auswertungen konnte aufgrund der Metadaten gezeigt werden, dass die Nutzer im Allgemeinen dann Kommentare häufiger ablehnen, wenn deren Ton beleidigend oder gemein ist. Mit der Verarbeitung der Volltexte haben wir jetzt eine Möglichkeit, inhaltlich zu filtern. So kann gezeigt werden, ob sich diese Dynamik auch in verschiedenen inhaltlichen Ausprägungen nachvollziehen lässt. Dafür werden wir die Dokumentmenge anhand einer einfachen Volltextsuche facettieren. Die inhaltliche Filterung basiert auf den Überschriften der Artikel, aus denen die Kommentare entnommen wurden. Die insgesamt 696 Überschriften der zugrundeliegenden Artikel werden in eine Dokument-Term-Matrix überführt. Wir wählen die Überschriften aus, deren Vokabular einen der folgenden Suchbegriffe enthält. Durch die Vektor-Darstellung der Überschriften ist dies unkompliziert möglich. Die gewählten Suchbegriffe sind *trump (Zu den relevanten Artikel-Überschriften können 126 Kommentare, die als mean + insulting eingestuft sind, aufgefunden werden.), black_lives|black_people|black_girl| black_man|black_woman|black_leaders|black_actors (47), gun (37), drug (0), marijuana (0)* und *school (51)*. Aggregieren wir nun wieder die Zustimmung oder Ablehnung innerhalb der Kommentare zusammen, ergeben sich leicht unterschiedliche Verhältnisse. Um die Unterschiede zu demonstrieren, wurde ein Netzdiagramm gewählt (Abb. 3). Diese Art der Darstellung erlaubt uns, quantitative Auswertungen in gleichrangingen Kategorien einfach zu vergleichen. Durch die im Diagramm gezeichnete Fläche kann vorerst diagnostiziert werden, dass in Artikeln, die einen Bezug zum Begriff *gun* haben, eine höhere Ablehnungsquote vorliegt. Allerdings sind die Kommentarmengen zu den Artikeln sehr klein und die Aussagen sind nicht repräsentativ. Der Nutzen der Schlüsselwortsuche für unterschiedliche Anwendungen in der Redaktion ist aber unverkennbar. Die Recherche, die Datenauswertung und die effiziente Archivierung können mit dieser Technologie gewinnbringend unterstützt werden, solange der Redaktion die nötigen Datensätze zur Verfügung stehen.

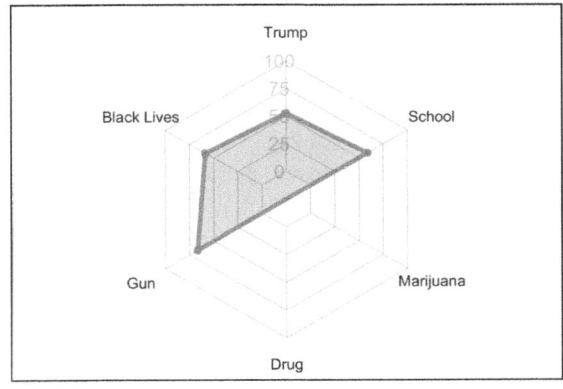

Abb. 3

Netzdiagramm der Ablehnungsquote von gemeinen und beleidigenden Kommentaren, die verschiedenen Artikelmengen zugeordnet sind

Quelle: Eigene Darstellung

Um die Repräsentativität der vorrangegangenen Analyse zu erhöhen, muss die Fallzahl der Kommentare wesentlich erweitert werden. Neben den von Experten annotierten Kommentaren sind auch nicht codierte Kommentare in den Daten zu finden. Deren Auswertung würde es ermöglichen, die Repräsentativität zu erhöhen. Mit einer automatischen Klassifikation können die Annotationen von den bereits bewerteten Kommentaren übernommen werden. Dabei kommen Verfahren aus dem maschinellen Lernen zum Einsatz. Grundsätzlich wird im maschinellen Lernen zwischen überwachten und unüberwachten Verfahren unterschieden. Im überwachten Fall wird versucht, die Dateneigenschaften, in unserem Fall die Wortbestandteile und Metadaten von Dokumenten, mit einer Zielvariable zu assoziieren. Diese Zielvariable ist beispielsweise eine Kategorie wie das Thema, die Zugehörigkeit zu einem Ressort oder das Sachgebiet eines Textes. Hierbei werden zunächst Dokumente als Trainingsmenge definiert, bei denen die Zielvariable bereits festgelegt ist. Das gewählte überwachte Verfahren, wie beispielsweise eine Dokumentklassifikation, lernt aus den Trainingsdaten die Zusammenhänge zwischen Zielvariable und Dokumenteigenschaften in einem Modell. Das Modell kann nach diesem Trainings-Prozess angewendet werden, um unbekannte Daten den Zielvariablen zuzuordnen. Wenn wir jetzt die nicht annotierten Kommentare verarbeiten wollen, um die Dynamik der Zustimmung und Ablehnung zu überprüfen, müssen wir die Tonalität der Texte als Zielvariable nutzen. Die Trainingsdaten für diesen Prozess können aus den ca. 23.000 vorliegenden und annotierten Daten generiert werden. Da die Tonalität bereits in einem Teil des Yahoo *News Annotated Comments Corpus* bestimmt wurde, können wir die Klassifikation auf dieser Teilmenge trainieren und testen. Dafür werden die Kommentare in eine Dokument-Term-Matrix überführt und für jeden Dokumentvektor wird eine Kategorie *gemein, beleidigend* oder *neutral* definiert. Mit diesen Daten trainieren wir ein Support Vector Maschine (SVM), ein Algorithmus für die überwachte Klassifikation (Schölkopf & Smola, 2002). Die Klassifikation muss hinsichtlich ihrer Qualität überprüft werden. Mit einer Evaluierung, der sogenannten 10-fold-cross-validation überprüfen wir anhand einer dynamischen Testmenge, wie genau das trainierte Verfahren die nicht in der Trainingsmenge enthaltene Daten klassifizieren kann. Klassifikationsalgorithmen werden auf diese Weise getestet, um festzustellen, wie gut sie von den bekannten Trainingsdaten auf unbekannte Testdaten generalisieren können. Da die Kategorien *gemein* und *beleidigend* für die hier gezeigte Analyse zentral sind, wird die Klassifikationsqualität hinsichtlich dieser Kategorien bewertet. Es ergibt sich eine Klassifikationsgenauigkeit für die Kategorie *gemein* von 0.72 und für die Kategorie *beleidigend* von 0.73, was bedeutet, dass mehr als 70 % der Vorhersagen bezüglich der Tonalität auf unbekannten Daten korrekt sind.

Wenn wir nun zu unserem Beispiel zurückkehren und die Klassifikation auf Kommentaren ausführen, deren Tonalität noch nicht bewertet wurde, können wir so die unzureichende Fallzahl des vorherigen Beispiels erhöhen. Werden nun wieder die Suchbegriffe auf den Artikelüberschriften angewendet, so stehen größere Mengen als *beleidigend* oder *gemein* eingestufte Kommentare für die Facettierung zur Verfügung (*trump (604), black_lives|black_people|black_girl|black_man| black_wo-*

4. Journalismus, Big Data, Algorithmen

man|black_leaders|black_actors (240), *gun* (122), *drug* (13), *marijuana* (12), *school* (151). Aggregieren wir nun nochmals die Zustimmung oder Ablehnung, ergeben sich genauere Statistiken für die Auswertung der Nutzerdynamik in den Kommentaren.

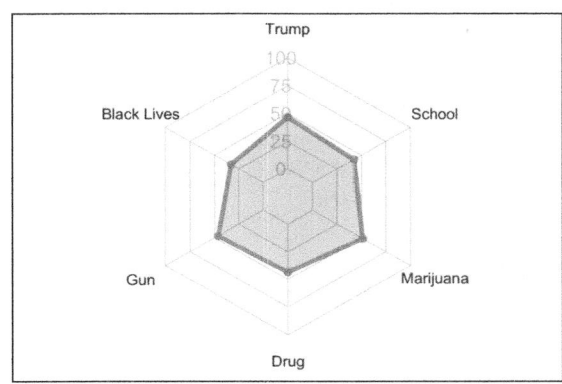

Abb. 4
In der Fallzahl erweitertes Netzdiagramm der Ablehnungsquote von gemeinen und beleidigenden Kommentaren, die verschiedenen Artikelmengen zugeordnet sind

Quelle: Eigene Darstellung

Die Erweiterung der Datenmenge mit Hilfe einer Klassifikation zeigt nun eine veränderte, aber auf mehr Daten beruhende, Auswertung. Im Bereich der Artikel, welche die Begriffe *black_lives black_people|black_girl|black_man|black_woman|black_leaders|black_actors* in der Überschrift tragen, lässt sich die Hypothese bilden, dass dort bei Beleidigungen oder Gemeinheiten weniger Nutzer ihre Ablehnung ausdrücken. Bei diesem thematischen Fokus, scheint eine höhere Akzeptanz gegenüber unsachlichen Kommentaren vorhanden zu sein. Ob diese Kommentare einem bestimmten Lager oder einer bestimmten Nutzergruppe zugeordnet werden können, ist aus dieser Analyse nicht ersichtlich.

Überwachte Lernalgorithmen ermöglichen darüber hinaus vielerlei Anwendungen in einem redaktionellen Umfeld. So können neue Kommentare erst automatisch geprüft werden und notfalls kann eine manuelle Bestätigung durch einen Redakteur angefordert werden, wenn der Algorithmus eine Gemeinheit oder Beleidigung klassifiziert. Denkbar ist aber auch die inhaltsbasierte automatische Verschlagwortung von Texten oder die automatische Annotation mit redaktionell relevanten Kategorien. Die automatische Erkennung von unsachgemäßen Kommentaren wird in Abbildung 5 gezeigt. Die Kommentare werden mit dem im obigen Beispiel trainierten Modell korrekt klassifiziert. Das Kommentarsystem einer Redaktion kann so effektiv vor unangebrachten Inhalten geschützt werden.

Kommentarbeispiel	Sicherheit Kategorie *bleidigend*	Sicherheit Kategorie *gemein*
You are all stupid and should be in jail!	0.91	0.70
I strongly agree with the authors position on the topic	0.18	0.11
I strongly disagree with the authors position on the topic	0.25	0.38
Please, you morons, can't you see that this is stupid shit.	0.89	0.96
Ohhhh nooo, you break my heart. Can't you bastards see what is going on	0.64	0.55

Abb. 5 Darstellung der Sicherheit des Klassifikationsalgorithmus bei der Beurteilung beispielhafter Kommentarsätze. Eine Sicherheit über 0.5 führt zu einer Vergabe der jeweiligen Kategorie.

Quelle: Eigene Darstellung.

Die unüberwachten Verfahren aus dem maschinellen Lernen dienen der Identifikation von Strukturen und Mustern innerhalb der Daten. Dabei werden die Eigenschaften der Daten genutzt, um sie nach strukturellen Übereinstimmungen zu durchsuchen. Dieser Vorgang wird allgemein als Clustern bezeichnet. Im Fall von großen Textmengen können dafür die Wörter und Metadaten gleichermaßen verwendet werden. So können unterschiedliche Aspekte und Gruppierungen in den Daten aufgezeigt werden. Ein Beispiel für das unüberwachte Lernen ist die automatische Identifikation von Gruppen ähnlicher Dokumente. Diese können sowohl inhaltlich als auch über die Metadaten geclustert werden. So ist es möglich, Dokumente zu finden, die beispielsweise am gleichen Ort oder im gleichen Jahr veröffentlicht wurden oder ähnliche Personennennungen enthalten.

Eine sehr spannende Gruppe von unbewachten Algorithmen bilden sogenannte Topic Modelle. Diese Verfahren erlauben uns, eine Dokumentkollektion in seine thematischen Bestandteile zu zerlegen (Blei, 2012; Blei u. a., 2003; Niekler, 2017). Dabei modellieren diese Algorithmen die Dokumente jeweils als Mischung von Themen. Die Themen wiederrum werden als Mischung von Worten modelliert, wobei die Worte jeweils unterschiedliche Gewichte in den Themen haben. Über die Worte mit einer hohen Gewichtung lässt sich dann eine Interpretation oder eine Bedeutung der jeweiligen Themen herstellen.

Wenden wir ein Topic Modell auf die im *Yahoo*-Datensatz befindlichen Kommentare an, deren Tonalität wir kennen oder klassifiziert haben, wird deren thematische Verteilung sichtbar gemacht. Es wird ein Topic Modell verwendet, welches die Wörter in den Kommentaren zwischen 24 möglichen Themenclustern (Wortmengen) optimal verteilt (Abb. 6).

4. Journalismus, Big Data, Algorithmen

marijuana drug alcohol drugs	cars school children parents kids child
white black blacks racist whites	trump president vote hillary bill
crime percent rate times statistics	information p research br
god jesus bible sin adam	marriage gay rights religious de
human moral zygote value brain	tax oil countries us china
science evolution evidence universe theory	gun guns firearms criminals control
money pay work paid job	free leader amendment militia obama
back says relationship wife say	women men bathroom woman male
people want dont will like	health country government immigrants care
police force defense weapon officer	water years field magnetic earth
question just isnt seems old	music play movie bands love
species selection natural genes genetic	abortion pregnancy fetus abortions baby

Abb. 6 Darstellung der 24 Themen, die durch ein Topic Modell erzeugt werden. Die Wörter werden jeweils absteigend nach ihrem Gewicht sortiert, welches sie in den jeweiligen Themen zugeordnet bekommen haben.
Quelle: Eigene Darstellung

Die dabei entstehenden Wortmengen zeigen an, welche Zusammenhänge in den Kommentaren angesprochen werden. In unserem vorliegenden Beispiel lassen sich so religiöse Themen, Rassismus, Schulbildung, Kriminalität, Steuern, Wissenschaft, Einwanderung und vielen weiteren Themen erkennen. Wie oben angesprochen, werden in diesen Modellen alle Dokumente nach der Inferenz als eine Mischung aus diesen Themen dargestellt. Allerdings werden auch Wortgruppen gebildet, die keine Themen darstellen, sondern wiederkehrende Dokumentmerkmale abbilden. Das können Artefakte aus HTML Dokumenten oder Copyright Informationen sein, die immer in gleicher Weise in den Dokumenten genutzt werden und so zu einem fehlerhaften Verhalten des Verfahrens führen. Deshalb muss die Themenzusammensetzung und Interpretation bei der Verwendung von Topic Modellen genau geprüft werden.

Da nun für die Kommentare eine thematische Zusammensetzung und die Klassifikation nach gemeinen und beleidigenden Kommentaren zur Verfügung steht, kann eine einfache Statistik abgeleitet werden. Es wird für jedes Thema gezählt, wie hoch der Anteil an beleidigenden und gemeinen Kommentaren ist, die dem jeweiligen Thema zugeordnet werden können. So kann gezeigt werden, in welchen Themen besonders häufig unangebrachte Kommentare hervorgerufen werden. In dem hier verwendeten *Yahoo*-Datensatz, der auch Daten aus dem Jahr 2016 enthält, ergibt sich so die Top 3 für Themen mit einem hohen Anteil an gemeinen und übergriffigen Kommentaren.

1. „white black blacks racist whites"
2. „trump president vote hillary bill"
3. „health country government immigrants care"

Diese Beobachtung fügt sich gut in die oben beschriebene Situation ein, dass innerhalb des Diskurses über Rassismus und Toleranz generell weniger ablehnende Haltungen gegenüber unangebrachten Kommentaren geäußert werden. Die weiteren Themen stammen aus dem US-amerikanischen Präsidentschaftswahlkampf 2016, worüber einige Artikel in dem vorliegenden Datensatz enthalten sind.

Aus den technischen Möglichkeiten ergeben sich aber nicht ausschließlich Anwendungsperspektiven, die sich mit der Verarbeitung, Auswertung und Verwaltung von existierenden Bestandsdaten oder journalistisch interessanten Datensätzen befassen. Mit neuer Rechentechnik und aktuellen Entwicklungen bei den Algorithmen können geeignete Verfahren auch bei der Textproduktion oder Verteilung behilflich sein. Anhand eines interessanten Modells aus dem Bereich der neuronalen Netze, soll ein abschließendes Beispiel für diese Möglichkeit gegeben werden. Mit dem Modell von Sutskever u. a. (2011), einem rekurrierten neuronalen Netzwerk (*Long Short-Term Memory*), kann gezeigt werden, dass einem Rechner die buchstabenweise Produktion von Text, hinsichtlich einer Textsorte oder eine Sprache, beigebracht werden kann. Allerdings ist dieser Ansatz noch beschränkt, da dem Netzwerk kein Thema des zu produzierenden Textes bekannt gemacht wird. Das Ergebnis sind Sätze, die nach einem bestimmten Texttyp aussehen, aber inhaltlich wenig Sinn ergeben. In neueren Ansätzen konnte aber bereits gezeigt werden, dass diese Verfahren auch mit einer semantischen Konditionierung funktionieren, die eine inhaltliche Ausrichtung der generierten Sätze vorgibt (Wen u. a., 2015).

```
I think the Chamber of Secrets hands the real dragon — ho's one time to
do it — may, there's another loud voice to the keys alost unfer the beds
of the chocolate tonight.
```

Abb. 7 Beispiel eines Textes, der von einem trainierten neuronalen Netzwerk erzeugt wird. Das Netzwerk wurde für die kontextab-hängige Produktion von Zeichensequenzen trainiert und basiert auf den englischsprachigen Harry Potter Romanen.

Für die Arbeit an standardisierten Texten, wie der Sportberichterstattung oder den Wirtschaftsnachrichten, lässt sich damit eine interessante Perspektive ableiten. Denn werden diese Verfahren mit Lernziel verbunden, dass auch Satzstrukturen, -themen oder Subjekte vorgegeben werden können, so wird der Text mit einem konkreten Ziel produziert. Das Besondere daran ist, im Unterschied zu bisherigen denkbaren Lösungen, dass fest vorgegebene Textbausteine für einen Textgenerator nicht nötig sind und inhaltlich ähnliche Sätze mit einer gewissen Dynamik, je nach Modellverhalten, generiert werden können. Solche Textgeneratoren werden weniger statisch oder steril empfunden. Neben der Vollautomatisierung würden geeignete Textgeneratoren selbstständig Vorschläge oder Textbausteine aus dem Kontext eines redaktionellen Textes produzieren können, um den Redakteur im Schreibprozess zu unterstützen.

Neben all den angesprochenen Möglichkeiten wird die Rolle von Wissensbasen (Knowledge Base, Knowledge Graph) und deren technische Möglichkeiten im redaktionellen Umfeld ebenfalls immer wichtiger. Solche Datenstrukturen enthalten Informationen zu unterschiedlichsten Objekten und vernetzen diese untereinander. Beispielsweise werden Personen und deren Geburtsorte verknüpft, was einem Nutzer erlaubt vernetzte Informationen zu erlangen. Damit ist es auch möglich, aus Texten automatisch Bezüge zu erkennen und die Bedeutung des Geschriebenen besser zu erfassen. Dies hilft einerseits dem Redakteur beim Verstehen von Ereignissen oder Themen, über die geschrieben werden muss. Beispielsweise sind verknüpfte Informationen zum Ort, beteiligten Personen oder Organisation in diesen Daten direkt und strukturiert Verfügbar, was eine schnellere Kontextualisierung von Ereignissen ermöglicht. Andererseits kann das implizite Wissen genutzt werden, um den Inhalten automatisch Zusatzinformationen hinzuzufügen. Das können gegebenenfalls Geburtsorte oder Berufe von Personen sein oder Standorte von Organisationen, auf die sich ein Inhalt bezieht. Beispiele für freie Wissensgraphen sind DBPedia (Lehmann u. a., 2015), ein Wikipedia-orientierter Wissensgraph, oder Yago (Mahdisoltani, Biega, & Suchanek, 2014).

Das methodische Spektrum der verfügbaren Algorithmen und der technischen Möglichkeiten scheint im ersten Moment erschlagend zu sein. Jedoch lässt ich die Breite der Algorithmen auf eine übersichtliche Menge an Funktionsprinzipien einschränken, die beispielhaft in diesem Abschnitt gezeigt wurden. Algorithmen können „priorisieren, klassifizieren und Informationen filtern und innerhalb des Journalismus in unterschiedliche Prozesse, sowohl Distributions- als auch Produktions-orientiert, eingebunden sein" (Coddington, 2015).

Perspektiven

Alle Entwicklungen, die eine rechnergestützte Bearbeitung redaktioneller Prozesse ermöglichen, verändern das Berufsbild für im Journalismus Tätige nicht unmittelbar. Einen Bedarf an gut recherchierten und reflektierten Stories, ob mit oder ohne digitale Daten, wird weiterhin bestehen. Allerdings können redaktionelle Prozesse im Tagesgeschäft oder die Recherche in digitalen, heterogenen und umfangreichen Quellen wesentlich effizienter gestaltet werden. Die Archive, Datenquellen, Kampagnen und Nutzerinteraktionen sind transparenter und besser in die Informationssysteme, welche innerhalb einer Redaktion genutzt werden, integriert. Unter ökonomischen und qualitativen Gesichtspunkten ist der Einsatz von rechnergestützen Prozessen, auch im Journalismus, mit wesentlichen Wettbewerbsvorteilen verbunden.

Gut ausgebildete Redaktionen mit Kenntnissen und Erfahrungen in der Nutzung von Daten, Statistik, digitalen Tools und Technologien können heute glaubhafter, umfassender, ganzheitlicher und selbstkritischer arbeiten. Überdies liegt die Kompetenz, Technologien des maschinellen Lernens und der Datenverarbeitung zu nutzen, heute nicht mehr in den Händen weniger Experten. Durch die hohe Verfügbarkeit von Open-Source-Software und den freien Zugang zu Lernangeboten sind die Technologien, Verfahren und Werkzeuge in der Breite nutzbar. Mit Angeboten auf Portalen wie Coursera.org, DataCamp.com oder Hacker.io gelingt ein einfacher Einstieg in die Welt der Algorithmen und Daten, die unmittelbar zu einer methodischen Bereicherung für die gesamte Redaktion beitragen kann.

Literatur

Anderson, C. W. (2013). Towards a sociology of computational and algorithmic journalism. *new media & society*, *15*(7), 1005–1021.

Blei, D. M. (2012). Probabilistic Topic Models. *Commun. ACM*, *55*(4), 77–84.

Blei, D. M., Ng, A. Y., & Jordan, M. I. (2003). Latent dirichlet allocation. *The Journal of Machine Learning Research*, *3*, 993–1022.

Coddington, M. (2015). Clarifying Journalism's Quantitative Turn: A typology for evaluating data journalism, computational journalism, and computer-assisted reporting. *Digital Journalism*, *3*(3), 331–348. https://doi.org/10.1080/21670811.2014.976400

Datenschätze (o. J.). Abgerufen von http://digitale-zukunft-koeln.de/datenjournalismus/

Fraunhofer IAIS (o. J.). Abgerufen 10. August 2017, von https://www.iais.fraunhofer.de/de/presse/presseinformationen/presseinformation-160211.html

Geiselberger, H. (Hrsg.). (2013). *Big Data: das neue Versprechen der Allwissenheit* (Orig.-Ausg., 2. Aufl). Berlin: Suhrkamp.

Hilbert, M. (2016). Big Data for Development: A Review of Promises and Challenges. *Development Policy Review, 34*(1), 135–174. https://doi.org/10.1111/dpr.12142

Lehmann, J., Isele, R., Jakob, M., Jentzsch, A., Kontokostas, D., Mendes, P. N., ... & Bizer, C. (2015). DBpedia–a large-scale, multilingual knowledge base extracted from Wikipedia. Semantic Web, 6(2), 167-195.

Klausnitzer, R. (2013). *Das Ende des Zufalls: wie Big Data unser Leben vorhersagbar macht* (1. Aufl). Salzburg: Ecowin.

Mahdisoltani, F., Biega, J., & Suchanek, F. (2014). Yago3: A knowledge base from multilingual wikipedias. In *7th Biennial Conference on Innovative Data Systems Research*. CIDR Conference.

Mainzer, K. (2014). *Die Berechnung der Welt Von der Weltformel zu Big Data*. München: C.H.Beck. Abgerufen von http://nbn-resolving.de/urn:nbn:de:101:1-201407319411

Napoles, C., Tetreault, J., Rosata, E., Provenzale, B., & Pappu, A. (2017). Finding Good Conversations Online: The Yahoo News Annotated Comments Corpus. In *Proceedings of The 11th Linguistic Annotation Workshop* (S. 13–23). Valencia. Spain: Association for Computational Linguistics.

Niekler, A. (2017). *Automatisierte Verfahren für die Themenanalyse nachrichtenorientierter Textquellen.*

Panama Papers (o. J.). Abgerufen 11. August 2017, von http://panamapapers.sueddeutsche.de/en/

Philip Meyer Awards. (o. J.). Abgerufen 11. August 2017, von http://ire.org/awards/philip-meyer-awards/

Schölkopf, B., & Smola, A. J. (2002). *Learning with kernels: support vector machines, regularization, optimization, and beyond*. Cambridge, Mass: MIT Press.

Stone, M. L. (2014). Big data for media. Abgerufen von https://reutersinstitute.politics.ox.ac.uk/sites/default/files/2017-04/Big%20Data%20For%20Media_0.pdf

Sutskever, I., Martens, J., & Hinton, G. E. (2011). Generating text with recurrent neural networks. In *Proceedings of the 28th International Conference on Machine Learning (ICML-11)* (S. 1017–1024).

Templeton, A. told to T. (2009, Dezember 27). 2009 in review: MPs' expenses. *The Guardian.* Abgerufen von http://www.theguardian.com/world/2009/dec/27/mps-expenses

Waldherr, A., Heyer, A., Jähnichen, P., Wiedemann, G., & Niekler A. (2016). Mining big data with computational methods. In P. Vowe G. ..Henn (Hrsg.), *Political communication in the online world: Theoretical approaches and research designs*. New York: Routledge.

Welt der Physik: Das Universum im Netz. (o. J.). Abgerufen 11. August 2017, von http://www.weltderphysik.de/thema/bmbf/astro-undastroteilchenphysik/das-universum-im-netz/

Wen, T.-H., Gasic, M., Mrksic, N., Su, P.-H., Vandyke, D., & Young, S. (2015). Semantically conditioned lstm-based natural language generation for spoken dialogue systems. *arXiv preprint arXiv:1508.01745*.

Wiedemann, G. (2013). *Opening up to Big Data: Computer-Assisted Analysis of Textual Data in Social Sciences*. Forum Qualitative Sozialforschung / Forum: Qualitative Social Research.

Zeit (o. J.). Abgerufen von http://www.zeit.de/datenschutz/malte-spitz-vorratsdaten

II
Fernsehen: Mobil und interaktiv

Das NextNewsLab des NDR: Smartphones als Produktionsmittel

5

Benjamin Unger

Zusammenfassung

Beim „mobile reporting" geht es nicht darum, klassische und qualitativ sehr bewährte und geschätzte Produktionsprozesse zu ersetzen. Vielmehr erweitert das Smartphone die journalistischen Möglichkeiten. Das NDR-NextNewsLab experimentiert mit Smartphones und beschreibt Arbeitsweise, Zubehör sowie Vor- und Nachteile mobilen Arbeitens. Dabei überzeugen Workflow und Schnelligkeit.

Schlüsselbegriffe

Mobiler Journalismus, Mobile Reporting, Workflow, Smartphone, Reporterbericht, TV-Journalismus

Ein Smartphone hat jede Journalistin und jeder Journalist ständig dabei. Der Griff zum Telefon hat mehr als WhatsApp und Anrufe zu bieten: Das Handy produziert TV-Bilder in Sendequalität, fungiert als mobiler Schnittplatz und ermöglicht Live-Schalten ins laufende Programm.

Drehen wir in 20 Jahren also nur noch und ausschließlich mit Smartphones? Wohl nicht. Aber trotzdem experimentiert das NDR NextNewsLab mit Smartphones, weil viele Menschen „da draußen" Bewegtbild mit dem Smartphone produzieren: Amateure, aber auch Zeitungsverlage oder Online-Portale. Müssen also nicht auch wir als Mitarbeiterinnen und Mitarbeiter in einem Fernsehsender die *Chancen und die Grenzen des Smartphones* kennen? Könnte es ein zusätzliches

Produktionsmittel werden – so, wie wir heute auch mit GoPros, Drohnen oder LiveU-Rucksäcken arbeiten?

Smartphone-Bilder unterscheiden sich ohne Zweifel von denen, die eine professionelle Kamera liefert. Das Smartphone dreht beispielsweise meist weitwinklig, hat *Schwierigkeiten*, wenn es zu hell oder zu dunkel ist. Es bietet aber auch *Vorteile*: Auf dem Smartphone kann Material eben auch geschnitten und beispielsweise auf einen FTP-Server hochgeladen werden. Als Alina Stiegler über eine Demonstration in der Hamburger Mönckebergstraße berichtete, hat sie auch einen kurzen Aufsager aufgenommen und mit einigen illustrierenden Bildern der Kundgebung angereichert. Eine knappe dreiviertel Stunde später war der Bericht online bei NDR.de. Die Tagesschau um 12 Uhr hat sich aus dem Smartphone-Bericht für NiF-Bilder (Nachricht im Film) bedient.

Das empfinden wir als eine Stärke des Smartphones: schneller für Online zu berichten, weil unsere herkömmlichen Workflows eben vor allem auf die Sendetermine im linearen Fernsehen ausgerichtet sind. Video für Online gibt es dann oftmals erst nach der Ausstrahlung, in unserem Fall nach der ersten Ausgabe von NDR Aktuell um 14 Uhr.

Im Zentrum der Arbeit des NewsLabs steht die Suche nach Antworten auf wichtige Fragen der journalistischen Arbeit mit dem Smartphone: Reicht die Qualität? Welche Einstellungen sind die besten? Welche Apps helfen uns? Reicht die Upload-Geschwindigkeit vor Ort aus, um einen 1:30-Bericht überhaupt so schnell wie möglich in die Redaktion zu überspielen? Welche Bilder können wir wie und wie schnell drehen? Und welche Qualität haben sie?

„Live in 90 seconds" – so radikal ist die Nachrichtenphilosophie des britischen Fernsehsenders „SkyNews": 90 Sekunden, nachdem ein Reporter den Ort eines Ereignisses erreicht, soll er bereits live auf Sendung sein. Die Reporter benutzen eine besondere App, die für Live-Schalten mehrere Übertragungswege bündelt, und bauen ihr Equipment vor Ort selbst auf. Bleibt dabei aber dann überhaupt noch ausreichend Zeit für eine fundierte inhaltliche Recherche? Die Vorteile wie Nähe, Schnelligkeit und ständige Verfügbarkeit des Smartphones liegen auf der Hand – es geht uns aber auch um die Frage, ob das „mobile reporting" einen Reporter überfordern könnte.

Beim „mobile reporting" geht es nicht darum, klassische und qualitativ sehr bewährte und geschätzte Produktionsprozesse zu ersetzen. Vielmehr erweitert das Smartphone die journalistischen Möglichkeiten: Jede Journalistin und jeder Journalist hat das Telefon immer dabei und kann innerhalb von Sekunden „Live On Air" gehen – in sehr guter Qualität. Es braucht nicht viel mehr als ein Smartphone und ein wenig Zubehör, um dicht am Ereignis zu berichten. Und ein Reporter kann länger vor Ort bleiben, wenn er per Smartphone unterwegs produziert. An den Projekten des NextNewsLabs beteiligen wir daher nicht nur Kolleginnen und Kollegen aus dem aktuellen Fernseh-Newsroom, sondern auch Kameraleute, Mitarbeiter der technischen Abteilung Außenübertragung, Redakteure aus der Unterhaltungsredaktion und eine Hörfunkkollegin. Wir finden es als Team wichtig, dass wir anstehende Veränderungen, Chancen und Risiken, gemeinsam erproben und erfahren.

Der Leiter des NextNewslabs Björn Staschen schreibt in seinem Praxis-Lehrbuch „Mobiler Journalismus" (Springer VS, 2017):

Tipp

Mit immer leistungsfähigeren Smartphones und immer besseren Telefon-Kameras hat ein Paradigmenwechsel eingesetzt: Manches Telefon dreht schon 4K- Auflösung, während die meisten Fernsehsender noch in einer Auflösung von 1920 x 1080 Pixeln (wenn überhaupt) produzieren. Fernsehtechnik wird erschwinglich und beherrschbar. Das Heer von Fachleuten in Arbeitsteilung (Kamera, Ton, Schnitt, Reporter) wird – zumindest im Nachrichtenjournalismus – zunehmend abgelöst von kleineren Teams, die mobil, vor Ort arbeiten und jeden Teil des Produktionsprozesses beherrschen. Nicht bei jedem Thema, nicht in jedem Umfeld – aber zunehmend.

Wie wir drehen

Bei der Arbeit im Newslab haben wir früh herausgefunden, dass der Dreh mit der „eingebauten" Kamera-App des iPhones uns nicht weiterbringt. Zum einen drehen alle Telefone mit knapp 30 Bildern pro Sekunde, wir senden aber im *PAL-Standard*, das heißt: mit 25 Bildern pro Sekunde (für Experten: Wir senden „25i", also Halbbilder). Zum anderen weicht auch das Audio-Format der iPhone-Kamera vom PAL-Standard ab. Wenn Bewegtbild der iPhone-Kamera im Fernsehen benutzt wird, sieht es nach der Wandlung matschig aus.

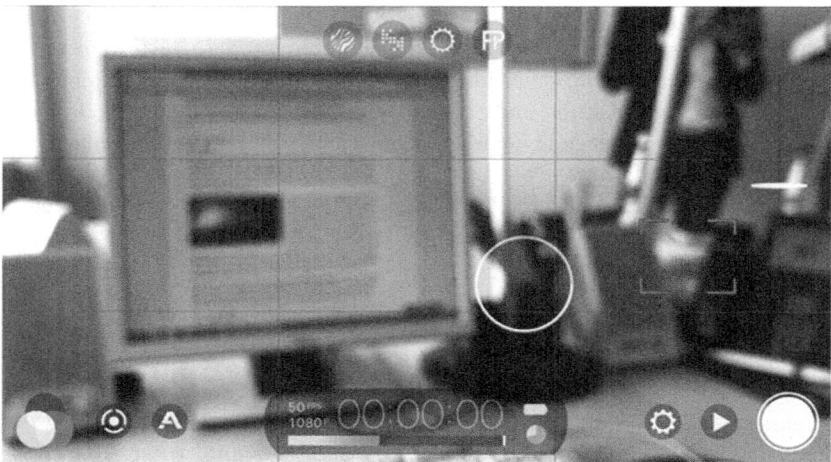

Abb. 1 Die eingebaute Smartphone-Kamera eignet sich nicht für den TV-Standard. Daher dreht das Newslab mit der App „Filmic Pro".
Foto: Benjamin Unger

Außerdem lässt sich eine Aufnahme mit der eingebauten Kamera-App nur begrenzt steuern. Wir haben daher entschieden, dass wir für den Dreh die App *Filmic Pro* einsetzen (verfügbar für Android und iPhone). Mit ihr können wir nicht nur 50 Vollbilder pro Sekunde drehen (50p kann der Ingest am besten zu 25i wandeln). Wir können auch Blende und Fokus manuell kontrollieren, die automatische Fokus- (das „Ruckeln" am Bildrand) und Blendenkorrektur ist ausgeschaltet. Auch der Weißabgleich lässt sich manuell einstellen (wenn das iPhone beispielsweise als zweite Kamera eine Supertotale dreht, kann der Farbwert der ersten Kamera in Kelvin eingestellt werden). Zudem bietet die App einen Tonpegel. Die wichtigsten *Grundeinstellungen* für den Dreh mit Filmic Pro: 50fps, Datenrate 50MbpS („Filmic Extreme"), Audio in PCM mit 48 kHz.

Zubehör

In den Schulungen, die das NextNewsLab hält, geht es oft um die Frage, welches Zubehör am wichtigsten ist, um unterwegs schnell gute Videos zu produzieren. Wer viel mit dem Smartphone dreht, wird seine eigenen Vorlieben entwickeln. Einige Dinge sind jedoch unersetzlich

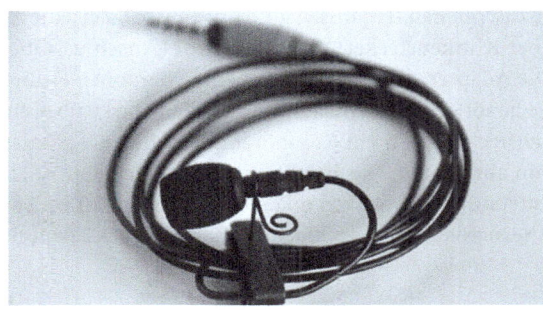

Abb. 2
Anstecker-Mikrofon
„Røde Smartlav Plus"
Foto: Benjamin Unger

„Welches Zubehör soll ich mir kaufen, wenn ich nur ein Teil mitnehmen will?" Wer das fragt, dem empfehlen wir ein einfaches, kleines *Ansteckermikrofon*. Denn für bloße „Atmo" liefern die im Smartphone eingebauten Mikrofone oft akzeptable Ergebnisse. Für Interviews reicht die Tonqualität jedoch so gut wie nie aus. Dabei hilft der kleine Anstecker: Leicht mitzunehmen und zu benutzen, kaum fehleranfällig bei der Bedienung. Im Newslab haben wir sehr gute Erfahrung mit dem „*Røde Smartlav Plus*" gesammelt, das etwa 45 bis 60 Euro kostet. Es gibt Alternativen, auch günstiger. Wichtig ist, immer darauf zu achten, dass das Mikrofon einen „TRRS-Stecker" für den Anschluss ans Telefon hat.

Abb. 3
Über den Adapter „iRig Pre" lässt sich ein herkömmliches Handmikrofon ans Smartphone anschließen.
Foto: Benjamin Unger

Wer mehr als einen Gesprächspartner interviewt, wird vielleicht gern ein *Handmikrofon* einsetzen. Auch bei Facebook-Livestreams kann das sinnvoll sein, um zu moderieren, aber auch um Menschen vor Ort zu befragen. Eine Möglichkeit ist dann, ein Mikrofon aus der VJ-Ausrüstung über einen Adapter ans Smartphone anzuschließen. Technisch gute Ergebnisse liefern die Adapter „iRig Pre" (Anschluss über Klinkenstecker) und „iRig Pro" (Anschluss über Apple-Lightning-Stecker). Die Adapter stellen zum einen eine Phantomspeisung bereit, sollte das Mikrofon sie benötigen. Zudem lässt sich die Lautstärke über ein Rädchen pegeln. Per Klinkenstecker kann ein Kopfhörer angeschlossen werden, um den aufgenommenen Ton abzuhören. Das ist aber nur möglich, wenn auch die App diesen Rückkanal unterstützt: Filmic Pro erlaubt das, Facebook Live beispielsweise nicht. Eine gute Alternative sind ausgemachte Smartphone-Mikrofone wie das iRig-Mic HD.

Abb. 4
Strom to go: Powerbank
Foto: Benjamin Unger

Neben dem „guten Ton" gibt es noch ein wenig Zubehör, das hilft. Ein kleines *Stativ*, beispielsweise der „Gorillapod" mit Magnetfüßen, bringt das Smartphone in ungewöhnliche Perspektiven. *Licht* setzen wir eher selten ein, weil kleine Leuchten wie die aus „Lumimuse"-Reihe nicht gerade helfen, schöne Bilder einzurichten. Unerlässlich sind aber *Powerbanks*, denn Drehs und Livestreams per Smartphone fressen Batterieladung wie Hasen Möhren. Unseren Gimbal (DJI Osmo Mobile) setzen wir eher selten ein: Er macht zwar schöne Bilder, funktioniert aber nicht besonders gut mit Tonzubehör. Und wenn der Gimbal aus der Balance kommt, ist das Bild unwiederbringlich kaputt – ärgerlich bei Szenen, die sich nicht ein zweites Mal drehen lassen.

Bei uns im Newslab ist vor allem ein technisches Hilfsmittel extrem beliebt (obwohl es nicht wirklich attraktiv klingt): das „Beastgrip". Das ist eine Smartphone-Halterung, die sehr robustes Drehen mit dem Mobiltelefon ermöglicht. Normalerweise ist jeder Nutzer verleitet, das Telefon quer zwischen Daumen und Zeige-, und Mittelfinger zu halten. Dieser „Spinnengriff" ist auf Dauer anstrengend, vor allem aber nicht wirklich stabil und handlich. Das Beastgrip dagegen kann man ziemlich gut über die Griff-Vorrichtung an den Rändern packen. Das fühlt sich sicher und fest an, stört dabei auch nicht. Das Beastgrip ist nicht wirklich schön designt und auch nicht gerade günstig (130 Euro), aber es ist für das Drehen mit dem Smartphone schon ziemlich praktisch, zumal es sich für O-Töne schnell auf ein Stativ stecken lässt.

Vier Kameras und ein iPad: Regie mobil

Abb. 5 Experiment mit der iPad-Regie
Foto: Benjamin Unger

Es war ein schönes Nebeneinander (oder Übereinander): Unten im Foyer vor den Konferenzräumen in Lokstedt probten Auszubildende mit großen Studiokameras. Darüber hatte die Newslab-Crew *vier iPhones und ein iPad* aufgebaut. Das Ziel war dasselbe: eine Gesprächssituation für eine Fernsehübertragung abzubilden. Erste Erfahrungen hatte das Newslab bereits bei der US-Wahl mit der iPad-Regie gesammelt – damals allerdings nur als Facebook-Livestreams. Lässt sich die iPad-Regie jedoch auch für eine Fernsehproduktion nutzen? Newslab-Crew-Mitglied Benjamin Unger hatte die Idee, den Aufbau für die Produktion einer „Land und Leute"-Sendung des Landesfunkhauses Mecklenburg-Vorpommern zu nutzen.

Die große Schwierigkeit sind die unterschiedlichen Bildraten: Während Telefone mit 30 Vollbildern pro Sekunde drehen, produzieren wir im Fernsehen mit 50 Halbbildern. Beim Umwandeln leidet die Qualität. Newslab-Mitarbeiterin Kathrin-Marie Schnell aus der Außenübertragung Fernsehen hat getüftelt, überlegt und sich mit Kollegen kurzgeschlossen. Die Lösung: Über Apple-TV lässt sich das gemischte iPad-Signal entsprechend umwandeln und per Live-U in den Schaltraum schicken. Das klappte beim Test überraschend gut. Zu viel Bewegung im Bild bleibt jedoch problematisch und führt zu „Rucklern". Die Farbwerte der iPhones lassen sich nur schwer aufeinander abstimmen – das wirkt unprofessionell. Zudem: Die iPhones haben kein Rotlicht, wenn sie auf Sendung sind. Das erfordert mehr Absprache vor der Sendung.

Abb. 6 Smartphone statt Studio-Kamera: Die Newslab-Crew experimentiert
Foto: Benjamin Unger

Ein weiteres Problem: Die iPhones bieten *sehr weitwinklige Bilder*. Um ein Gespräch aufzulösen, würde man jedoch gern auch Nahaufnahmen der Protagonisten einsetzen. Die von uns genutzte Regiesoftware Teradek Videoswitcher unterstützt jedoch die Nahlinse des neuen iPhone 7plus (noch) nicht. Das macht es nicht ganz leicht: Halbtotale auf Halbtotale zu schneiden, wirkt langweilig. Die Newslab-Crew hat entsprechend lang nach den besten Positionen für die iPhone-Kameras gesucht.

Unser *Fazit*: Es funktioniert, „kann man machen" in einer kleinen, überschaubaren Live-Situation – aber: Es gibt auch *viele Einschränkungen*. Insofern gilt auch hier: Es lohnt sich, darüber nachzudenken, welche Vorteile die iPad-Produktion bringen würde, beispielsweise in kleinen Räumen, und, ob diese die Nachteile aufwiegen.

Literatur

Staschen, Björn (2017): Mobiler Journalismus (Journalistische Praxis), Wiesbaden.

Vom Zuschauer zum Teilnehmer – Möglichkeiten partizipativer Formate

6

Veronika Christmann und Komnen Tadic

Zusammenfassung

Partizipative Formate bieten dem Publikum in lokalen und hyperlokalen Zusammenhängen die Möglichkeit, an journalistischen Beiträgen mitzuwirken oder sie insgesamt zu gestalten. Vorteil für die Redaktionen: Sie bekommen neue thematische Impulse und redaktionelle Zuarbeit, und die Leser- bzw. Zuschauerbindung wird erhöht. Andererseits soll die journalistische Qualität dabei nicht auf der Strecke bleiben. Dieser Beitrag gibt einen Einblick, wie die Fakultät Medien der HTWK Leipzig neue TV-Formate erprobt, um Zuschauerbeiträge in das Programm des Hochschulfernsehens *floid* einzubinden. Die Auswertung zeigt, welche Rahmenbedingungen erfüllt sein müssen, damit das partizipative Format funktioniert.

Schlüsselbegriffe

Smartphone, Mobiler Journalismus, Bürgerreporter, Lokaljournalismus, Fernsehformat, Motivation, Partizipation

Ebenso wie Blogs Printmedien ergänzen, können Fotos und Videoclips aus dem Nutzerkreis die audiovisuellen Medien bereichern. Die Zuschauer sollen dabei selbst aktiv werden und Beiträge mit ihrem Smartphone beisteuern. Insbesondere im Lokaljournalismus bietet sich der Einsatz von Bürgerreportern an. Unter welchen Bedingungen kann das Einbinden von Nutzerbeiträgen im Fernsehen gelingen? Masterstudierende der Fakultät Medien an der Hochschule für Technik, Wirtschaft

© Springer Fachmedien Wiesbaden GmbH, ein Teil von Springer Nature 2018
G. Hooffacker et al. (Hrsg.), *Die neue Öffentlichkeit*,
https://doi.org/10.1007/978-3-658-20809-7_6

und Kultur (HTWK) Leipzig haben das für floid, das Hochschulfernsehen der HTWK, erprobt.[1]

Bei diesem Projekt haben *floid*-Redakteure zu aktuellen Anlässen versucht, die Besucher durch partizipative Aktionen einzubinden. Der Fokus lag auf den zwei Veranstaltungen „Bachfest Leipzig" und „25 Jahre HTWK Leipzig". Dabei wurden unterschiedliche Ansätze ausprobiert und ausgewertet. Durch den Vergleich der beiden partizipativen Aktionen können Schlussfolgerungen zur Motivation der Teilnehmer formuliert werden. Diese geben einen Ausblick auf mögliche Erfolgsfaktoren für ein partizipatives Fernsehformat im Lokal-TV.

Mit dem Smartphone filmen ohne komplizierte und schwere Technik: Heute kann jeder, der ein Smartphone besitzt, Videos in einer angemessenen Qualität drehen und diese über soziale Netzwerke oder in Chats und Messenger-Diensten verbreiten. Das birgt das Risiko, dass dadurch Medien ungefiltert und aus dem Zusammenhang gerissen verbreitet werden und daraus Falschmeldungen resultieren. Doch besteht hierbei auch eine Chance für den Journalismus, Videos und andere Medien zu bündeln, für eine vielseitige Berichterstattung zu verwenden und so verschiedene Blickwinkel auf ein Ereignis abbilden zu können.

Ein weiterer Anwendungsbereich ist die interaktive Gestaltung einer Veranstaltung, indem durch die Verwendung eines partizipativen Formats aus Zuschauern Teilnehmer werden. Diese Möglichkeit, die sich mit der steigenden Bandbreite und der immer besser werdenden Qualität der Handykameras auftut, wird in diesem Beitrag beleuchtet und diskutiert.

Dabei stellt sich die Frage, wie das Interesse des Zuschauers geweckt werden kann, selbst Medieninhalte zu produzieren, beziehungsweise die gefilmten Videos und aufgenommenen Fotos nicht nur mit dem privaten Umfeld, sondern mit einer größeren Öffentlichkeit zu teilen und einer Institution wie einem Fernsehsender oder einer Redaktion zur Verfügung zu stellen.

Im Rahmen des Masterstudiengangs Medienmanagement der HTWK Leipzig wurden verschiedene partizipative Formate für *floid*, das Fernsehen der HTWK Leipzig, entwickelt und getestet und dabei speziell die Motivation der Teilnehmer betrachtet.

---

1 HTWK-Leipzig.de (2017). *floid – Fernsehen der HTWK Leipzig.* URL: https://fm.htwk-leipzig.de/praxisprojekte/fernsehproduktion/floid-fernsehen-der-htwk-leipzig/, [abgerufen 22.11.2017]

Partizipative TV-Formate an der HTWK

Wie Bürger und Bürgerinnen durch das Produzieren von partizipativen Beiträgen an der Öffentlichkeit teilnehmen können, wird an der Fakultät Medien der Hochschule für Technik, Wirtschaft und Kultur Leipzig (HTWK) seit einiger Zeit erforscht. Dabei wurden unterschiedliche partizipative Formate erprobt und die Online-Plattform *www.buergerreporter.net* zum Datentransfer zwischen Bürgerreporter und Redaktion programmiert. Bei der responsiven Plattform zum Hochladen der Videos in den entsprechenden Datenpool ist eine Registrierung nötig. Sie wird auch für die Zusammenarbeit mit lokalen TV-Sendern genutzt.

In einem Vorgängerprojekt wurde ein Schichtenmodell für die redaktionelle Einbindung von Bürgerreportern entwickelt. Es hat die partizipativen Fernsehformate nach dem Grad der eigenständigen journalistischen Arbeit in fünf Schichten sortiert (Welz S. 131ff.):

> **Bürgerreporter im Lokal-TV**
> - Schicht 1: Crowdsourcing bei Themenfindung und Recherche (Zuschauer liefern Anstöße oder Fragen)
> - Schicht 2: Add-on Reporting (Themensetzung durch Redaktion, Zuschauer fungieren als zusätzliche Quelle, Bearbeitung liegt bei TV-Redaktion)
> - Schicht 3: Redaktionell begleiteter Bürgerjournalismus (Themenauswahl durch Bürgerreporter, Zuschauer liefern geschnittene Video-Clips zu, abschließende Postproduktion bei Redaktion)
> - Schicht 4: Vloghouse – Sendeplatz für Bürgerjournalismus (festes Format für fortgeschrittene Bürgerreporter)
> - Schicht 5: Redaktionell selbstständiger Bürgerjournalismus (aus Zuschauern werden längerfristig Reporter)

Auf dieser Basis haben Studierende für floid partizipative Formate mit unterschiedlichem Grad der Zuschauereinbindung und für verschiedene Zielgruppen erprobt. Einige der partizipativen Formate wurden weiterentwickelt, andere haben sich als ungeeignet herausgestellt.

Im Rahmen des Masterstudiengangs *Medienmanagement* an der HTWK Leipzig besteht seit einigen Semestern das Projekt „Redaktionsleitung für partizipative Fernsehformate des Hochschulfernsehens *floid*" (kurz: *floid partizipativ*), das als Ziel hat mit einem partizipativen Fernsehformat die Vermarktung und die Zuschauerbeteiligung des Hochschulfernsehens der HTWK zu steigern. Im Sommersemester

2017 wurde, basierend auf den vorhandenen Ergebnissen, nach Methoden und Formaten gesucht, um die Zuschauer zur Entwicklung von Beiträgen und damit zur Nutzung der Plattform zu motivieren. Die dabei entstandenen Beiträge wurden durch *floid* veröffentlicht.

Partizipative Fernsehformate für floid

floid ist das von Studierenden geführte Fernsehen der HTWK Leipzig. Es wurde 2009 ins Leben gerufen und bietet unterschiedliche Formate wie das Nachrichtenmagazin „Campus Compact", das Wissensmagazin „X-Cam" (das als einziges Format in Rahmen einer Studienleistung entsteht) und das Format „Shuffle", das die Leipziger Kulturszene beleuchtet.

Die meisten Redaktionsmitglieder kommen aus der Fakultät Medien. Das Projekt ist aber für alle Interessierten offen, egal ob sie Studierende der HTWK Leipzig sind oder nicht. Die gesamte Verwaltung und Gestaltung liegt bei den Studierenden, die sich – bis auf einige Studierende des Masters Medienmanagement, die im Rahmen ihres Semesterprojekts organisatorische Funktionen (Produktionsleitung, Kommunikationsleitung und *floid partizipativ*) übernehmen – freiwillig organisieren, arbeiten und eigenständig entscheiden, welche Beiträge sie als nächstes produzieren. Für ihre Leistungen im Rahmen von *floid* werden die Mitwirkenden nicht benotet oder in irgendeiner anderen Form bewertet, sondern können die Möglichkeit nutzen, praktische Erfahrungen rund um die Videoproduktion zu sammeln und ihre eigenen Ideen für Beiträge umzusetzen, welche über die Homepage *www.floidtv.de* und teilweise über den Lokalsender Leipzig TV veröffentlicht werden.

Partizipative Fernsehformate sollen eine weitere Möglichkeit für *floid* darstellen, mehr Themen zu in den Beiträgen zu beleuchten und dadurch vielseitige Beiträge anbieten zu können. Die Idee ist, dass die Zuschauer als Bürgerreporter fungieren und *floid* durch fertige Beiträge oder einzelne Videos, Fotos oder Tonaufnahmen, die in einen professionell produzierten Beitrag einfließen, zuarbeiten. Dadurch kann das Publikum eigene Inhalte in die Öffentlichkeit tragen, zur Diskussion anregen und besonders lokale Themen oder Themen von anderen Fakultäten stärker in den Fokus bringen. Sie sollen Einfluss auf das Programm nehmen und dem Sender zeigen was sie interessiert und bewegt. Der Sender hat die Chance, die Bindung zu seinen Zuschauern zu festigen, gezielter auf die vom Publikum gewünschten Inhalte einzugehen und somit die Zuschauerbeteiligung und den Bekanntheitsgrad zu steigern.

Die Zuschauer von *floid* und somit auch die Zielgruppe für partizipative Formate sind vorrangig Studierende. Ziel ist es, dass aktuelle und neue Zuschauer über ihre Interessen und Anliegen rund um die Hochschule berichten. Doch wollen das die Zuschauer auch? Und, wenn ja, wie könnte so ein Beitrag aussehen?

Um diese Fragen zu beantworten, wurden verschiedene Aktionen von *floid partizipativ* bei Veranstaltungen an denen *floid* aktiv mitgewirkt hat, durchgeführt. Die Aktionen unterscheiden sich in mehreren Parametern, wie Zielgruppe und Grad der Partizipation voneinander. Auf die Aktionen zum Leipziger Bachfest und der Jubiläumsfeier der HTWK Leipzig wird in folgenden Kapiteln eingegangen.

Partizipative Formate auf dem Bachfest Leipzig

1908 fand das erste Bachfest Leipzig, ein Musikfestival rund um den Komponisten Johann Sebastian Bach, statt. Seit 1999 wird das Bachfest vom Bach-Archiv im Auftrag der Stadt Leipzig organisiert. Jedes Jahr bietet das Bachfest verschiedene Veranstaltungen, wie Podiumsdiskussionen und Konzerten an. Die Veranstaltungen sind teilweise kostenlos und ziehen ein internationales Publikum nach Leipzig.[2]

Seit 2006 arbeitet die HTWK Leipzig mit dem Bach-Archiv zusammen. Dadurch hat *floid* die wichtige Aufgabe, die Live-Übertragung der Open-Air-Konzerte auf dem Leipziger Markt zu gestalten, die neben der Bühne auf eine LED-Wand projiziert wird.[3]

Am Eröffnungstag des Bachfests im Juni 2017 sind vier *floid*-Redakteure in die Rolle der Bürgerreporter geschlüpft und haben die Besucher am Markt und vor der Thomaskirche – hier fand das Eröffnungskonzert statt – interviewt und dabei mit Smartphones gefilmt. Sie haben es sich dabei zur Aufgabe gemacht, die ersten Eindrücke der Besucher des Bachfests einzufangen und für *floid* festzuhalten.

Den Interviewten wurde kurz erläutert, dass die Bürgerreporter im Auftrag von *floid* unterwegs sind, um die Stimmung auf dem Bachfest durch ein paar kurze Fragen einzufangen. Waren sie damit einverstanden, wurden Name E-Mail-Adresse aufgenommen und das Interview gestartet. Die Teilnehmer beantworteten

---

2 Bachfestleipzig.de (2017). *Geschichte des Bachfests*. URL: http://www.bachfestleipzig.de/de/bachfest/geschichte-des-bachfestes, [abgerufen 22.11.2017]

3 L-IZ.de (2017). *HTWK Leipzig und Bach-Archiv kooperieren seit elf Jahren beim Bach Open Air*. URL: https://www.l-iz.de/melder/wortmelder/2017/06/HTWK-Leipzig-und-Bach-Archiv-kooperieren-seit-elf-Jahren-beim-Bach-Open-Air-179841, [abgerufen 22.11.2017]

die Fragen, die ihnen durch die Bürgerreporter, in diesem Fall *floid*-Redakteure, gestellt wurden. Die drei gestellten Fragen waren:

1. „Was treibt Sie heute hier zum Bachfest?"
2. „Worauf freuen Sie sich am meisten?"
3. „Würden Sie für uns eine Bachmelodie singen oder summen?"

Im Anschluss laden die Bürgerreporter die Videos über die Plattform *www.buergerreporter.net* in den Datenpool von *floid* hoch, die dann von *floid partizipativ* weiterverwendet werden können.

Beim Bachfest wurden circa 60 Besucher angefragt, davon waren 30 bereit ein Interview zu geben. Dabei entstanden 25 Videos, aus welchen ein Beitrag, in Form eines Zusammenschnitts der besten Antworten, erstellt wurde und auf der *floid*-Webseite veröffentlicht wurde. Die Teilnehmerquote lag bei 50%. Vergleicht man diese mit anderen partizipativen Aktionen (Vorgriff auf das 5. Kapitel), kann dies als Erfolg gewertet werden, für den sich mehrere Ursachen identifizieren lassen.

Zum einen befanden sich die Teilnehmer in einer klassischen Situation – ein umfrageähnliches Interview. Interviews dieser Art werden in der Regel von EB-Teams durchgeführt und sind vielen Besuchern aus dem Fernsehen bekannt. Zum andern wurden die Teilnehmer nicht mit dem technischen Hintergrund der Partizipation konfrontiert, die technische Verantwortung lag allein bei den Bürgerreportern. Der Altersdurchschnitt der Teilnehmer lag bei ca. 45 Jahren und entspricht damit nicht der Zielgruppe von *floid partizipativ*, weswegen auf die Registrierung der Teilnehmer auf der Plattform *www.buergerreporter.net* verzichtet werden konnte.

Einerseits wurde hier eine klassische Umfrage durchgeführt, wie sie zum klassischen Repertoire an Darstellungsformen zählt. Bezogen auf das 5-Schichten-Modell wurden die studentischen Reporter eingesetzt wie auf der dritten Ebene: Sie lieferten einzelne Clips, die dann in der Redaktion zu einem Gesamtbeitrag zusammengefügt wurden.

Diese Aktion kann als erfolgreicher Testlauf für ein mögliches partizipatives Format gesehen werden, indem *floid*-Redakteure die Rolle des Bürgerreporters übernehmen, um eine mögliche Herangehensweise und Arbeitsweise der Bürgerreporter auszuprobieren.

25 Jahre HTWK Leipzig – partizipativ

Die HTWK Leipzig feierte am 14. Juni 2017 ihr 25-jähriges Jubiläum. Neben diverser Ausstellungen und Präsentationen in den Gebäuden der HTWK Leipzig spielte sich die Feier hauptsächlich in der Gustav-Freytag-Straße ab, die für die Veranstaltung gesperrt wurde. Auf einer Bühne wurde tagsüber ein Programm aus Reden, Sketchen und Science-Slam dargeboten, am Abend spielten auf einer zweiten Bühne mehrere Bands. Den Abschluss fand die Veranstaltung in einer Silent Disco vor der Hochschulbibliothek.

Rund um das Gelände stellten Förderer, Sponsoren und studentische Projekte aus, für Essen und Getränke sorgte das Studentenwerk. Das Publikum fand sich tagsüber größtenteils in Sitzreihen vor der Bühne oder um rundherum platzierten Bierbankgarnituren ein, um von dort aus das Programm auf der Bühne mitzuverfolgen. Die Besucher der Veranstaltung setzten sich aus Studierenden, Mitarbeitern, Unterstützer, Sponsoren und Freunden der Hochschule zusammen.

Partizipative Geburtstagsgrüße an die HTWK Leipzig

floid partizipativ nutzte auch diese Veranstaltung, um einen Testlauf für ein partizipatives Format durchzuführen. Um auf die Aktion aufmerksam zu machen, wurden T-Shirts von *floid* getragen und eine *floid*-Bauchladen mit Süßigkeiten eingesetzt. Da es sich bei *floid* um ein studentisches Projekt mit einer entsprechenden Zielgruppe handelt, wurde bewusst auf studentische Besucher der Veranstaltung zugegangen.

Die Partizipation bestand darin, dass der Teilnehmer eine Karte aus dem *floid*-Bauchladen zieht, die vorgibt auf welche Art und Weise der Teilnehmer seine Geburtstagsgrüße an die HTWK Leipzig übermitteln soll. Der Auftrag des Teilnehmers war nun dies umzusetzen und sich dabei selbst zu filmen oder sich durch eine weitere Person filmen zu lassen. Im Anschluss werden die Ergebnisse über die Plattform www.buergerreporter.net hochgeladen und somit *floid* zur weiteren Verwendung zur Verfügung gestellt.

Zusätzlich zur partizipativen Aktion wurden die Teilnehmer aufgefordert einen Fragebogen zur Feststellung ihrer Motivation auszufüllen. Dieser Fragebogen wurde auch bei Studierenden eingesetzt, die kein Interesse daran hatten, an der Aktion teilzunehmen.

Als Dank für ihre Teilnahme erhielten die Studenten eine Süßigkeit aus dem *floid*-Bauchladen.

Im Laufe der Veranstaltung wurden mit ca. 50 Studierenden Gespräche geführt, und dabei die partizipative Aktion vorgestellt. 14 Personen haben bei der Aktion mitgemacht und es sind sieben Videos dabei entstanden. Das entspricht einer Beteiligung von 28 Prozent aller Personen, denen die Aktion ausführlich vorgestellt wurde. 30 Fragebögen wurden eingesetzt und ausgefüllt.

Ergebnisse aus den Fragebögen

Im Fragebogen wurden zunächst die Tätigkeit, das Alter und der Studiengang der Teilnehmer abgefragt. Es wurden nahezu ausschließlich Studierende angesprochen, weswegen das Durchschnittsalter entsprechend bei 24 Jahren lag. Um einen Überblick über Motivatoren für die Teilnahme an einer partizipativen Aktion zu erhalten, wurde die Frage gestellt, was die Person motivieren würde mitzumachen. Genannt wurden vier mögliche Punkte „Interessantes Thema", „Kreativität", „Community" und „Wettbewerb". Die Teilnehmer sollten angeben, inwieweit der jeweilige Punkt sie motiviert. Die Spanne lag hierbei zwischen „trifft gar nicht zu", was in der Auswertung mit 0 Prozent bewertet wurde und „trifft voll zu", was in der Auswertung 100 Prozent entsprach. Hierbei wurde deutlich, dass die Kreativität mit 59 Prozent die höchste Motivation hervorruft, ein interessantes Thema und Community gleichstark mit 53 Prozent motivieren, jedoch der Wettbewerb, also die Möglichkeit mit der Teilnahme etwas zu gewinnen mit 28 Prozent nur einen geringen Einfluss hat.

Im nächsten Schritt wurde die Frage gestellt, was dagegen spricht an einer partizipativen Aktion teilzunehmen. Hierbei war die häufigste Antwort der Befragten, dass sie nicht selbst vor der Kamera stehen möchten, beziehungsweise nicht möchten, dass ein Video von ihnen veröffentlicht wird – das wurde von 16 von 30 Befragten angegeben. Weitere genannte Gründe waren fehlende Zeit und fehlendes Interesse.

Bezogen auf das Schichtenmodell handelte es sich hierbei um einen Mix aus Schicht 2: Add-On-Reporting und Schicht 3: Die Teilnehmer filmen selbst und laden das Ergebnis über die Plattform hoch. Die Redaktion baut daraus einen Fernsehbeitrag.

Vergleich der partizipativen Aktionen

Um die beiden Formate vergleichen zu können, muss im ersten Schritt genauer auf die Unterschiede der Formate eingegangen werden.

Zielgruppe: Während bei der Jubiläumsfeier der HTWK Leipzig die Zielgruppe klar definiert war – studentische Besucher der Veranstaltung – wurde beim Bachfest nur darauf geachtet, dass die Personen tatsächlich Besucher des Bachfests waren – egal, welches Alter, und unabhängig davon, ob sie ein bestimmtes Konzert besuchten oder

6. Vom Zuschauer zum Teilnehmer

spontan das kostenlose Konzert auf dem Marktplatz mitverfolgten. Entsprechend zeichnet sich ein deutlicher Altersunterschied bei den Befragten ab. Während das Durchschnittsalter der Teilnehmer auf dem Bachfest bei circa 45 Jahren lag (geschätzt), lag der Altersdurchschnitt der Teilnehmer bei der Jubiläumsfeier bei 24 Jahren, was sich aus den Fragebögen ergibt.

Zusätzlich muss auch bei der Motivation zur Teilnahme an der jeweiligen Veranstaltung differenziert werden. Aus den Antworten im Interview mit den Teilnehmern auf dem Bachfest wird deutlich, dass der Großteil der Teilnehmer aus Interesse an den Veranstaltungen käuflich Tickets für die Konzerte erworben hat, und ein geringerer Teil des Publikums aus spontanen Besuchern bestand, die sich für das Geschehen auf dem Marktplatz interessierten und die Atmosphäre bei einem kühlen Getränk genossen. Gemeinsam ist beiden Publikumsgruppen, dass sie mit einem mehr oder weniger festen Entschluss ihre Freizeit auf dem Bachfest verbrachten.

Bei der Jubiläumsfeier der HTWK Leipzig sind die Gründe und damit die Motivation zur Teilnahme der studentischen Besucher nicht so eindeutig zu benennen. Die Studierenden waren für den Tag freigestellt von Lehrveranstaltungen, um an der Veranstaltung teilnehmen zu können, dies war allerdings keine Pflicht. Trotzdem kann ihre Teilnahme auch nicht als reine Freizeitbeschäftigung betrachtet werden, da sie durch ihre Anwesenheit die Hochschule auch repräsentierten.

Rahmen der Veranstaltung: Auf dem Bachfest waren die Gegebenheiten vor der Thomaskirche für das angewendete Format ideal. Die Gäste sammelten sich dort und warteten auf den Einlass für das Eröffnungskonzert. Somit waren die Fragen, die ihnen gestellt wurden ein angenehmer Zeitvertreib und wirkten wie eine Einstimmung auf das Bachfest, das mit dem Eröffnungskonzert in der Thomaskirche offiziell begann.

Die partizipative Aktion auf der Jubiläumsfeier der HTWK Leipzig fand parallel zum laufenden Bühnenprogramm statt. Angesprochen wurden entsprechend Studierende, die das Bühnenprogramm weniger intensiv mitverfolgten, sondern sich stattdessen an den umliegenden Bierbankgarnituren und Sitzmöglichkeiten einfanden und dort unterhielten. Trotzdem wurde für die partizipative Aktion die laufende Unterhaltung unterbrochen, was nicht alle Zuschauer in Kauf nehmen wollten.

Grad der Partizipation: Hier muss vorab eine wichtige Definition zur Unterscheidung zwischen *Interaktion* und *Partizipation* gemacht werden. *Interaktion* beschreibt in diesem Fall die Wechselbeziehung des Teilnehmers mit dem Bürgerreporter, der Fragen stellt und oder filmt. Der Teilnehmer wird durch den Bürgerreporter geführt und reagiert auf dessen Verhalten. *Partizipation* beschreibt eine intensivere Beteiligung, der Teilnehmer wird nicht geführt, sondern führt selbst und sein Mitwirken ist als Aktion und nicht als Reaktion zu betrachten.

Auf dem Bachfest haben die Besucher mit den Bürgerreportern interagiert, indem sie die Fragen der Reporter beantwortet haben. Es fand allerdings keine Partizipation der Besucher statt, diese lag alleine bei den Bürgerreportern. Bei der Jubiläumsfeier der HTWK wurde durch die Übertragung der Verantwortung für das Filmen auf die Teilnehmer, die Partizipation der Teilnehmer eingefordert. Zwar war der inhaltliche Rahmen der Aktion durch das Ziehen der Karte vorgegeben, trotzdem erfolgte durch die Aufforderung selbst zu filmen und die Medien selbstständig über die Plattform hochzuladen, eine stärkere Einbindung der Teilnehmer.

Um genauer auf den Grad der Partizipation einzugehen, ist es sinnvoll, näher auf das Fünf-Schichten-Modell von Bürgerreportern im Lokal-TV einzugehen (Rene Welz, Gabriele Hooffacker, Uwe Kulisch, Juliane Datko und Tobias Thiergen 2016). Das Modell unterscheidet zwischen fünf verschiedenen Arten der Einbindung von Bürgerreportern, dabei steigt mit jeder Schicht die Partizipation des Bürgerreporters am fertigen Beitrag.

Schicht 3: Redaktionell begleitender Bürgerjournalismus

Bei dieser Schicht suchen sich die Bürgerreporter das Thema selbst aus und im Anschluss erstellt der Sender mit dem beigesteuerten Material einen Beitrag. Ein wichtiger Erfolgsfaktor für diese Art des Bürgerjournalismus ist eine enge Zusammenarbeit zwischen Reporter und Sender. Dies eignet sich besonders für lokale Ereignisse, die sonst in den Medien keine Erwähnung finden würden.

Diese Art von Bürgerjournalismus liegt bei der Aktion auf dem Bachfest vor, wenn man die Partizipation der *floid*-Redakteure betrachtet. Die Randbedingungen waren durch das Schlüpfen der *floid*-Redakteure in die Rolle der Bürgerreporter gegeben, da sie selbst Teil des Senders sind. Betrachtet man allerdings die Partizipation der Teilnehmer, also der Besucher des Bachfests, trifft diese Schicht nicht zu. Dennoch zeigt die positiv zu bewertende Teilnehmerquote, dass diese Art von Bürgerjournalismus funktioniert, und im nächsten Schritt die Frage gestellt werden muss, wer anstelle der Redakteure ein Interesse daran hat die Rolle des Bürgerreporters zu übernehmen.

Schicht 2: Add-On Reporting

„Die Bürgerreporter liefern zusätzliche Informationen und Materialien zu einem bestimmten Thema oder Ereignis, welche sie durch persönliche räumliche Anwesenheit erlangen" (Welz, Hooffacker, Kulisch, Datko & Thiergen, 2016, S. 133). Diese

Schicht wird in Redaktionen bereits genutzt, primär bei Nachrichtenmagazinen bei denen Handy Aufnahmen von Anschlägen oder Demonstrationen mit in den Beitrag einfließen.

Bei der Jubiläumsfeier wurde auf Studierende mit der Aufforderung zugegangen, Inhalte für *floid* zu produzieren. Das Besondere an dieser Aktion war, dass die Teilnehmer, nicht nur wie beim Add-On Reporting üblich, hinter der Kamera standen, sondern gleichzeitig auch die Hauptakteure vor der Kamera waren. Durch diese abgewandelte Form des Add-On Reporting ist der Grad der Partizipation höher als beim redaktionell begleitenden Bürgerjournalismus.

Schlussfolgerungen

Veröffentlichung: Aus der Auswertung der Fragebögen geht hervor, dass die Veröffentlichung eine große Hürde für die Teilnehmer darstellt.

Betrachtet man die Nutzungsweise von Facebook im Jahr 2016 mit der Nutzungsweise im Jahr 2012, wird deutlich, dass die Nutzerzahlen zwar zunehmen, Facebook allerdings deutlich passiver verwendet wird.[4] Facebook ist immer seltener das Mittel der Wahl zur Veröffentlichung privater Beiträge, was sich auf andere Kanäle wie Snapchat, WhatsApp oder Instagram verlagert.[5] Einerseits soll ein produzierter Medieninhalt auch gesehen und wahrgenommen werden, andererseits ist die „Phase des Oversharings" überwunden und es wird deutlich vorsichtiger damit umgegangen, was veröffentlicht, geteilt, mit einem Like markiert oder kommentiert wird.

Alter der Teilnehmer: Neben den Unterschieden der Veranstaltungen, der Aktion an sich und dem Grad der Partizipation ist ein deutlicher Unterschied im Alter der Teilnehmer festzustellen. Beim Sachfest lag der Durchschnitt bei ca. 45 Jahren und die Bereitschaft daran teilzunehmen war relativ hoch, bei der Jubiläumsfeier der HTWK lag das Durchschnittsalter bei 24 Jahren und die Bereitschaft zur Teilnahme deutlich geringer. Ein ähnlicher Zusammenhang zwischen Teilnahme und Alter geht aus der Befragung von Bürgerreportern im Rahmen einer Studie zur Motivation der Bürgerreporter hervor, 84% der 76 Personen, die an der Befragung teilnahmen,

---

4 Wolfram, S. (2013). *Data Science of the Facebook World*. URL: http://blog.stephenwolfram.com/2013/04/data-science-of-the-facebook-world/ [abgerufen 22.11.2017]

5 Faz.net (2014). *7 Dinge, die Sie über Facebook nicht wissen*. URL: http://www.faz.net/aktuell/wirtschaft/netzwirtschaft/der-facebook-boersengang/zehn-jahre-facebook-7-dinge-die-sie-ueber-facebook-nicht-wissen-12782981.html [abgerufen 22.11.2017]

waren über 50 Jahre alt (Welz, Hooffacker, Kulisch, Datko & Thiergen, 2016, S. 140). Auch ein Vergleich mit Facebook, wo sich eine ähnliche Entwicklung abzeichnet: Tendenziell sind jüngere Altersgruppen zwar aktiver in sozialen Medien, wobei auf die Jahre betrachtet ein Rückgang stattfindet, während bei älteren Altersgruppen ein Zuwachs in der aktiven Nutzung zu erkennen ist.

Kreativität – Ansporn oder Hürde? Zwar geht aus den Ergebnissen der Fragebögen hervor, dass Kreativität der höchste Ansporn ist um an einer Aktion teilzunehmen, die erforderte Kreativität aber auch eine deutliche Hürde darstellt, da der Nutzer Sorge hat, bloßgestellt zu werden. Auch hier ist die Frage der Stufe der Partizipation sehr wichtig. Während beim Bachfest das Singen oder Summen einer Bachmelodie nach einer Interviewsituation in den meisten Fällen als originelle Idee aufgefasst wurde, stellte bei der Jubiläumsfeier der HTWK Leipzig die kreative Aufgabe für viele eine zu hohe Hürde dar, um in die Aktion einzusteigen.

Erfolgsfaktoren und Fazit

Aus den Erfahrungen, die in den Testläufen gemacht wurden, den Ergebnissen aus den Fragebögen und dem Vergleich mit anderen Quellen ergeben sich drei elementare Punkte, die als Erfolgsfaktoren für ein partizipatives Format gelten können. Diese Erfolgsfaktoren sind aus Sicht der momentanen Kenntnisse ausschlaggebend dafür, dass ein partizipatives Format funktioniert, also von den Teilnehmern angenommen wird und benutzt wird.

> ▶ *Es muss ein Interesse beim Teilnehmer bestehen, eine Öffentlichkeit für das Thema herzustellen und der Wille dazu etwas beizutragen.*

Da der Teilnehmer in die Rolle des Bürgerreporters und damit ein Stück weit in die Rolle des Journalisten schlüpft, muss beim Teilnehmer ein Interesse darin bestehen, die Inhalte mit anderen Menschen zu teilen, also eine Öffentlichkeit für dieses Thema herzustellen.

Damit der Teilnehmer in diese Rolle schlüpft, ist seine intrinsische Motivation, etwas zu einem Thema beizutragen als nur sich selbst darüber zu informieren, unentbehrlich.

▸ *Die technische Hürde muss so gering wie möglich sein.*
Auch wenn gerade die jüngere Generation immer versierter im Umgang mit Technik ist, wird die längere Auseinandersetzung mit technischen Vorgängen, wie Registrierung, Freischaltung etc. als störend empfunden. Entsprechend ist es wichtig, die technische Hürde so gering wie möglich zu halten, um zu vermeiden, dass die Teilnehmer die Lust an der Partizipation verlieren, da sie sich länger als gewohnt sich mit der Funktionsweise auseinandersetzen müssen.

▸ *Die Kontrolle über die Veröffentlichung muss beim Teilnehmer liegen.*
Wie schon in den Schlussfolgerungen diskutiert, ist die tatsächliche Veröffentlichung eine große Hürde. Neben der notwendigen Bedingung, dass ein Interesse beim Teilnehmer bestehen muss eine Öffentlichkeit herzustellen, ist es wichtig, dass auch der Teilnehmer selbst entscheiden kann, wenn ein Inhalt nicht mehr zu sehen sein soll – da er beispielsweise an Aktualität verloren hat und somit seine Relevanz vermindert ist.

Richtig eingesetzt besteht mit partizipativen Formaten für eine Redaktion die Chance zu einer vielseitigen Berichterstattung zu gelangen und für die Teilnehmer die Möglichkeit ihre Sicht der Dinge darzustellen und auf Themen aufmerksam zu machen, denen sonst weniger Aufmerksamkeit gewidmet wird. Die Interaktion zwischen Nutzer und Redaktion spielt dabei eine große Rolle und partizipative Formate können im Idealfall einen Weg zeigen zwischen professionellem, teilweise elitären Journalismus und dem Gegenstück: von nicht hinterfragter Verbreitung nicht ausreichend recherchierten Meldungen. Die Lösung liegt dabei in der klugen Kombination von motivierten Nutzern, die zu partizipierenden Bürgerreportern werden, und professioneller Redaktion.

Literatur

Welz, R., Hooffacker, G., Kulisch, U., Datko, J. & Thiergen, T. (2016). Partizipativer Lokaljournalimus im TV-Bereich. In G Hooffacker & C. Wolf (Hrsg.) *Technische Innovationen – Medieninnovationen?* (S. 129 – 150). Wiesbaden: Springer VS. doi: 10.1007/978-3-658-14953-6

Kriterien zur Umsetzung interaktiver, fiktionaler AV-Inhalte im Linearen Fernsehen

7

Martin Blum

Zusammenfassung

Der Zuschauer nimmt Einfluss auf das lineare Fernsehprogramm? Ein schwieriges Unterfangen. Diesen Eindruck vermitteln zumindest die ausbleibenden Erfolge bisheriger Experimente mit interaktiven Formaten. Muss sich das lineare Fernsehen hinsichtlich Interaktivität gegenüber Video-on-Demand- und den Bewegtbildangeboten von Onlineplattformen geschlagen geben? Dieser Beitrag ist eine Zusammenstellung ausgewählter Ergebnisse, die in der gleichnamigen Masterarbeit im Studiengang Medienmanagement an der HTWK Leipzig vorgelegt wurden. Anhand von Quellen, Analysen und Experteninterviews wurde ein Kriterienkatalog herausgearbeitet, der Handlungsempfehlungen für die Verwirklichung von interaktiven AV-Formaten im linearen Fernsehen darstellt.

Schlüsselbegriffe

Interaktion im linearen Fernsehen, interaktive Formate, Zuschauerbeteiligung, Partizipation, Medienkonvergenz, Hybrides Fernsehen, HbbTV

So vielfältig und wandelbar die deutsche Fernsehlandschaft auch sein mag, ein Genre hat sich bisher sehr schwer getan den Zuschauer von sich zu überzeugen. Und zwar mit Formaten, in denen der Zuschauer aktiv mitgestalten kann – beziehungsweise sogar muss. Großangelegte interaktive Shows wie *Keep Your Light Shining* (Pro7) und *Rising Star* (RTL) wurden nach ausbleibendem Quotenerfolg eingestellt oder sogar vorzeitig beendet. Auch Social-TV-Apps können den Wunsch, den Zuschauer mehr an das Programm zu binden und ihn zu involvieren, nicht erfüllen. Vor allem fiktionale Formate sind im interaktiven Bereich des linearen Fernsehens bisher rar gesät. Zwar bietet das Fernsehen immer noch die größte Plattform um dem Zuschauer Bewegtbildinhalte zu liefern, doch läuft ihm das Internet vor allem bezüglich technischer Realisierbarkeit interaktiver Elemente den Rang ab.

Eine Lösung könnte die HbbTV-Technologie darstellen, die zum Programm gehörige Internetinhalte mit den Angeboten der Sender verknüpfen kann. Mit einer technischen Lösung allein ist es aber noch nicht getan. Auch die Inhalte müssen stimmen um den Zuschauer zu überzeugen und ihn zu motivieren Teil einer Sendung zu werden. Was genau zeichnet also ein attraktives interaktives Format aus? Welche Rückschlüsse können aus bisherigen Fehlschlägen oder erfolgreichen Formaten aus dem Internet gezogen werden?

Mit dem hier vorgestellten Kriterienkatalog wird ein Versuch unternommen Antworten auf diese Fragen zu geben und eine Basis zu schaffen, auf der es möglich ist ein interaktives (fiktionales) Format im linearen Fernsehen umzusetzen. Aufgrund des begrenzten Umfangs kann der Inhalt der Masterarbeit im Folgenden lediglich in verkürzter Version vorgestellt werden und konzentriert sich auf die Erarbeitung des Kriterienkatalogs. Die ausführlichen Erläuterungen sowie die vollständigen Transkriptionen der Experteninterviews, auf die sich die Quellenangaben der Zitate beziehen, sind in der unveröffentlichten Masterarbeit *Kriterien zur Umsetzung interaktiver, fiktionaler AV-Inhalte im Linearen Fernsehen* (Martin Blum, HTWK Leipzig, 2017) zu finden.

Formen von Interaktivität und Abgrenzung von Partizipation

So zahlreich die Möglichkeiten sind, mit dem Fernsehen zu interagieren, so zahlreich sind auch die unterschiedlichen Auffassungen darüber, wann *Interaktion* beginnt, wann sie aufhört und wie diese genau ausgestaltet wird. Von den Zeiten, in denen *Rückkanal* nur ein wenig greifbares Wort in den fortschrittsorientieren Köpfen neugieriger Fernsehpioniere war, bis in die Gegenwart, in der dessen Umsetzung fernab jeder Prophezeiung Realität ist, hat sich der Begriff der Interaktivität mit dem Selbstverständnis der vor allem technisch umsetzbaren Möglichkeiten stetig weiterentwickelt.

Für Volpers beginnt interaktives Fernsehen „[ ] wenn anstelle des linearen Rundfunkprogramms digital übertragene Inhalte durch einen permanenten Rückkanal gesteuert oder beeinflusst werden können" (Volpers, Herkströter, & Schnier, 1998, S. 35): ein Rückkanal, der die bidirektionale Kommunikation zwischen Sender

7. Kriterien zur Umsetzung interaktiver, fiktionaler AV-Inhalte

und Empfänger darstellt. Anderen Autoren zufolge gibt es eine einfache Basis, auf der festgehalten werden kann, dass ohne einen laufenden Fernsehapparat keine direkte Interaktion mit eben diesem möglich ist. Als ersten Schritt um überhaupt interaktiv zu werden beschreiben u. a. Ruhrmann und Nieland also das Ein- und Ausschalten des Geräts. (vgl. Ruhrmann & Nieland, 1997, S. 87). Entsprechend zählen sie das Zapping ebenfalls dazu.

Waren es anfangs noch handgeschriebene Briefe an den Fernsehsender und später dann die Möglichkeit, seine Meinung live im Studio via Telefonanruf kundzutun, so wurden diese Möglichkeiten mit der Verbreitung des Web 2.0 um Videochats, E-Mails und Einblendungen aus Social-Media-Kanälen erweitert. Hier sehen neuere Autoren den Beginn von Interaktion mit dem Fernsehen. Voß ergänzt, dass dabei zwischen Interaktion und Partizipation unterschieden werden kann. (vgl. Voß in Gräßer & Riffi, 2013, S. 33) Ihm zufolge seien Interaktionen Handlungen, die sich aufeinander beziehen, um kreativ an der Fortentwicklung eines Inhalts oder konstruktiv an einer Diskussion teilzunehmen. Demgegenüber beschränkt sich Partizipation auf eine unbestimmte Teilhabe, also lediglich eine Beteiligung, um sich selbst zum Ausdruck zu bringen. Zahlreiche heutige Fernsehformate greifen als Interaktionswerkzeug auf die sozialen Medien zurück, indem sie beispielsweise Tweets zitieren oder relevante Instagram- und Facebook-Postings einblenden. Bleibt man bei Voß, so ist dies jedoch nur eine Art partizipative Selbstmitteilung. Sollen sich Social-Media-Inhalte zu einem wirklich interaktiven Fernseherlebnis aufschwingen, so müsse aus diesen ein bedeutender, bestimmender Mehrwert für die Sendung generiert werden. Ansonsten bleibt diese Entwicklung „[ ] eher eine Brückentechnologie, die versucht den Monolog des linearen Fernsehens zu kompensieren." (Argirakos und Hündgen in Gräßer & Riffi, 2013, S. 56)

Bereits drei Jahre vor Ruhrmann und Nielands früher Einteilung interaktiven Fernsehens aus dem Jahr 1997 (vgl. Ruhrmann & Nieland, 1997, S. 87) betitelte Eli Noam die von den beiden als ‚kommunikatives TV' bezeichnete Zukunftsvision als „interaktives, dezentralisiertes Cyber-TV." (Noam, 1996, S. 13) Daran schließt die These an, dass „die Entwicklung des interaktiven Fernsehens [wegführt] vom Broadcasting über ein marktorientiertes Narrowcasting zum Personalcasting, das Fernsehen entwickelt sich auf der Basis des PCs weiter." (Ruhrmann & Nieland, 1997, S. 94) Zu den Basisfunktionen moderner Computer zählt auch die Internetfähigkeit des Gerätes. Mit Annäherung des Fernsehers an diese und weitere Computereigenschaften weicht dessen bisher eindimensionaler Funktionszustand einem der Medienkonvergenz. Der Begriff der Medienkonvergenz beschreibt dabei „[…] die Verschmelzung verschiedener Medien bzw. Kommunikationskanäle auf der technischen, der inhaltlichen Ebene und der Nutzungsebene […]." (Koschnick, 2010) Ein Zuschauer, alias Nutzer, kann also unter der Voraussetzung dazu fähiger

Heimtechnologie und entsprechendem Angebot der Sender interaktiv auf das Programm einwirken. In Bezug auf medienkonvergente Zuschauerinteraktivität kann eine Einteilung in den Dimensionen *Zeit* und *Intensität* vorgenommen werden. Der Zeitaspekt beschreibt, zu welchem *Zeitpunkt* sich der Zuschauer interaktiv einbringen kann, also zeitversetzt (vor und/oder nach) oder live während der Ausstrahlung einer Sendung im laufenden Programm. Die Intensität beschreibt den *Grad der Einflussnahme* des Zuschauers auf das Programm oder die Sendung. Es wird hier unterschieden in programm-/(sendungs-)begleitend und programm-/(sendungs-)bestimmend.

Intensität

bestimmend-zeitversetzt

Interaktionen vor oder nach der Ausstrahlung, die eine Sendung oder den Programmfluss entscheidend beeinflussen (z.B. Zuarbeit von Inhalten an die Redaktion, Auswahl von Lieblingsfolgen für das kommende Fernsehprogramm)

bestimmend-live

Interaktionen mit direktem Einfluss auf Sendungsinhalt/Story (z.B.Voting für Protagonistenhandlung, nächste Szene; Beisteuern von Inhalten o. Medien; Call-Ins)

begleitend-zeitversetzt

Zuschauergenerierte Beiträge ohne Einfluss auf Handlung oder Programmfluss

begleitend-live

Zuschauergenerierte Inhalte zur Unterstützung der Sendungsintention/Handlung auf die kein bis wenig Bezug genommen wird (z.B. Call-Ins, Chat-Nachrichten, Social-Media-Einblendungen)

→ Zeit

Abb. 1 Dimensionsmatrix Interaktiver Elemente
Quelle: Eigene Darstellung

Begleitend-zeitversetzt: Interaktionen, die vom Zuschauer vor einer Sendung oder danach – etwa vorbereitend für eine nächste Folge o. Ä. – durchgeführt werden können und dabei die Handlung innerhalb des Gezeigten nicht verändern.

7. Kriterien zur Umsetzung interaktiver, fiktionaler AV-Inhalte

Beispiele: Das selbstgezeichnete Bild vom Sandmännchen, welches Kinder im Vorfeld zur gleichnamigen Sendung im *KiKa/MDR/rbb* einsenden können oder auch die von Künstlern gestalteten *Bumper* die vor und nach Werbepausen bei *Viva* oder *Arte* gezeigt werden.

Begleitend-live: Interaktionen, die die Sendeinhalte um Beiträge der Zuschauer erweitern, aber nicht die dargestellte oder im fiktionalen Bereich geskriptete Handlung verändern. Hierunter zählen Social-Media-Inhalte wie Tweets oder ganze *Twitterwalls* etc. (eher partizipativ), aber auch etwa Zuschaltungen von Zuschauern per Videochat oder Telefon (eher interaktiv).

Beispiele: Bei Shoppingkanälen etwa ist Letzteres ein bewährtes Mittel, um Kundenrezensionen einzuholen. Die sogenannten Saal- und später dann Stadtwetten der bekannten Unterhaltungsshow *Wetten, dass..? (ZDF)* waren lange Zeit ein fester Bestandteil der Sendung, in dem die Beteiligung der Zuschauer über Gelingen oder Scheitern der während der Show gestellten Aufgabe entschied. Eine zusätzliche Besonderheit bei *Wetten, dass..?* ist die Tatsache, dass die Zuschauer über Aktionen sogar fernab ihres TV-Gerätes – etwa durch das Versammeln auf einem Marktplatz – involviert wurden.

Bestimmend-zeitversetzt: Interaktionen, die unabhängig vom Zeitpunkt der Ausstrahlung eine Sendung oder das Programm maßgeblich beeinflussen.

Beispiele: Manche Sender, wie etwa *SuperRTL* und *Nickelodeon*, bieten den Zuschauern an, für besondere Wochenenden im Vorfeld über die Internetseiten der Sender für ihre Lieblingsfolgen einer oder mehrerer Serien abzustimmen. Die beliebtesten Folgen werden dann in einem Serien-Spezial gesendet. Zwischen 2004 und 2008 bot die *World Wrestling Entertainment, Inc. (WWE)* den Zuschauern der Sportübertragungen mit dem *Taboo Tuesday,* später dann dem *Cyber Sunday* unter reißerischen Mottos[1] jedes Jahr die Möglichkeit, für das anstehende Event über Paarungen der Kämpfe, Kleidung, Waffen oder das Setting eines Kampfes zu entscheiden. Die Abstimmungen wurden einige Wochen vor dem Event gestartet und waren bis hinein in das Live-Event für die Zuschauer erreichbar. (siehe bestimmend-live)

Bestimmend-live: Interaktionen, die zeitgleich zum laufenden Programm den weiteren Verlauf dessen aktiv und maßgeblich beeinflussen.

---

1 „Log on. Take Over." und „You Control – The fate of Raw superstars, the World Heavyweight Championship, and the Course of History!"

Beispiele: Abstimmungen über das Vorankommen der Kandidaten einer Casting- oder Gameshow (*Keep Your Light Shining (Pro7)*, *Rising Star (RTL)*) oder die weiterführende Handlung in einem (Kurz-)Film (*Terror – Ihr Urteil (ARD)*, *Du bist Kanzler (Pro7)*). Auch die kurzfristige Auswertung über o. g. Wahlmöglichkeiten der *WWE* während der Live-Sendung zählen hierzu.

Wie so oft beim Versuch, Dinge in Kategorien zu ordnen, erschweren auch hier einige Interaktionen die eindeutige Zuordnung in dieses Schema. Lässt sich auf Grund der festen physikalischen Größe der Zeit in einer Dimension eine klare Grenze ziehen, kann manchmal je nach Argumentation und Auffassung die Linie zwischen bestimmend und begleitend verschwimmen. Zum Beispiel in der bekannten Call-In-Ratgeber-Show *Domian (WDR/1Live)*, Quiz- und Glücksspielsendungen oder Rundfunkratgebern, die auf der Kommunikation mit dem Zuschauer basieren, ließe sich auf der einen Seite festhalten, dass etwa ein Gespräch über aktuelle Lebenslagen eines Zuschauers sicherlich den momentanen Inhalt der Sendung weitestgehend bestimmt, aber im Gesamtkontext des Konzeptes des Formates ‚Ein Moderator/Experte berät Zuschauer am Telefon' lediglich eine begleitende Interaktion unter vielen – hier also verschiedenen Anrufern pro Sendung – ist. Ebenso lassen sich auch Partizipation und Interaktion nicht immer genau voneinander abgrenzen und bieten Platz zur Diskussion.

Methodik

Um die Kriterien zu ermitteln, die die Umsetzung interaktiver AV-Inhalte im linearen Fernsehen begünstigen, wurden verschiedene Ansätze der Informationsgewinnung genutzt. Zum einen war dies die klassische Recherche aktueller wie auch etablierter Fachliteratur, welche durch Webquellen erweitert wurde. Zum anderen schloss dies auch die Beschreibung und Analyse bereits gesendeter interaktiver Formate ein. Dabei wurden sowohl Formate aus dem Fernsehen als auch aus dem Internet betrachtet. Die zweite Basis bilden die Erkenntnisse aus Umsetzung und Auswertung der Beteiligung der Zuschauer der interaktiven episodischen Kurzfilmproduktion *Breaking News*. (vgl. Blum und Schmidt in Hooffacker & Wolf, 2017, S. 97–113) Hauptbestandteil der methodischen Arbeit war schließlich die Durchführung sozialwissenschaftlicher Experteninterviews. Bei diesen Interviews handelte es sich um fundierende und deutungswissenorientierte, also theoriegenerierende Leitfadeninterviews. Der Leitfaden wurde mit Grundlage der fünf Themenbereiche *Status Quo, Anforderungen an interaktive TV-Formate,*

7. Kriterien zur Umsetzung interaktiver, fiktionaler AV-Inhalte 87

Zuschauerakzeptanz und gesellschaftliche Bedingungen, technische Bedingungen und *Zukunft* konstruiert. Für die Interviews konnten vier Experten aus verschiedenen Fachrichtungen gewonnen werden.

Als Vertreterin für den Bereich des Online-Video stellte sich Anja Räßler für ein Interview zur Verfügung. Sie ist aktuell als Redaktionsleiterin für Show und Light-Entertainment bei Deutschlands erstem 24/7 Web-TV-Sender *Rocket Beans TV* in Hamburg tätig und betreut alle Non-Gaming-Formate des Senders. Dazu zählen u. a. interaktive Formate wie die YouTube-Rate-Show *Verflixxte Klixx*, die Call-In-Show *Wir müssen reden* aber auch RBTVs erfolgreichstes Format, die Pen&Paper-Serie mit den Abenteuern *T.E.A.R.S.*, *B.E.A.R.D.S.*, *Was geschah auf Morriton Manor?*, *Dysnomia*, *Jailhouse Boogie* und zuletzt *Good Times Island*.

Mit Hauke Gerdes gelang es den Erfinder dieser Formatreihe als Experten für den Bereich der interaktiven Content-Erstellung zu gewinnen. Mit seinen Pen&Paper-Abenteuern – vergleichbar mit einer Art von fiktionalem Improvisationstheater – stellt er das derzeitig am regelmäßigsten ausgestrahlte, interaktive, fiktionale Format im deutschsprachigen Raum. Aufgrund seines Erfolges gab es auch international bereits mehrere Versuche dieses Format zu kopieren. Gerdes selbst ist zurzeit für das ‚junge Angebot' *Funk* der öffentlich-rechtlichen Sendeanstalten im Projekt *Kliemannsland* tätig.

Als Head of New Media Research bei *SevenOne Media* ergänzt Ricardo Rubio González die Reihe der Experten. In seiner Position beschäftigt er sich mit der Mediennutzungsforschung und der Frage nach dem Wandel in der Mediennutzung. Er ist Chefredakteur und Autor des jährlich erscheinenden *Media Activity Guide* und war zuvor bereits in ähnlicher Position für den amerikanischen Konzern *Yahoo* tätig.

Komplettiert wird die Gruppe der Experten durch Renè Welz. Er ist wissenschaftlicher Mitarbeiter an der Fakultät Medien der HTWK Leipzig und forscht seit mehreren Jahren zu den Einsatzmöglichkeiten von HbbTV. Unter anderem entwickelte er mit *CasualTV* eine innovative Lösung zur Synchronisation des langsamen Fernsehbildes und schnellen Internetinhalten für die bessere Nutzung und Implementierung von Online-Inhalten in das Angebot linearer Fernsehsender.

Die Länge der Interviews betrug jeweils ungefähr eine bis anderthalb Stunden. Nach vollständiger Transkription wurden entsprechend einschlägige oder themengleiche Aussagen der Experten sortiert. Aus allen nun zur Verfügung stehenden Quellen wurde der nun folgende Kriterienkatalog zur Umsetzung interaktiver, fiktionaler AV-Inhalte im Linearen Fernsehen erstellt.

Die Kriterien. 1. Aufklärung und individuelle Erwartungen

In den Interviews fiel auf, dass der Zuschauer oft noch überfordert beziehungsweise überrascht ist, wenn man ihn mit interaktiven Entscheidungen konfrontiert. Abhilfe schafft umfassende Aufklärung, nicht nur im technischen, sondern vor allem im inhaltlichen Bereich. Den Zuschauern muss mit ausreichend Vorlauf erklärt werden, was sie erwartet und wie sie an diesem Format teilnehmen können. Auch muss immer wieder die Besonderheit des interaktiven Erlebnisses hervorgehoben werden. Ricardo Rubio González betont:

> „Also man muss die Zuschauer immer mit der Idee vertraut machen und dann natürlich auch inhaltlicher Art. Man muss ganz klar diesen Mehrwehrt immer wieder erklären. [...] Und in dem Maße in dem man das jetzt immer mehr sieht und dann auch ganz klar die Möglichkeiten erkannt hat und die Benefits, dann wird das auch mehr genutzt werden." (Rubio González, Interview, Abs. 36)

Anja Räßler ist derselben Meinung, dass interaktive Formate attraktiver werden, wenn:

> „[...] man dem Zuschauer mit perfektem Marketing von Anfang an erklärt, was das für eine geile neue Innovation ist und was der Zuschauer auch von dieser Sendung hat." (Räßler, Interview, Abs. 58)

Auch Hauke Gerdes ist davon überzeugt, dass nur mit genügend Informationen und detaillierter Aufklärung sich ein Zuschauer aktiv für ein interaktives Programm entscheiden wird:

> „Das kommt [...] auch darauf an ob der Zuschauer darauf vorbereitet ist und entschieden hat: ‚Das ist mir wichtig.'" (Gerdes, Interview, Abs. 72)

Aufklärungskampagnen dienen im Zweifel nicht nur als zusätzliches Werbemittel, sondern können gleichzeitig ein weiteres Problem angehen. Und das wäre, die Erwartungshaltung der Zuschauer dahingehend zu konditionieren, dass „interaktive Sendung" nicht gleichbedeutend damit ist, dass immer genau das geschieht, was sich jeder einzelne wünscht. Das Produktionsteam Reis+ kommt in der Auswertung seiner interaktiven Produktion Breaking News zu folgender Erkenntnis:

> „Zudem geschieht diese [Interaktion] in einer massenorientierten Abstimmung, keiner individuellen Stimmabgabe. Hiermit wird nur die Illusion einer perso-

7. Kriterien zur Umsetzung interaktiver, fiktionaler AV-Inhalte

nenorientierten Interaktivität vermittelt, wobei sich der Einfluss in Wirklichkeit als demokratisches Produkt darstellt. Der einzelne Zuschauer ist somit nur Teil einer Masse und gibt ein großes Stück an steuernder Kompetenz aus der Hand. [...] Der Anspruch einer individuellen Interaktionsmöglichkeit ist hierbei zu hoch angesetzt. Die Zuschauer müssen dafür sensibilisiert werden, dass ihre Möglichkeiten zum Eingriff in das Angebot nur einem demokratischen Weg folgen kann." (Blum und Schmidt in Hooffacker & Wolf, 2017, S. 110)

Das Medium Fernsehen scheint sich also seinem Naturell entsprechend selbst im Weg zu stehen. Rubio González beschreibt die kritische Ausgangslage wie folgt:

„Fernsehen ist ein Massenmedium, Interaktion ist immer etwas sehr Individuelles. Und die Frage ist, wie kriege ich das jetzt vereinbart." (Rubio González, Interview, Abs. 24) „[...] man muss auch mal überlegen, wenn ich jetzt an ein fiktionales Format zum Beispiel denke, indem der Zuschauer den Fortgang zum Beispiel beeinflussen kann, dann habe ich immer Zuschauer, die vielleicht anders gestimmt hätten und denen ich dann am Ende einen Ausgang vorlege, den sie sich nicht so gewünscht hatten. Das sorgt natürlich da bestenfalls auch für Unterhaltung aber schlimmstenfalls für irgendwelche Reaktionen in der Form, dass ich mich vielleicht darüber ärgere und so weiter." (Rubio González, Interview, Abs. 18)

Versuche, die darauf basierten Interaktivität zu individualisieren, indem eine direkte One-to-One-Kommunikation zwischen einem Zuschauer und etwa einem Moderator hergestellt wurde, scheiterten daran, dass es für den Großteil der Zuschauer keine Motivation gibt, dieses fremde interaktive Erlebnis zu verfolgen. Es kann festgehalten werden, dass interaktives Fernsehen, sowohl für den Erfolg eines Formates als auch zur Zufriedenheit der Zuschauer entscheidend davon profitiert, wenn die Zuschauer im Vorfeld eingehend informiert werden. Auch Rückkanäle oder Social-Media-Auftritte der Sender sind hier wertvolle Instrumente für die Zuschauer, um bei eventuellen Nachfragen an die Programmmacher heranzutreten. Dies erfordert gleichzeitig ein transparenteres Vorgehen der Sender als es vielleicht bei herkömmlichen Formaten bisher der Fall ist. Und auch wenn durch vermeintliche „Abschreckung" das Zielpublikum um den Teil ausgedünnt wird, der sein Erwartungsbild den Mehrheitsentscheidungen nicht anpassen möchte, so muss akzeptiert werden, dass es unmöglich ist, es allen Zuschauern gleichermaßen recht zu machen.

2. Ausstrahlungsfrequenz und -zeitpunkt

Eine Regelmäßigkeit in der Ausstrahlung interaktiver Formate würde auf Dauer den Aufwand der Informationsübermittlung verringern und vielleicht auch die Uninteressierten langfristig an interaktive Unterhaltung heranführen. Gleichzeitig sollte auch auf den jeweiligen Veröffentlichungszeitpunkt geachtet werden. Interaktive Formate haben einen Event-Charakter und sollten damit zu einer Zeit laufen, zu der die meisten Leute auch bereit sind den Fernseher einzuschalten und aktiv mitzumachen. Tagsüber sind die meisten Leute mit ihrem jeweiligen Tagewerk beschäftigt, jüngere Zielgruppen mit Schule und Studium oder Ausbildung. Das begrenzt den Ausstrahlungszeitpunkt auf die Abendstunden, doch auch hier ist Vorsicht geboten:

> *„Und ich glaube auch, dass es eben auch sehr wichtig ist bei der Entwicklung solcher Formate sich auch mal vor Augen zu führen in welcher Situation ist gerade der Zuschauer. In einer Sendung, die primär darauf aus ist, den Zuschauer spät abends noch einmal abzuholen und dem nicht viel abzuverlangen, da stellt sich natürlich die Frage wieso soll ich, wenn ich ihnen jetzt inhaltlich wenig abverlange, wieso soll ich ihm jetzt interaktiv noch etwas abverlangen? Also das muss man sich mal vor Augen führen, wie passt das jetzt in die Dramaturgie und die Konzeption der Sendung?"* (Rubio González, Interview, Abs. 40)

Die Sendeplätze der partizipativen Formate *About: Kate* (Arte, 23:40 Uhr) und *Wer rettet Dina Foxx?* (ZDF, 23:20 Uhr) waren demzufolge nicht optimal gewählt. Der Zeitraum um die sogenannte Prime-Time, also 20:15 Uhr, scheint eine bessere Option zu sein. Zum einen behindert dieser die wenigsten bei ihrem Tagewerk und liegt ebenso wenig zu spät in der Nacht, zum anderen – und das ist ein sehr großer Vorteil – ist das Publikum daran gewöhnt, um diese Zeit Highlight-Formate gesendet zu bekommen.

3. Motivation

Ungeübte Zuschauer müssen nicht nur im Vorfeld, sondern auch im Verlauf einer Sendung stets erinnert und aufgerufen werden sich interaktiv zu beteiligen. Sei dies nun über Einblendungen, oder Spots in den Werbeblöcken oder durch schlichte Moderation. Über Wiederholung und zunehmende Gefühle eines persönlichen

7. Kriterien zur Umsetzung interaktiver, fiktionaler AV-Inhalte

Mehrwerts kann anfangs extrinsische Motivation in intrinsische Motive zur Teilnahme gewandelt werden. Gute Werkzeuge, um dem Zuschauer einen Anreiz zu bieten, etwa anzurufen oder online abzustimmen, wären dazu außerdem Gewinnspiele, Verlosungen oder das Verteilen besonderer Goodies für eine erfolgreiche Teilnahme, vielleicht auch angelehnt an aus dem Videospielsektor bekannte Systeme mit unterschiedlichen Rängen oder Prestigepunkten ähnlich der Gamifizierung von TV-Inhalten in Social-TV-Apps. Die Experten nennen ebenfalls Ansatzpunkte wie Zuschauer motiviert werden können, sich einem interaktiven Format zuzuwenden. Und zwar über den Einsatz von Sympathieträgern im Sinne von klassischen Protagonisten und Antagonisten. Nur, dass sich diese nicht innerhalb der erzählten Geschichte abzeichnen, sondern in den Augen der Zuschauerschaft schon bestehen, sprich das Zurückgreifen auf bestehende Fangemeinden und das Image von Personen öffentlichen Interesses. Hauke Gerdes nimmt als Ausgangspunkt sein eigenes Format Pen&Paper, bei dem die der RBTV-Community über Jahre bekannten Gründungsmitglieder und Hauptmoderatoren des Senders die Protagonisten stellen.

„Daran scheitern ja auch viele Pen&Paper-Formate, die im Internet versuchen mitzuziehen. Ihre Protagonisten sind nicht bekannt. Ich kenne die nicht. Die Situationskomik geht mir ab. Und immer wenn mehrere Leute an einem Tisch sitzen, geht es um Situationskomik. Und die Interaktion ist ein total schönes Beiwerk, die hervorragend das unterstützt was da eigentlich ist, nämlich dass ich mit Leuten, die ich glaube zu kennen, irgendwie interagieren kann und ein bisschen mit an diesem Tisch sitze sozusagen. Der Triebfaktor ist aber weiterhin der Humor und das Dabei-Zusehen, wie Leute unterhaltend sind." (Gerdes, Interview, Abs. 68) „Und wenn man das im Fernsehen machen würde und dabei zugucken wie Barbara Schöneberger, Moritz Bleibtreu und ein paar weitere sich gemeinsam an einem Tisch als Elfen irgendwie den Kopf einhauen, das würde funktionieren, ja. Die Situationskomik, die dadurch generiert wird, das würde funktionieren." (Gerdes, Interview, Abs. 68)

Er beschreibt, dass es für die Zuschauer wichtig ist, sich mit den handelnden Personen zu identifizieren. Viel mehr als es das im Rahmen eines linearen Spielfilms der Fall ist.

„Ich glaube, dass das vor allem eine junge Zuschauerschaft anspricht, weil sich die junge Zuschauerschaft vor allem mit den Leuten identifizieren möchte oder zumindest den Leuten nahe sein möchte, denen sie da zusehen." (Gerdes, Interview, Abs. 20) „Und ich glaube, das war ein Grundwunsch, der bei vielen

da ist. Ein Grundwunsch nach Aufmerksamkeit. Darum wirke ich mit. Ich möchte für einen kurzen Moment die Aufmerksamkeit der Menschen erhaschen, die mich sonst unterhalten. Ich möchte quasi ein Teil des Formates und ihres Lebens in dem Moment sein" (Gerdes, Interview, Abs. 48) *"[...] auch weil der starke Wunsch nach Individualisierung bei unserer Generation so vorherrscht. Wir selbst immer wollen jemand sein und wenn das nicht geht, wollen wir wenigstens davon träumen, diese Person zu sein oder daran mitwirken, wie sie ist. [...] Ich glaube, momentan ist die wichtigste Form der Interaktivität – unangefochten – ist für die meisten Nähe zum eigentlichen Protagonisten."* (Gerdes, Interview, Abs. 66)

Dies funktioniert auch in die entgegengesetzte Richtung, dass es ein ebenso starker Anreiz sein kann, jemanden etwas tun zu lassen oder jemandem etwas Gutes zu tun, wie dieser Person etwas zu versagen oder sie scheitern zu sehen. Hat man darüber hinaus keinen direkten Favoriten, so kann es durchaus sein, dass es vielleicht Akteure gibt, die ein Zuschauer weniger mag. Auch das kann wiederum ein Anreiz zur Teilnahme sein.

Den Zuschauer auf einer persönlichen Ebene abzuholen, sich seiner Sympathien und Antipathien zu bedienen, funktioniert bei bekannten und quotenstarken linearen Show-Formaten wie *Ich bin ein Star – holt mich hier raus* (RTL) bestens. Es ist also naheliegend dies auch auf interaktive Formate zu übertragen. Kontroverse Themen vor allem ethischer Natur, bei denen es sowieso viele unterschiedliche, teils verhärtete Meinungen gibt, können die Diskussion und somit die Teilnehmer dieser in interaktive Formate hineintragen. Dabei müssen es nicht immer Themen mit nationaler Tragweite sein wie im interaktiven Spielfilm *Terror – Ihr Urteil* (ARD, 2016), sondern lediglich für die jeweilige Zielgruppe relevante Diskussionen oder Kontroversen. Bei Videospiel-affinen Personengruppen etwa der anhaltende Streit, ob eine Konsole oder der PC die bessere Plattform sei. Solange die Zuschauer auf persönlicher Ebene angesprochen werden, wird auch der Drang die eigene Meinung kundzutun beziehungsweise seine Seite zu unterstützen da sein und wachsen. Rubio González bringt es auf den Punkt:

„Erst wenn ein Format eine gewisse Likeability für mich hat, dann bin ich auch bereit, damit zu interagieren." (Rubio González, Interview, Abs. 42)

4. Zeitliche Abhängigkeit von Aktion und Reaktion

Der Episodenfilm *Breaking News* wurde in vier Teilen in vier aufeinanderfolgenden Wochen veröffentlicht. Eine Frequenz, die an moderne Fernseh- und VoD-Serien oder Mehrteiler angelehnt ist. Zur Überraschung des Produktionsteams, dem der Autor dieses Beitrags angehört, wirkte sich dies jedoch eher negativ auf die Teilnahmebereitschaft der Zuschauer aus. In der anschließenden Analyse der Zuschauerbeteiligung wurde eine Erkenntnis gewonnen, die im Gespräch mit Hauke Gerdes bestätigt wurde:

> „Größte Kritik kann jedoch am Zeitversatz der Veröffentlichung festgemacht werden. Der Abstand von einer Woche zwischen den jeweiligen Episoden sollte dem Nutzer genug Ruhe geben, um in der zwischengeschalteten Interaktion Einfluss auf den kommenden Output zu nehmen. Bedenkt man Neubergers Variable der zeitnahen Bezugnahme, so wurde dieser Raum an Stillstand zu großzügig gewählt. Der Nutzer hat damit keinen unmittelbaren Rückkanal und erfährt keinen Prozess der direkten Einflussnahme, sodass der belohnende Effekt seiner interaktiven Partizipation verblasst." (Blum und Schmidt in Hooffacker & Wolf, 2017, S. 110)

Hauke Gerdes hat seinerseits sehr ähnliche Erfahrungen innerhalb des Pen&Paper-Formates *B.E.A.R.D.S.* gemacht.

> *„Es ist sehr schwer eine durchgehende Handlung über so viele Teile aufrecht zu erhalten, sodass das Interesse dableibt. Das heißt, Figuren, die man am Anfang erwähnt oder Dinge, die man am Anfang genommen hat, die von den Zuschauern generiert wurden, verlieren für sie später an Bedeutung."* (Gerdes, Interview, Abs. 40) *„[…] ich hatte das Gefühl, dass die Freude an der Interaktion größer war, wenn relativ zeitnah das geschehen ist, wofür man abgestimmt hat. Also abzustimmen und erst in der dritten Staffel zu erfahren wer gewonnen hat, das ist glaube ich frustrierend."* (Gerdes, Interview, Abs. 38) *„Alles andere lässt diesen Vorwurf im Raum stehen, dass es vorgegaukelt sein könnte, weil genug vorbereitet ist oder ich noch genug Zeit habe, dahin zu lenken, wo ich eigentlich hin wollte. Wenn allerdings entschieden wird ‚jetzt explodiert die Bombe' und die Bombe explodiert, dann kann ich nicht mehr täuschen. Ich habe den Beweis, dass das was gerade abgestimmt wurde wirklich das Ergebnis ist."* (Gerdes, Interview, Abs. 40)

5. Transparenz und Vollständigkeit

Das proaktive Reagieren auf den Vorwurf fehlender Transparenz stellte sich für Hauke Gerdes unerwartet als einer der großen Erfolgsfaktoren seiner Formate heraus.

„Was viele sehr sehr spannend finden, was mit Interaktion natürlich auch zu tun hat, ist, es gibt ein ‚Was wäre wenn?' in dem aufgelöst wird, was wäre geschehen, wenn ihr an einem bestimmten Punkt als Gemeinschaft eine andere Entscheidung getroffen hättet. Oder wenn unsere Spielergruppe eine andere Entscheidung getroffen hätte. Und das ist was, dass alle hochgradig irgendwie spannend finden. Ich glaube das hat so was von einem Zauberer, der seine Tricks erklärt. Weil da spüren sie das erste Mal richtig, was ihre Entscheidung eigentlich bewirkt hat und was eine andere Entscheidung bewirkt hätte." (Gerdes, Interview, Abs. 32)

Diese Art von Auflösung wirkt effektiv dem Frustpotential entgegen welches sich über den Verlauf eines interaktiven Formates aufbauen kann. Wie bereits erwähnt wird es immer Zuschauer geben, die mit einer Entscheidung der Masse nicht zufrieden sind. Für einige mag es daher entschädigend wirken, wenn sie am Ende eines Formates ihre Alternative noch einmal außerhalb der eigentlichen Geschichte vorgestellt bekommen. Dies kann unter Umständen aber auch bedeuten, dass keine Inhalte seitens des Erstellers umsonst produziert wurden, da sie auf jeden Fall vom Zuschauer gesehen werden können. Vergleichbar ist dieses Vorgehen mit dem Extended-Cut eines Hollywood Spielfilms oder Bonus-Material auf der zugehörigen DVD. Lediglich der Kontext ob ich meine Wahl innerhalb der Geschichte zusehen bekomme oder im Anschluss, freigestellt vom Handlungsstrang, unterscheidet sich. Statt eines wie Gerdes es bezeichnet Was-Wäre-Wenn-Formates könnten beim Beispiel eines interaktiven Filmes die nichtgewählten Szenen im Anschluss gesondert im Internet veröffentlicht werden.

6. Passive Zuschauer

Genauso wie es Zuschauer gibt, die am liebsten alle möglichen Wege und Varianten kennen wollen, so gibt es auch welche, für die es vollkommen ausreichend ist, das interaktive Erlebnis passiv zu genießen und die nur an wenigen bis gar keinen Interaktionen teilnehmen.

> „Ich glaube, es ist eine schöne Form der Unterhaltung, einfach nur passiv zuzusehen. Viele nehmen zum Beispiel Chats oder interaktive Votings als was wahr, was für sie das gute Gefühl gibt, Interaktivität zu haben, sie wollen sie aber gar nicht nutzen. Es reicht ihnen völlig, dass es angeboten wird." (Gerdes, Interview, Abs. 26) „Das ist das was die Leute eigentlich wollen, denn die Passiv-Zuschauer sind ein großer Teil. Diese Interaktivität, die ich am Anfang für den absoluten Kern des Formates gehalten habe, ist den Leuten wichtig, aber nur in einem sehr geringen Maße." (Gerdes, Interview, Abs. 30)

Interaktiv an einem Format teilzunehmen, bedeutet auch, kognitive Leistungen zu erbringen. Dies kann vor allem nicht über die gesamte Dauer eines Spielfilms oder einer Abendshow vom Zuschauer verlangt werden. Wird man plötzlich vor eine Wahl gestellt, hat sich aber in den vergangenen Minuten wenig auf das Programm konzentriert, sei es durch Ablenkung, Ermüdung oder ähnliches, so kann es durchaus schwierig sein, die gestellte Frage oder Aufgabe nachzuvollziehen und zu beantworten. Je mehr und je länger ein Zuschauer am Geschehen teilnimmt, desto eher lässt seine kognitive Leistung nach. Es ist also wichtig, ihm aus diesem Grund zu erlauben, sich jederzeit aus der aktiven Lean-Forward- in eine erholsame Lean-Back-Position zu begeben, ohne dass er dadurch Nachteile erfährt.

7. Erreichbarkeit und Bedienung interaktiver Tools

Dass die Zuschauer nach Bedarf auch passiv dabei sein können, ist also oberstes Gebot, gleichzeitig ist es aber ebenso wichtig, den Zuschauern, die aktiv teilnehmen wollen, ebenso entgegenzukommen. Wenn es für Zuschauer nicht möglich ist, die interaktiven Tools zu erreichen, kann dies zu einer ähnlichen Frustration führen, wie aufgezwungene Interaktivität.

> „Wenn du als Zuschauer komplett ausgegrenzt wirst, weil du nicht im Besitz eines Smart Devices bist, dann ist das ein enormer Nachteil. Denn meine Auffassung ist: Ich möchte Content für alle produzieren. Der Zuschauer kann dann immer noch selber entscheiden ‚interessiert mich das oder ist das scheiße'. Aber ich möchte ihn nicht ausgrenzen, indem ich sage: ‚Du kannst den Content nur konsumieren oder nur so geil teilhaben wie alle anderen, mitbestimmen, wenn Du ein Smartphone hast.'" (Räßler, Interview, Abs. 70)

Abgesehen von technischen Zugängen kann auch die ausschließliche Nutzung einer einzigen oder nur weniger Anlaufstellen für die Zuschauer im Online-Bereich negativer Exklusivität Ausdruck verleihen. *Circus HalliGalli* (PRO7) zum Beispiel beschränkte in seiner Interaktiven Ausgabe vom 02.05.2017 den Einbezug seiner Fans auf das soziale Netzwerk Facebook. War man dort nicht angemeldet, so konnte man auch nicht an den Abstimmungen teilnehmen. Um ein möglichst großes Publikum zu erreichen, müssen den Zuschauern demnach die interaktiven Instrumente auch in einer möglichst breiten Palette präsentiert werden. Zum Beispiel als Smart-TV-Angebot, als Second Screen App und gleichzeitig als Webseite, die sich von jedem PC besuchen lässt. Dies gilt auch für die nutzbaren Peripheriegeräte sowie für die Benutzeroberflächen an sich. TV-Apps werden, wenn sie eingabeintensiv sind, von Lean-Back-Zuschauern weniger genutzt, denn komplizierte Bedienelemente und uneinheitliche Standards führen zur Überforderung der Rezipienten. (vgl. Röll in Riffi & Michel, 2013, S. 83) Hauke Gerdes bringt zusätzlich den Aspekt der Barrierefreiheit zur Sprache:

„Erst wenn das so simpel wäre, dass ich wirklich nur noch einen Knopf drücken muss und dann entscheiden – auf meiner Fernbedienung oder sogar per Sprache, was für mich persönlich ein großes Thema ist. Ich muss nicht mal mehr das tun. Ich kann einfach sagen ‚Gefällt mir.', ‚Gefällt mir nicht.' Oder ich sage: ‚Fernseher B!' und dann weiß ich: ‚Okay. Cool. Ich habe abgestimmt.'"
(Gerdes, Interview, Abs. 58)

8. Zugang zu interaktiven Anwendungen und deren Schwierigkeitsgrad

Vorangehenden Aussagen zufolge müssen sich also auch die zur Verfügung gestellten Interaktionen nach dem Gebot der Überschaubarkeit richten und dürfen ebenfalls nicht zu kompliziert gestaltet werden. Im Verlauf der Pen&Paper-Abenteuer hat Hauke Gerdes seinen Zuschauern bereits Aufgaben unterschiedlichster Schwierigkeitsgrade und Ausmaße gestellt. Sein Resümee sieht wie folgt aus:

„Also ich denke, dass natürlich wenig Leute dann so ein lustiges Video von sich drehen. Und wenn in diesem Video dann auch noch ein Schild sein muss, auf dem steht irgendwie: ‚Verstehen Sie Spaß?' oder ‚Versteckte Kamera' und dann muss das auch noch bei Sonnenschein gedreht sein und am besten noch mit einer guten Kamera, dann denke ich mir natürlich irgendwann so: ‚Puh. Für nix

7. Kriterien zur Umsetzung interaktiver, fiktionaler AV-Inhalte

mach ich da halt nicht mehr mit.' Weil der Gegenwert sich für mich nicht mehr lohnt." (Gerdes, Interview, Abs. 48) „Ich glaube, das ist einfach mal abseits des Digitalen immer so, dass je mehr Aufwand irgendwas ist, desto weniger Leute nehmen teil." (Gerdes, Interview, Abs. 48) „Allerdings ist die Freude natürlich auch größer, wenn ich das Gefühl hatte, wirklich maßgeblich mitzuwirken, wirklich durch meine harte Arbeit, indem ich ein Bild gemalt habe, indem ich was gebastelt habe, indem ich einen verbalen Inhalt geleistet habe oder in textlicher Form kreativen Inhalt." (Gerdes, Interview, Abs 34) „Mein Gefühl ist aber: Je simpler und einfacher es ist, an Formaten teilzunehmen, desto eher bin ich bereit, das zu tun." (Gerdes, Interview, Abs. 34)

Möchte ein Zuschauer sich selbst stärker in einen kreativen Prozess oder ein Format einbringen, so kann dies unter Umständen bedeuten, dass er dazu private Daten von sich preisgeben muss. Datenmissbrauch, Verlust der Selbstbestimmung und ein ‚gläserner Zuschauer' sind in der Diskussion um interaktives Fernsehen immer häufiger geäußerte Bedenken. (vgl. Röll in Riffi & Michel, 2013, S. 84) Die Experten sind in Bezug auf die Eingabe personenbezogener Daten geteilter Meinung. Obwohl das Bewusstsein dafür, dass detaillierte Informationen über einen Zuschauer für einen Sender einen großen kommerziellen Nutzen darstellen, vorhanden ist, wird diese Einstellung jedoch auch kritisch hinterfragt:

„Ich verstehe eben aber oft auch nicht, warum immer dieser Hintergedanke verknüpft ist, aus dieser App einen Gewinn zu schlagen. Immer sollen Nutzerdaten abgegraben werden. Ich will immer Konten mir holen. Warum mir nicht die reine Zahl reicht, dass Leute teilgenommen haben, ist mir so ein bisschen schleierhaft. Also, warum man nicht versteht, dass selbst ein Nutzerkonto schon nervt. Und das braucht man ja in den meisten Fällen um an unseren Umfragen teilzunehmen. Und das nervt mich persönlich schon. Ich würde wollen, dass jeder mitmachen kann." (Gerdes, Interview, Abs. 58) „Ein Account ist immer ein Hinterlegen digitaler Daten. Viele denken dann: ‚Ah! Ich kann das ja einfach mit dem Facebook-Account verknüpfen.' Ein Facebook-Account ist mittlerweile aber auch etwas sehr persönliches für viele Menschen. Das möchte ich nicht. Ich möchte mich überhaupt nicht anmelden. Ich möchte gar nicht, dass die irgendwas von mir wissen, die anderen. Ich möchte nur mitmachen als eine Person. Fertig. Kein Geschlecht, kein Alter, kein gar nichts." (Gerdes, Interview, Abs. 60)

Festhalten lässt sich an dieser Stelle, dass eine Liberalisierung der interaktiven Tools das Potential besitzt, mehr interaktive Zuschauer zu generieren. Die Datenabfrage der Nutzer sollte im Konsens der Expertenmeinungen auf ein Minimum heruntergefahren werden, aus dem Grund, mit der Option rechtswidriges Verhalten zu ahnden, das eigene Programm zu schützen. Auch Nutzer, die ‚nur mal eben vorbeischauen', also nicht von Beginn bis zum Ende gespannt ein Format verfolgen, sondern vielleicht nur einmal ausprobieren wollen, ob ihnen ein interaktives Format liegt oder Unterhaltung bringen kann, werden sich durch einen störenden Anmeldeprozess eher dagegen entscheiden, da dies für ihre Intention schon zu viel Aufwand bedeuten kann.

9. Ausstrahlungsform

So strittig das Thema Datenschutz und Anmeldung für die Experten ist, so einig sind sie sich in einem anderen Punkt. Nämlich, dass es für ein Format von besonders großem Mehrwert ist, wenn es live ausgestrahlt wird. Macht das Internet in Sachen Interaktivität dem Fernsehprogramm starke Konkurrenz und hat auch durch technische Flexibilität die Nase vorn, so sieht René Welz im Live-Programm ein Alleinstellungsmerkmal des Fernsehens begründet, welches es sich auch durch das Internet in absehbarer Zeit nicht nehmen lassen kann.

„Ein großer Vorteil, den der Fernsehsender hat gegenüber all den anderen ist diese zeitkritische Arbeitsweise, also wenn der Fernsehsender live ist, ist er live und das ist er in 80 Millionen Haushalten oder in 40 Millionen." (Welz, Interview, Abs. 105) „Ein Fernsehsignal ist nicht schaffbar von allen Google-Servern." (Welz, Interview, Abs. 136) „Weil das ist wirklich diese eine Kompetenz, die Fernsehen gegenüber Internet hat und haben wird. Es ist live und es ist stabil wenn 40 Millionen Leute ‚dasselbe Video anklicken' sozusagen." (Welz, Interview, Abs. 134)

Ricardo Rubio González ist sich der Konkurrenz durch das Internet bewusst und rät daraufhin dazu, die Zuschauer mit genau diesem Vorteil von der Abwanderung ins Internet abzuhalten.

„Ich glaube, die Überlegung dahinter ist tatsächlich, diese Notwendigkeit Formate zu entwickeln, die den Zuschauer involvieren. Man muss dem Live-Programm mehr geben als etwas, was ich über eine einfache Alternative auch bekomme." (Rubio González, Interview, Abs. 44) „Wir müssen den Zuschauern Gründe dafür liefern, am Live-Programm dabei zu sein, weil das ist letzten Endes als

> Broadcaster unser primäres Interesse." (Rubio González, Interview, Abs. 38)
> "Es kann durchaus Formate geben, die dann genau damit auch Zuschauer anlocken, dass sie sagen: ,Ich gebe dir ein live, interaktives Erlebnis.' Und ich glaube ganz im Gegenteil, das lineare Fernsehen muss immer mehr Argumente bieten, wieso der Zuschauer live dabei sein muss. Das funktioniert in Live-Formaten, in Unterhaltungsformaten, die einen jungen, interaktiven Charakter haben, natürlich deutlich besser als in einem Blockbuster, den ich mir auf Netflix, auf Sky, auf DVD, Blu-Ray oder eben auch im linearen Fernsehen anschauen kann." (Rubio González, Interview, Abs. 38)

Hauke Gerdes konnte im Vergleich zwischen aufgezeichneten und live-ausgestrahlten Formaten folgendes beobachten:

> "Wir sind in einem Bereich von ungefähr 20% aufwärts mehr Zuschauer bei jedem Live-Format im Schnitt. Das bedeutet: Ist ein Format live, schauen mehr Leute zu." (Gerdes, Interview, Abs. 72)

Interaktive Formate könnten also durch das stabile und belastbare Rundfunknetz sowie die Tatsache, dass Live-Ereignisse von den Zuschauern besser angenommen werden durchaus auch größere Erfolge einfahren.

10. Medienkompetenz der Zuschauer

Die vorangehenden Betrachtungen fokussierten sich alle auf die Formatgestaltung beziehungsweise deren Umsetzung oder Platzierung. Nun soll die Frage beantwortet werden, ob eine Umsetzung interaktiver Formate nur mit einem Nutzerkreis funktionieren kann, der über einen fortgeschrittenen Grad an Medienkompetenz verfügt. Auf Basis der intensiven Beschäftigung mit der eigenen Community und dem aktiven Zugehen auf potentielle neue Mitglieder und Zuschauer, fassen die Produzenten ihre Erfahrung im Rahmen von *Breaking News* wie folgt zusammen:

> "Je komplexer die Interaktivität ist, desto sehr viel größer ist die Anforderung an die Kompetenz sowohl von Anbietern als auch Nutzern. Die korrekte Einbindung von Kommunikationsplattformen, interaktiven Elementen (Bild- und Texterstellung seitens der Teilnehmer, sowie Antworttools) und schnelle Reaktionszeiten werden hierbei auf beiden Seiten der Kommunikation gefordert. Dies kann auf Ebene von Onlineangeboten nur von einer Zuschauerschaft verlangt werden, die bereits ausreichend Erfahrung als hybride Nutzer gesammelt haben." (Blum und Schmidt in

Hooffacker & Wolf, 2017, S. 112) „Eine breite Masse kann damit aktuell nicht als Zielgruppe definiert werden." (Blum und Schmidt in Hooffacker & Wolf, 2017, S. 112)

René Welz teilt in seinen Aussagen diese Auffassung in der Hinsicht, dass es oft die Angst vor dem Unbekannten, also vielmehr eine sich selbst auferlegte Hürde ist.

„Ich würde schon sagen, du brauchst diese Medienkompetenz, um erst einmal zu wissen, dass wenn ich auf diesen Knopf drücke, mein Fernseher nicht explodiert. Also dieses ‚jetzt passiert etwas Unerwartetes, etwas Ungewohntes, das lasse ich lieber.' Wenn man das schon als Medienkompetenz bezeichnet, dass man weiß, es passiert nichts, wenn ich das mache oder, dass man denkt, es passiert nichts, wenn ich das mache, dann ist das schon so: Medienkompetenz muss da sein." (Welz, Interview, Abs. 67) „Also, junge Menschen kommen besser damit klar, ältere nicht so gut." (Welz, Interview, Abs. 67)*

Hauke Gerdes sieht das Problem eher in der Einstellung der Zuschauer als in fehlender Medienkompetenz bedingt. Ihm zufolge muss der Mehrwert der Interaktionen und der Unterhaltungsgrad der Handlung so aufbereitet werden, dass er auch für technisch weniger fähige Zuschauer ansprechend ist.

„Ich glaube, dass so etwas absolut funktioniert, wenn die Hürde gering ist und wenn es spannend für mich ist, mitzuwirken. Es ist eine faule Ausrede, zu sagen, glaube ich: ‚Alte Leute wollen ihre Handys einfach nicht benutzen.' Dann hat man sich einfach nicht genug Gedanken darüber gemacht, wie die eigene Zuschauergruppe interagieren möchte." (Gerdes, Interview, Abs. 46) „Ich glaube, je älter man wird, desto mehr reflektiert man eher die Inhalte, die man konsumiert, und ist zwar gespannt auf die Reaktion, es ist einem aber nicht mehr ganz so wichtig, dass genau der Punkt vorgetragen wird, den man selbst eingeworfen hat, oder der Weg und der Handlungsstrang stattfindet, den man selbst beigesteuert hat." (Gerdes, Interview, Abs. 20)

Es ist also nicht unbedingt eine Frage der Medienkompetenz, sondern vielmehr eine der Affinität zu interaktiven Medien und innovativen Formaten. Sobald ein Wille da ist und ihm ein Weg geboten wird, wird ihn der Zuschauer auch gerne gehen. Seine Affinität muss durch geschickte Dramaturgie und den Einsatz passender und überschaubarer interaktiver Tools durch den Produzenten angeregt oder erst geweckt werden.

Der Kriterienkatalog

Die im vorangegangenen Kapitel gesammelten Erkenntnisse bilden die Basis für folgenden Kriterienkatalog. Diese Kriterien sind als Handlungsempfehlungen für sowohl die Produktion als auch die Distribution interaktiver Formate und für den vorteilhaften Umgang mit den Zuschauern zu werten. Dabei ist es nicht zwingend notwendig, dass ein Format alle genannten Kriterien gleichzeitig erfüllen muss.

1. **Aufklärung**
   Im Vorfeld zu jeder interaktiven Sendung sollte den Zuschauern durch ausführliche Erklärungen wiederholt mitgeteilt werden wie und über welche Kanäle sie den Sendungsverlauf beeinflussen können und welcher Mehrwert sich daraus für sie ergibt. Dabei müssen auch ganz klar die Möglichkeiten und Grenzen des interaktiven Eingreifens in Handlung oder Spielgeschehen kommuniziert werden.

2. **Regelmäßigkeit**
   Die Ausstrahlung interaktiver Formate sollte (auch senderübergreifend) in regelmäßigen Abständen erfolgen, sodass Aufklärung, Konditionierung und Werbeeffekte aufeinander aufbauen.

3. **Prime-Time**
   Der Ausstrahlungszeitpunkt sollte so gewählt sein, dass er zwischen Beendigung des Tagewerks der Zuschauer, aber noch vor dem Verlust kognitiver Leistungsfähigkeit durch Ermüdung liegt. Für den Großteil der Bevölkerung bietet sich auch aufgrund von Gewohnheit die sogenannte Prime-Time ab 20:15 Uhr an.

4. **Sympathie**
   Bekannte Sympathieträger als handelnde Personen innerhalb eines Formates verleiten die Zuschauer dazu, interaktive Elemente initial und vermehrt zu nutzen. Ebenso erzeugt eine Abneigung gegen bestimmte Personen diesen Effekt.

5. **Persönliches Involvement**
   Zuschauer neigen eher dazu, interaktive Elemente zu nutzen, wenn das Format sie mit Themen konfrontiert, die sie auf eine persönliche positive oder negative Weise reizen.

6. **Zeitliche Nähe**
   Die Auswirkung eines interaktiven Elements muss zeitnah zu dessen Abfrage oder Bereitstellung innerhalb der Handlung spürbar sein.

7. **Motivation**
Während des Verlaufs einer Sendung sollten die Zuschauer durch Einblendungen, Werbeblöcke oder eine Moderation wiederholt zur Teilnahme an interaktiven Elementen aufgerufen werden. Als weitere Anreize können Gewinnspiele oder sowohl materielle als auch immaterielle individuelle Belohnungen dienen.

8. **Vollständigkeit**
Der Zuschauer sollte die Möglichkeit haben, alternative Optionen, die nicht innerhalb der in der Sendung abgebildeten Handlung gezeigt worden sind, im Anschluss nacherfahren zu können.

9. **Optionaler Passivkonsum**
Zu jedem Zeitpunkt innerhalb einer Sendung sollte der Zuschauer die Möglichkeit haben, sich aus der aktiven Beteiligung zurückzuziehen, ohne, dass er dabei einen Nachteil erfährt. Ebenso sollte es ihm möglich sein, nahtlos in die interaktive Handlung (wieder-)einzusteigen.

10. **Erreichbarkeit**
Die Bereitstellung der interaktiven Elemente sollte über ein umfangreiches Angebot an Kanälen geschehen. Der Zuschauer sollte in der Lage sein, einen favorisierten oder den für sich am einfachsten zu erreichenden Kanal frei zu wählen. Im Angebot der interaktiven Elemente darf dagegen über die verschiedenen Kanäle hinweg kein Unterschied bestehen.

11. **Usability**
Die Bedienung, sowie die Steuerung bzw. die Eingabe interaktiver Elemente sollte sehr einfach gehalten und schnell verständlich sein und darf sich über verschiedene Kanäle hinweg in ihrem Schwierigkeitsgrad nicht unterscheiden.

12. **Überschaubarkeit**
Je einfacher ein interaktives Element zu bedienen ist bzw. dessen Anforderungen erfüllt werden können, umso eher nimmt ein Zuschauer dieses Angebot auch wahr. Die Beteiligung an interaktiven Elementen mit hohem Schwierigkeitsgrad sollte für den Zuschauer optional sein. Trotzdem sollten diese angeboten werden, jedoch vergleichsweise selten.

13. **Freier Zugang**
Die interaktive Teilnahme an einem Format darf durch keine umständlichen Anmeldeprozesse behindert werden. Jeder Zuschauer sollte ohne die vorherige Angabe personenbezogener Daten interaktive Elemente nutzen können. Ist dies dennoch nötig, so sollte dies auf ein Minimum und einen einmaligen

Anmeldeprozess auf einer auch für andere Formate nutzbare Plattform reduziert werden.

14. **Affinität**
Für die Teilnahme an interaktiven Formaten darf beim Zuschauer keine erweiterte Medienkompetenz vorausgesetzt werden. Der Produzent ist in der Pflicht, die Affinität des Zuschauers für interaktive und innovative Formate durch dramaturgische Entscheidungen und den Einsatz abgestimmter und überschaubarer interaktiver Tools zu wecken und zu erweitern.

15. **Live**
Ist es möglich, die Handlung eines interaktiven Formates live darzustellen, so sollte dies getan werden. Ein voraufgezeichnetes Format in ein themengleiches Live-Event einzubetten, kann den Eindruck einer Livesendung simulieren.

Fazit

Die herausgearbeiteten Kriterien sind mehr eine Empfehlung als ein tatsächlicher Leitfaden. Dies ist dadurch bedingt, dass sie aus einer Vielzahl theoretischer Überlegungen konstruiert wurden. Zwar spielte auch zum Teil die praktische Erfahrung der Experten eine Rolle bei ihrer Erstellung, jedoch wurden die Kriterien innerhalb dieser Untersuchung nicht auf ihre tatsächliche Anwendbarkeit und ihren Nutzen in der Praxis geprüft. So bleibt zum Beispiel bei der Betrachtung des Kriteriums 3, zum Ausstrahlungszeitpunkt interaktiver Formate, die Frage offen, ob nicht auch die Prime-Time um 20:15 Uhr schon zu spät für den Zuschauer ist, um kognitiv aktiv zu werden. Für das Kriterium wurde dieser Zeitpunkt gewählt, da das Publikum gewohnt ist an dieser Stelle im Programm außergewöhnliche Formate wie Blockbuster oder große Unterhaltungsshows zu erwarten. Es lässt sich jedoch nicht mit Gewissheit ausschließen, ob genau diese Erwartungshaltung letztendlich der Ausstrahlung interaktiver Formate in diesem Programm-Slot im Wege steht. Die zahlreichen, noch nicht ausgeschöpften und potentiellen Möglichkeiten interaktive Elemente zu gestalten, stellen auch die einheitliche Anwendbarkeit der Kriterien auf jeden der vier definierten Bereiche der Interaktivität in Frage. Da es generell in der Möglichkeit des jeweiligen Produzenten liegt interaktive Elemente entsprechend zu gestalten, kann vor allem in Bezug auf die Erreichbarkeit, Usability, Überschaubarkeit und den optionalen Passivkonsum zu diesem Zeitpunkt nicht eindeutig festgehalten werden, ob es nicht interaktive Möglichkeiten gibt oder geben wird, die aus diesen Dimensionen ausbrechen und anderer oder angepasster Handlungsempfehlungen bedürfen.

Im Hinblick auf die Unterscheidung zwischen non-fiktionaler und fiktionaler Interaktivität verlor der Fokus im Gespräch mit den Experten ein wenig seine Schärfe. Obwohl in den Gesprächen durchaus die höheren technischen, inhaltlichen und vor allem finanziellen Anforderungen an die Produktion fiktionaler Interaktivität hervorgehoben wurden, wurden fiktionale und non-fiktionale Inhalte bezüglich der Resonanz auf die Möglichkeit mitzubestimmen kaum unterschieden. Auch differenzierte, explizite Empfehlungen für die inhaltliche Gestaltung eines fiktionalen interaktiven Formates gab es kaum. Deshalb konnten die Handlungsempfehlungen so zusammengefasst werden, dass sie für fiktionale und non-fiktionale Inhalte gleichermaßen Geltung finden.

Als möglicher Ausgangspunkt um fiktionale Interaktion ins lineare Fernsehen zu bringen, stellte sich im Gespräch mit den Experten das Pen&Paper-Format von Rocket Beans TV heraus. Der Charakter einer ‚Talkshow mit gespielter Handlung' macht es zu einer fiktionalen Erzählung in einem non-fiktionalen Raum. Interaktive Elemente lassen sich nach Belieben in unterschiedlichen Formen und Ausmaßen in die Abenteuer einstreuen. Die handelnden Personen bedienen dabei das Kriterium der Sympathie und die vergleichsweise geringen Kosten begünstigen eine regelmäßige Ausstrahlung. Abseits von Pen&Paper können die Kriterien ebenfalls zur Prüfung auf Erfüllung und Vollständigkeit des Katalogs auf andere Formate vergleichend übertragen werden. Für die Fernsehlandschaft im Allgemeinen wird es in Hinblick auf interaktive Formate in Zukunft wichtig sein, feste Produktionsabläufe oder -einheiten zu etablieren, die die Ausstrahlung interaktiver Formate begünstigen. Dabei kann der Kriterienkatalog als Grundlage für kommende Experimente herangezogen werden.

Literatur

Gräßer, L., & Riffi, A. (Hrsg.). (2013). *Einfach fernsehen? zur Zukunft des Bewegtbildes.* Düsseldorf: kopaed.
Hooffacker, G., & Wolf, C. (Hrsg.). (2017). *Technische Innovationen-Medieninnovationen?: Herausforderungen für Kommunikatoren, Konzepte und Nutzerforschung.* Wiesbaden: Springer VS.
Koschnick, W. J. (2010). Medienkonvergenz – Zusammenwachsen von Fernsehen, Internet, Telekommunikation. (Bundeszentrale für politische Bildung, Hrsg.).

Noam, E. M. (1996). *Cyber-TV: Thesen zur dritten Fernsehrevolution*. Gütersloh: Verl. Bertelsmann-Stiftung.

Riffi, A., & Michel, L. P. (2013, Juli). Bewegtbild 2020 – Eine Studie zu Strategien der Content-Produzenten.

Ruhrmann, G., & Nieland, J.-U. (1997). *Interaktives Fernsehen: Entwicklung. Dimensionen, Fragen, Thesen*. Opladen: Westdt. Verl. Abgerufen von https://bocks.google.de/books?id=5eOFBwAAQBAJ&printsec=frontcover&hl=de&source=gbs_ge_summary_r&cad=0#v=onepage&q&f=false

"Möchten Sie gerne eine Einhornpuppe auf der Bühne sehen?"

8

Sebastian Gomon und Gabriele Hooffacker

Zusammenfassung

Studierende der HTWK haben 2017 eine interaktive Fernseh-Show konzipiert und erprobt: Sie stellten Improvisationstheater als innovatives Fernseh-Format über Live-Stream auf die Bühne. Die Zuschauer konnten offline und online interagieren. Das Konzept basiert auf der Unterscheidung von Konflikt, Konkurrenz, Kooperation bei Online-Interaktionen nach Christoph Neuberger und dem zugrundeliegenden Interaktionsbegriff.

Schlüsselbegriffe

Fernseh-Format, Show-Format, Interaktion, Live-Stream, Social Media, Chat, Voting

Wer sieht aus der Altersgruppe von Studierenden heute noch fern? „Fernsehen ist so unstrukturiert", meinte ein Student des Studiengangs „Medientechnik" an der HTWK Leipzig. Er erklärte das so: „Bei YouTube gebe ich ein, was ich sehen möchte und bekomme Vorschläge. Beim Fernsehen muss ich nehmen, was kommt".

Lineares Fernsehen mit einer interaktiven Show zu verknüpfen, die auch übers Internet funktioniert, hatte sich die Projektgruppe aus Studierenden der Medientechnik deshalb vorgenommen. Das Ergebnis hieß „Drama-TV": Eine ganz normale Fernsehwoche sollte an einem Abend kurzweilig auf die Bühne gebracht werden. Eva Goebel, Projektleiterin von Drama TV, erklärte: „Die Zuschauer werden über interaktive Elemente wie Zurufe und Votings mit in die Show eingebunden. Dabei spielt es keine Rolle, ob man direkt vor Ort ist oder das Spektakel über die

Internetseite www.dramatv.de verfolgt." Um das Livestreaming kümmerten sich ebenfalls Studierende. Als theoretischen Rahmen wählte das Projektteam die drei Interaktionskategorien nach Christoph Neuberger, Konflikt, Konkurrenz, Kooperation.[1] Aus hochschuldidaktischer Perspektive stellt sich dabei die Frage, wie Studierende die Herausforderung meistern, theoretisches Wissen über technische Entwicklung, Mediennutzung, Themenentwicklung und aktuelle Produktionsbedingungen mit einer eigenen Produktion zu verknüpfen. Dazu benötigen sie Kenntnisse insbesondere aus der Nutzerforschung ebenso wie medienpraktische konzeptionelle und technische Fähigkeiten. Zu Rezeption konnte eine Rezension in der Lokalzeitung herangezogen werden.

Theoretische Basis: Interaktion

Christoph Neuberger hat den Medienwandel durch seine Erweiterung der kommunikationswissenschaftlichen Begrifflichkeiten und Werkzeuge theoretisch fundiert. Er nennt an Herausforderungen:

- flexibler Wechsel zwischen der Kommunikatoren- und der Rezipientenrolle
- Beteiligung einer großen Zahl von Akteuren in Kommunikator- und Anbieterrollen
- Auflösung der klassischen Medienspezifika
- Verschmelzen von non-fiktionalen und fiktionalen Medieninhalten.

Um den Wandel von Akteurs- und Nutzerrollen zu beschreiben, hat Christoph Neuberger drei Interaktionsmodi entwickelt: Konflikt, Konkurrenz und Kooperation. Er unterscheidet dabei Interaktionen zwischen zwei Teilnehmern bzw. Teilnehmergruppen (Dyade) von denjenigen zwischen dreien (Triade).

---

1   Neuberger, 2014

8. „Möchten Sie gerne eine Einhornpuppe auf der Bühne sehen?"

Merkmal	Konkurrenz	Konflikt	Kooperation
basale Akteurkonstellation	Triade: Konkurrenten kommunizieren einseitig mit dem Publikum (Werbung um die Gunst des Publikums) Publikum rezipiert einseitig Informationen über Konkurrenzangebote, es vergleicht Leistungen und selektiert *indirekte* Interaktion zwischen Konkurrenten, vermittelt über das Publikum als lachendem Dritten	Dyade: wechselseitiges Kommunizieren zwischen den Kontrahenten *direkte* Interaktion	Dyade: wechselseitiges Kommunizieren der Kooperationspartner *direkte* Interaktion
Interessen der Teilnehmer	antagonistische Interessen	antagonistische Interessen	gemeinsames Interesse oder gemeinsames Verfolgen individueller Interessen
zeitlicher Verlauf	Punktuell	sequenziell	sequenziell

Im Rahmen einer interaktiven TV-Show treffen alle drei Interaktionsmodi aufeinander: Als Konkurrenten vor Ort interagieren im vorliegenden Projekt die beiden Improtheatergruppen miteinander im Wettstreit (Dyade, Konkurrenz).

Mit dem Publikum vor Ort stehen die Akteure auf der Bühne – wie seit der Antike – im Theater in direktem Kontakt. Im Projekt hatte das Theaterpublikum zahlreiche Möglichkeiten, mit den Schauspielern des Improtheaters zu interagieren (Triade, Kooperation).

Bereits im Vorfeld haben die Online-Zuschauer per Voting und Einsendungen über die Ausgestaltung des Spielgeschehens entschieden (Dyade, Kooperation). Online konnten sie während der Sendung abstimmen und damit Entscheidungen über den Fortgang des Spiels treffen (Dyade Online-Zuschauer/Schauspieler, Dyade Schauspieler/Theaterpublikum; Kooperation/Konflikt).

Das funktioniert beispielsweise so: Alle Zuschauer fanden unter ihrem Sitz einen Zettel vor. Darauf standen Fragen wie „Was ist Ihre Lieblingsfrucht?" oder „Welchen Gegenstand möchten Sie gerne auf der Bühne sehen?" – dazu gab es verschiedene skurrile Antwortmöglichkeiten, etwa Zauberstab, Einhornhandpuppe oder Ukulele. Die Zettel wurden von Mitarbeiter eingesammelt. Eine Ukulele und ein Zauberstab wurden den Schauspielern tatsächlich später auf die Bühne gereicht.

Drama TV: Das Konzept

Als Einstiegsformat für die Theater-Show hatte das Projektteam das Format „Miniplayback-Show" gewählt. Dabei stellten sich die Schauspielgruppen jeweils mit einer Playback-Performance dem Publikum vor. Die Online-Community bestimmte im Vorfeld den Song per Voting. Vor Ort gab das Theaterpublikum sein Voting durch Applaus ab, der durch das eigens konstruierte „Applausometer" gemessen und ausgewertet wurde.

Ein klassisches Improtheater-Format, „Verbotene Wörter", war die Vorlage für den zweiten Programmpunkt „Talk-Show": In einer Talkrunde sitzen drei Schauspieler pro Team zusammen, der vierte wartet jeweils auf der Ersatzbank. Ein „Dirigent" steuert den Ablauf und wirft immer wieder Wörter ein, die nicht gesagt werden dürfen. Es versteht sich, dass es sich dabei um zentrale Begriffe des Talkshow-Themas handelt. Bei Regelverstoß werden Punkte vom Punktekonto abgezogen.

Dauerwerbesendungen, wie man sie von „Home Order Television" (H.O.T., heute HSE24) kannte, waren das Vorbild für das dritte Spielformat, welches das Improtheaterformat „Armrede" verwendete. Dabei steht ein Schauspieler vor einem anderen, die Armbewegungen kommen vom dahinterstehenden Spieler. Im Spielformat „kennt" der hintere das Produkt. Der vordere, der es verkaufen muss, kennt es nicht. Die Verkäufer überbieten sich gegenseitig beim Anpreisen des Artikels immer weiter und lassen den Gegenstand als ein wahres Wunder erscheinen. Das Theaterpublikum war aufgefordert worden, Gegenstände mitzubringen. Das Online-Community: hatte ein „Budget", mit dem es die Gegenstände „kaufen" konnte.

Eine TV-Soap durfte nicht fehlen. Hier war es die „Soap-Achterbahn", die mit Lichteffekten die Handlung steuerte. Die Schauspieler mussten den Grundplot weiterentwickeln, wurden dadurch aber durch sich ständig ändernde Lichtbereiche unterbrochen. Dabei standen die Lichter für Emotionen (Wut, Liebe etc.). Den Lichtwechsel bestimmte die Online-Community. Das Vor-Ort Publikum stimmte zum Schluss ab, wer die Runde gewonnen hatte.

Die Begeisterung für TV-Serien bildete die Grundidee für das „Serienroulette": Durch Drehen eines „Serienrads" wird die zu spielende Serie pro Team ausgewählt. Das Team musste eine Szene daraus improvisieren, wobei auf eingeworfene Begriffe und Gegenstände reagiert werden musste. Hier hatte die Online-Community vorab Serien ausgewählt. Das Vor-Ort Publikum bestimmte per Zettel die Begriffe; der Moderator verkündete sie.

In der Schlussrunde beim „Duell um die Bühne" durften die Schauspieler dann Szenen aus Blockbuster-Filmen-darstellen, die erraten werden mussten. Hier konnten die Theaterzuschauer mit ihren cineastischen Kenntnissen glänzen (und holten tatsächlich viele Punkte).

Die Gruppe der HTWK-Studierenden hat alle Spiele selbst einmal durchgespielt und sich von einem Schauspieler beraten lassen. Die Impro-Schauspieler, die letztendlich auf der Bühne standen, kannten zwar die Grundkonzeption der Spiele, wussten jedoch nicht, um welche Themen, Gegenstände, Serien oder Stichworte es gehen würde. So hatte das Online-Publikum vorab für die „Anne Will"-Talkshow abgestimmt: Das Thema war dann „Katzen – Fluch oder Segen?". Schauspieler des einen Teams verkörperten die Pro-Seite, die des gegnerischen Teams die Gegenseite. Schnell fanden sie sich in Rollen ein; es gab eine Allergikerin auf der einen Seite und einen Katzenliebhaber mit über 20 Katzen zuhause auf der anderen Seite. Irgendwann durfte niemand mehr die Worte „Katze" oder „ich" verwenden.

Die Online-Community konnte bereits im Vorfeld über die Facebook-Seite oder die Homepage abstimmen, was in der Sendung passieren sollte. Dabei erzielte die Facebook-Seite insgesamt 162 Fans. Davon waren die meisten auch im Live-Stream mit dabei. Die Aufführung fand am Donnerstag, dem 2. Februar 2017 im LOFFT am Lindenauer Markt 21 in Leipzig statt. Die Vorstellung war ausverkauft.

Rezeption

Die lokale Tageszeitung „Leipziger Volkszeitung" folgte den Geschehen auf der Bühne gespannt. Sie schrieb auf ihrer Campus-Seite darüber: „Improvisationstheater ist immer auch ein Risiko. Es soll authentisch und spontan sein, ohne dass zu viel schiefgehen kann. Das Experiment ist hier geglückt, nicht zuletzt dank der erfahrenen Impro-Schauspieler."[2]

Auch wenn sich in der Rezension teilweise eine gewisse Verwirrung angesichts der zahlreichen Spielideen zeigte, war sie insgesamt positiv und erkannte die medienkritische Zielrichtung: „Meistens war die Veranstaltung vor allem: amüsant. Improtheater will unterhalten – an diesem Abend gelang das sogar sehr gut. Es ist jedoch die Natur der Sache, dass es an der Oberfläche bleibt, selten waren tiefe Emotionen oder komplexe Themen zu sehen. Durch das ironische Überzeichnen von klassischen Fernsehformaten schimmerte manchmal sogar subtile Fernsehkritik durch."

Christoph Neubergers Konzept, die Interaktionsmodi als Elemente einer Theorie der dynamischen Netzwerköffentlichkeit zu verwenden, wurde mit diesem Projekt an der HTWK aufgegriffen. Anhand von Story, Plot und Spielhandlung zeigte das Projekt, dass sich die Kategorien Konkurrenz, Konflikt und Kooperation auf

---

2 Leipziger Volkszeitung, Campus-Seiten (2017). [27.11.2017 nicht mehr verfügbar]

eine interaktive Improtheatershow anwenden lassen. Zentral war hier die Konkurrenzsituation, bei der zwei Teams um den Erfolg kämpften. Eine Anwendung der Interaktionsmodi auf Analyse und Konzeption professioneller Produktionen steht noch aus.

Literatur

Gomon, S., Hooffacker, G., & Schmedes, U. (2014). Interaktivität konzipieren, aktive Nutzer gewinnen. In C. Goutrié, & S. Falk-Bartz, *Think cross change media* (S. 212-227). Magdeburg.

Gomon, S., Hooffacker, G., & Schmedes, U. (2017). Room-Escape-Challenge Subjekt 12. Eine interaktive Live-Game-Show Studierender. *medien+erziehung* (2/2017).

Neuberger, C. (2007). Interaktivität, Interaktion, Internet. Eine Begriffsklärung. *Publizistik* , S. 33-50.

Neuberger, C. (4 2014). Konflikt, Konkurrenz, Kooperation. *Medien & Kommunikation* (62), S. 567-586.

III

**Antworten auf Fake News
und Filterblasen**

Was Verifikations-Einheiten tun

9

Stefan Primbs

Zusammenfassung

Der Beitrag klärt den Begriff Fake News und geht im Folgenden darauf ein, welche Fähigkeiten eine journalistische Einheit braucht, die sich mit Fake News, Desinformation und Manipulation im Netz beschäftigt. Des Weiteren gibt der Beitrag Tipps, wie Methoden wie „Social Listening" dazu führen können, dass Redaktionen ihren eigenen Bias hinterfragen und besser wissen, was die Menschen bewegt. Fazit: Widerlegungen muss man so gestalten, dass sie eindeutig sind und nicht die Legende, das Framing oder die Agenda des Manipulators stützen.

Schlüsselbegriffe

Journalismus, Lügenpresse, Fake News, Verifikation, Fact Checking, Social Listening, Troll-Armee, Bots, Webvideo, Watchtime-Dilemma

Fake News (wörtlich „Gefälschte Artikel/Nachrichten") ist ein schillernder Begriff geworden[1]. Im Wesentlichen kann man drei Bedeutungen unterscheiden:

---

1 Manche Wissenschaftler wie Lisa-Marie Neudert verwenden deshalb den (m. E. nicht präziseren Begriff „Junk News"). S: L.-M. Neudert, B. Kollanyi, P. N. Howard: „Junk News and Bots during the German Parliamentary Election: What are German Voters Sharing over Twitter?" http://comprop.oii.ox.ac.uk/wp-content/uploads/sites/89/2017/09/ComProp_GermanElections_Sep2017v5.pdf

© Springer Fachmedien Wiesbaden GmbH, ein Teil von Springer Nature 2018
G. Hooffacker et al. (Hrsg.), *Die neue Öffentlichkeit*,
https://doi.org/10.1007/978-3-658-20809-7_9

In den USA ist es Donald Trump und seinen Anhängern gelungen, den Begriff auf die klassischen Medien-Anbieter anzuwenden. Wenn Trump auf Journalisten von CNN und New York Times deutet und ausruft: „Ihr seid Fake News" – dann bringt er zum Ausdruck, was deutsche „Wutbürger" als „Lügenpresse" bezeichnen.

In Deutschland ist diese Umdeutung des Begriffs von der Rechten zwar ebenfalls versucht worden, aber nicht gelungen – was jedenfalls durch Umfragen belegt scheint[2]. Fake News bedeutet hierzulande nach wie vor „irreführende Informationen im nachrichtlichen Gewand". Dabei muss zwischen einer engeren und einer weiteren Definition unterschieden werden.

Die engere Definition wird beispielsweise von der „First Draft News"[3]-Initiative vertreten. Diese von verschiedenen Organisationen geförderte Initiative von Journalisten hat ihren Ursprung im angelsächsischen Sprachraum. Sie unterscheidet Fake News vor allem anhand der Absicht des Absenders[4]. Die Inititative First Draft hat irreführende Informationen in sieben Klassen eingeteilt:

- Satire oder Parodie (Inhalte sollen als Übertreibung etc. erkannt werden, werden es oftmals nicht)
- Irreführende Inhalte (Inhalte sollen etwas beweisen, was sie nicht beweisen)
- Betrügerische Inhalte (falsche Quelle, falsche Inhalte)
- Erfundene Inhalte (klassische Fake News)
- Falsche Verknüpfungen (Überschrift sagt anderes als Text)
- Falsche Zusammenhänge (z. B. Fotos von einem anderen Ort als angegeben)
- Überarbeitete Inhalte (z. B. manipulierte Fotos)

In Deutschland ist zu beobachten, dass die klassische Fake News, also die frei erfundene anlasslose Falschmeldung – so wie sie die First Draft Coalition beschreibt – derzeit kaum in Reinform vorkommt, jedenfalls kein Massenphänomen darstellt. Meist handelt es sich um Gerüchte, die absichtlich oder unabsichtlich verbreitet werden. Besonders häuften sich diese Gerüchte im Umfeld der Flüchtlings-Debatte

---

2 http://www.editorial.media/2017/10/06/fake-social-bots-was-die-deutschen-zu-wissen-glauben/?pk_campaign=turi2&pk_kwd=bots
3 Die Initiative „First Draft sieht es als seine Aufgabe an, die in der Berichterstattung verwendeten und für den Austausch von online erscheinenden Informationen relevanten Kompetenzen und Standards zu verbessern. Wir stellen Ihnen praktische und ethische Leitlinien zur Verfügung, die erklären, wie man aus dem Social Web stammende Inhalte finden, prüfen und veröffentlichen kann." https://de.firstdraftnews.com/uber-uns/#ngo
4 Claire Wardle: https://de.firstdraftnews.com/fake-news-es-ist-kompliziert/

in den Jahren 2015/16[5]. Während des Wahlkampfes 2017 ging es meist um Informationen, die einen wahren Kern aufweisen (z. B. eine Statistik), aber stark verzerrend oder irreführend interpretiert oder maßlos übertrieben werden. Besonders anfällig sind Statistiken oder auch Einzelereignisse dann für die Verzerrung, wenn sich diese dazu eignen, bestimmte Narrative[6] zu verbreiten.

Für die journalistische Praxis ist das insofern wichtig, als eine wahr/falsch-Unterscheidung nur in den wenigsten Fällen eindeutig herzustellen ist. Außerdem ergibt sich ein (vor allem bei der politischen Rechten) relativ neues Phänomen: vorgebliche Satire, d.h. z.B. unterschobene Zitate, die im Fall der Entlarvung an verdeckter Stelle oder hinterher als Satire ausgegeben werden.

Insofern wird „Fake News" hierzulande mittlerweile als Oberbegriff für alle Inhalte – nicht nur News – verwendet, die Informationen in irreführender Weise bzw. stark manipulativ verwenden. Das können neben der klassischen Fake News unlauter zitierte oder interpretierte Statistiken sein, sinnentstellend verkürzte und aus Zusammenhang gerissene Zitate oder Allgemeinplätze und Vorurteile, die sich zur Hetze eignen.

Manipuliertes Augenzeugenmaterial: Das Handwerkszeug des Verifikators

Experten für Verifikation und Fake News oder deren Teams brauchen eine Reihe von Spezial-Qualifikationen:

Sehr tiefes Online-Know-How & Recherche-Kenntnisse

1. Netzrecherche: fortgeschrittene Expertise zur Recherche im Internet (Whois-Abfragen, Operatoren für Google-Suche, Recherche in Kartendiensten, Wolfram Alpha etc.).

---

5   Beispiele dafür hat das von Karolin Schwarz initiierte Projekt Hoaxmap zusammengetragen auf http://hoaxmap.org/

6   Das übergeordnete Narrativ dabei ist: „Eine Elite möchte Deutschland so verändern, dass die nationale Identität verloren geht und die Lebensart der Deutschen (wie auch immer die definiert ist) immer mehr diskriminiert wird". Die Angst vor „Islamisierung" etc. ist die Folge dieses Narrativs. Wenn die Politik derzeit an verschiedenen Stellen proklamiert „Deutschland muss Deutschland bleiben", dann reagiert sie auf dieses Narrativ, denn dieses besagt umgekehrt: Deutschland darf nicht mehr Deutschland bleiben.

2. Social-Media-Plattformen: Tiefe Kenntnis der beobachteten Sozialen Netzwerke. Das beinhaltet: Tiefen-Recherche in Sozialen Netzwerken, Post-Analyse, Kenntnis der Gepflogenheiten in den Netzwerken, Kommunikationsfähigkeit in diesen Netzwerken.
3. Beherrschen spezieller Recherchetools für diese Netzwerke, (z. B. Tweetdeck, FB Signal, Zitierkartell-Analyse – Wer teilt wen? –, Google-Suche über Soziale Netzwerke, Twittergruppen etc.)
4. Kenntnisse und Erfahrungen mit Manipulationsmöglichkeiten von Sozialen Netzwerken (Social Bots, bekannte Hacks, Falsche/echte Identitäten als solche identifizieren).

Daneben ist es wichtig, die Werkzeuge der technischen Content-Verifikation zu beherrschen: Rückwärtige Bildersuche auf diversen Plattformen (Google, TinEye), Abgleich mit Satelliten-Bildern (Google Earth etc.), Video-Forensik, Foto-Forensik und viele mehr.[7] Dabei gilt es aber immer auch die Grenzen der eigenen Erkenntnisfähigkeit im Blick zu haben. Ganz wichtig ist, sich nicht nur auf Tools zu verlassen, sondern, wo es geht, auf Experten in den Redaktionen zurückzugreifen: Menschen, die die Orte, Sachverhalte, Personen kennen, Photoshop-Experten und Fotografen, die ein gutes Auge für Bildmanipulationen haben, Tontechniker etc.

Tipp

Grundsätzlich gilt: Mit technischen Mitteln kann man nicht wirklich verifizieren, sondern nur falsifizieren.

Im Idealfall sind bei der Verifikation von Foto- und Videomaterial (Augenzeugenmaterial) keine Indizien für eine Fälschung zu finden. Absolute Sicherheit über die Echtheit des Materials gibt es aber nie. Darin gleicht die Arbeit des Verifikators dem eines Gutachters für Kunstfälschungen. Es ist deshalb immer geboten, den Kontakt und Dialog mit dem vorgeblichen Augenzeugen zu suchen. Diesen kann man dann mit weiteren Fragen auf den Zahn fühlen: nach Aufnahmesituation, Equipment, Wissen, das man nur vor Ort erworben haben kann, etc. Stimmen dessen Angaben mit den technischen Rechercheergebnissen überein? Klingt seine

---

7 Eine gute Zusammenfassung über den Stand der Contentverifikation gibt das Verifikation Handbook: http://verificationhandbook.com/

Geschichte plausibel? Hat man Kontakt mit dem Ersteller, kann man mit diesem dann auch ggf. über redaktionelle Nutzungsmöglichkeiten etc. verhandeln.

Hinzu kommt, dass man die ethischen und rechtlichen Normen beachtet, wenn es um den Einsatz von Augenzeugenmaterial geht. Der Bogen reicht dabei von „Gefährde ich den Augenzeugen, wenn ich ihn z. B. in einer Attentatssituation anrufe?" bis zu: „Sind diese Bilder jugendschutzgeeignet"? Diese Aspekte gilt es in einem professionellen Workflow abzuklären. Denn die Veröffentlichung von Augenzeugenmaterial – auch wenn es echt ist – kann nicht nur andere Menschen in ihren Rechten verletzen, sondern auch zu einer Verschärfung einer Katastrophenlage führen. Beispielsweise können Täter „versehentlich" über die Taktik der Polizei informiert werden oder zu weiteren Taten angespornt werden.

Fakes finden: Content Discovery und Themenscouting

Jenseits des Breaking-News-Falls: Wie wird man überhaupt auf wirkmächtige Fakes aufmerksam? Meist ist man selbst nicht in den Gruppen aktiv, in denen Fake News zuerst publiziert werden und ihren ersten Spin erhalten. Für denjenigen, der die Fake News und manipulative Taktiken entlarven will, ist es aber wichtig, diese frühzeitig zu erkennen, die oft noch wachsende Wirkmacht eines Fakes abzuschätzen und dann entsprechend gegen zu recherchieren. Dabei muss bedacht werden, dass die Recherche und das Erstellen eines neuen Contents (Artikel, Bild etc.) Zeit brauchen.

Hier eine Reihe von typischen Methoden, Fakes zu finden. Der innovativste davon ist aktuell das Social Listening. Es erlaubt nicht nur das Auffinden von irreführenden Inhalten, sondern auch eine Einschätzung der Verbreitung und damit der Relevanz sowie eine Orientierung über die Verbreitungswege, d.h. über die Netzwerke von potentiellen Manipulatoren.

A) Tippgeber und andere „analoge" Quellen
- in der Redaktion Ansprechpartner für alles sein, was den Kollegen auffällt.
- man öffnet sich für Hinweise aus der Leserschaft, z.B: indem man eine Mailadresse bekannt gibt
- Inhalte aus Kommentaren der eigenen Facebook-Seiten etc. etc, auf

B) Verdeckte Ermittlungen, der investigative Weg
- eingeschleust in Facebook- und Whatsapp-Gruppen
- analoges verdecktes Recherchieren
- Tippgeber, Whistle Blower

C) Social Listening und Scouting
- Crowdtangle
- Storyclash
- Buzzsumo

In der einfachsten Form des Social Listenings legt man sich Listen von Accounts an, die man professionell scannt, etwa indem man eine Facebook-/Twitter-Person allen Parteien, Politiker etc. folgen lässt. Besonders wichtig ist dieser einfache Weg via Twitter/Tweetdeck in Breaking-News-Fällen, wo es auf eine Reaktionsgeschwindigkeit im 10-Minuten-Bereich ankommen kann.

Mit ausgefeilten Social-Listening-Tools durchsucht man die Sozialen Netzwerke nach drei Filtern

- Social Signals: Was gerade am meisten Likes, Kommentare, Shares etc. bekommt
- was gerade in der politischen Diskussion ist (z.b: „G20, Flüchtlinge, Oktoberfest")
- bestimmte Absender (z.B alle wahlkämpfenden Parteien/Politiker, Seiten, die für ihren „Drall" bekannt sind etc.)

Wie jedes Werkzeug braucht es dafür auch jemanden, der damit geschickt umgehen kann. Denn die Listen der Accounts, die man besonders beobachtet, müssen gut gepflegt sein und die Suchen ausgefeilt. Die Einschätzung, wie etwa Zitierkartelle bei Twitter zusammenhängen, bedarf einiger Erfahrung und Kenntnis. Denn Shares, Likes, Comments sind zwar Indizien, aber auch anfällig für Bots und Troll-Armeen. Diese können Viralität und Reichweite vortäuschen, während tatsächlich nur relativ geschlossene Zirkel oder Mengen von Fake Accounts erreicht werden.

Anmerkungen zur Formatentwicklung

Grundsätzlich können die Ergebnisse einer Verifikationseinheit behandelt werden wie andere Rechercheergebnisse auch, und entsprechend ihrer Wichtigkeit und Relevanz in den journalistischen Prozess einer Redaktion eingespeist werden. Dennoch gibt es ein paar Sonderformate, zu denen hier ein paar Anmerkungen gemacht werden sollen. Zum Beispiel die „Wahr-Falsch-Skalen":
     Da viele Aussagen nicht mit einem dualen Wahr-Falsch-Schema aufgedeckt werden können, sondern einer Einordnung, Erklärung bedürfen, haben sich Skalen

eingebürgert. Vorbild ist hier z. B. das „Truth-o-meter" von politico[8]. überwiegend falsch, überwiegend wahr, wahr. Oder falsch, irreführend, falscher Kontext, etc.

Was vermieden werden sollte, sind exaktere Prozentangaben und Grafiken, die eine solche Angabe abbilden. Denn wie soll gemessen werden, ob etwas zu 60 oder 70 Prozent falsch ist? Ebenfalls muss überlegt werden, ob in einem solchen Fall nicht das Adjektiv allein reicht und die häufigen Metaphern (Barometer, Thermometer) nicht selbst wiederum irreführend sind, weil sie eine Genauigkeit der Analyse vortäuschen, die nicht erreichbar ist. Oft es sinnvoll, einfach mit den Wörtern zu arbeiten, die die deutsche Sprache für die Irreführung kennt[9], von Irrtum bis Lüge, von Übertreibung bis Verharmlosung, von aufbauschen bis verdrehen. Achtung: Viele dieser Wörter nehmen Bezug auf die Absicht des Verbreiters (Lüge unterstellt eine Täuschungsabsicht bei besserem Wissen). Diese muss ggf. plausibel gemacht werden.

Tipp

Verifikatoren sollen nicht fragen, sondern antworten

„Journalisten stellen keine Fragen, sie geben Antworten" – das stimmt in Zeiten des Internets nicht mehr[10]. Aber für Inhalte mit dem Absender „Verifikation" und Fake-Entlarver eben doch. Deren Aufgabe und Anspruch ist es ja gerade, einen Irrtum in der Bevölkerung aufzuklären, nicht zu verunsichern, sondern sicheres Wissen zu vermehren. Deshalb sind Überschriften mit Fragezeichen zwar oft erfolgreich, aber doppelt schädlich: zum einen, weil der Anspruch an eine Verifikations-Einheit nicht eingelöst wird (von der erwartet man ja die Überprüfung einer Aussage). Vor allem aber ist eine Überschrift, die eine Behauptung auch nur als Frage formuliert, der Transmissionsriemen für diese Behauptung. „Geht XY fremd?" setzt eine Behauptung in die Welt[11]. Selbst wenn dann der Artikel die negative Auflösung bringt – die Überschrift setzt erst einmal das Gerücht weiter in die Welt, und sie wird von weit mehr Menschen gelesen als der Artikel.

---

8   http://www.politifact.com/new-york/rulings/half-true/
9   http://synonyme.woxikon.de/synonyme/l%C3%BCge.php
10 Mehr dazu in. Primbs, Stefan: Social Media für Journalisten, Wiesbaden 2016, S. 57 ff.
11 „XY geht nicht fremd" wäre zwar etwas besser, aber bringt ebenfalls die faktische Falschbehauptung ans Licht. Besser wäre: „XY – ein Muster an Treue". Empfehlung dazu die Werke von Elisabeth Wehling über Framing in der politischen Kommuniktion.

Was tun, wenn der Sachverhalt so komplex ist, dass er nicht geklärt werden kann? Meist ist jedenfalls ein einordnender Aspekt als Überschrift besser als eine Frage.

Vorsicht bei Videos: Das Watchtime-Dilemma

Die Gefahr, mit der Widerlegung auch den Irrtum zu verbreiten, birgt v. a. das Webvideo. Typische Widerlegungsvideos sehen so aus, dass zunächst das zu widerlegende Zitat gebracht und dieses dann geprüft wird. Das ist fatal. Videos, die so aufgebaut sind, richten mehr Schaden an als dass sie nützen. Denn während ein Fernsehbeitrag in der Regel eine gleichbleibende Quote aufweist, gilt für Webvideos – egal auf welcher Plattform – die „Sofa-Kurve" für die Watchtime.[12]

Die meisten Leute sehen demnach nur die ersten Sekunden eines Videos. Sie werden also nur die falsche Aussage am Anfang sehen, nicht die Widerlegung. Dagegen hilft weder ein Post-Teasertext, denn der Post-Text tritt auf Facebook zurück

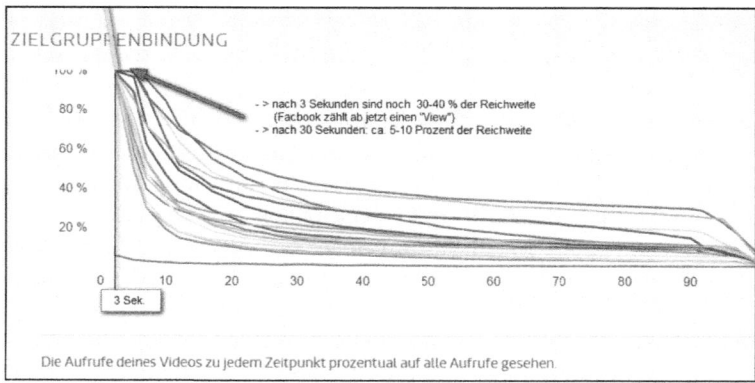

Abb. 1 Watchtime-Kurven für Online-Videos ähneln einem Sofa-Querschnitt mit starkem Zuschauer-Verlust in den ersten Sekunden. Bei einer Reichweite von Hundert sind nach 3 Sekunden noch ca. 30-40 Prozent der User dran, nach 10 Sekunden noch ca. 30 Prozent, nach 30 Sekunden Laufzeit ca. 5-10 Prozent.
Quelle: Eigene Darstellung. Video-Auswertung durch Fanpagekarma

---

12 Erfahrungswerte: Für ein Video auf Facebook nimmt sich das so aus, dass bei einer (angenommenen) Reichweite von 100.000 nach 10 Sendungen vielleicht noch 30.000 Viewer, nach 30 Sekunden noch 5-10.000 Viewer zusehen.

und verschwindet bei Teilungsvorgängen zusehends. Auch hilft kein Vorschaubild (z. B. mit einem True-False-Anzeiger), da beim für Facebook typischen Autoplay das Vorschaubild gar nicht wahrgenommen wird. Die Lösung muss also lauten: Die Auflösung, die „Wahrheit" muss bei Videos immer beim Start des Videos geliefert werden, wenn das Debunking wirken soll. Oft ist es besser, statt eines Videos eine Grafik oder Text zu wählen.

Verifikation ist Teamarbeit

Niemandem wird ein Fehler weniger verziehen als einem Fake-News-Spezialisten. Erstens ist man als hauptberuflicher Besserwisser der erste, der mit Schadenfreude zu rechnen hat. Zweitens steht die Reputation der Verifikations-Einheit auf dem Spiel. Und drittens warten diejenigen, die man als Manipulatoren entlarvt hat, nur darauf, sich zu revanchieren. Jeder Qualitätsjournalismus ist auf Fehler-Minimierung angelegt. Bei Fake-News-Einheiten ist dieser Aspekt besonders wichtig.

Tipp

Die wichtigste Regel für alle Verifikatoren: Arbeiten Sie mit den Fachjournalisten zusammen, die die Materie durchblicken. Lokalreporter kennen Ort, Leute, Zusammenhänge, die von außen nicht erkennbar sind. Und Datenjournalisten können helfen bei der Analyse von Tweet-Mengen und Interaktionsvorgängen.

Den Lügner nicht belohnen: Weniger ist manchmal mehr

Das vielleicht Wichtigste ist aber: Bei aller Jagd nach Klicks und Reichweite sollte man nicht denjenigen belohnen, der unlauter argumentiert, der gegen besseres Wissen falsch informiert. Diese Gefahr einer „unfreiwilligen Belohnung" besteht aber. Grundlegend für die Belohnungseffekte sind drei Mechanismen.

Zum einen die oben erwähnten Weiterverbreitungseffekte durch die Wiederholung des Themas im Rahmen der Widerlegung. Diese Thematik wird verschärft durch die Klick-Orientierung von Online-Medien: Die Fake News wird selbst nochmal aufgebauscht und dramatisiert, um eine möglichst reißerische Überschrift zu erhalten. Selbst wenn der Artikel / Inhalt korrekt berichtet, wird die Überschrift um ein Vielfaches häufiger wahrgenommen.

Der am schwierigsten zu vermeidende negative Effekt einer Berichterstattung über Gerüchte oder irreführende Behauptungen ist aber, dass selbst eine effektive Korrektur zum Agenda-Setting des Manipulators beiträgt. Denn jede Widerlegung einer Falschbehauptung z. B. über Terror und Islam bringt das Thema „Terror und Islam" aufs Tapet.

Fazit: Widerlegungen muss man so gestalten, dass sie eindeutig sind und nicht die Legende (das Framing) des Manipulators stützen. Und flexible Response: Die Korrektur einer Fake News muss nicht mehr Leute erreichen als die Fake News selbst – es gilt eine Dramatisierung zu vermeiden. Weniger ist hier manchmal mehr.

Literatur

Primbs, Stefan (2015): Social Media für Journalisten, (Journalistische Praxis) Wiesbaden.

Alles Fake? Zwischen Alarmismus und Verharmlosung

10

Karolin Schwarz

Zusammenfassung

Von den frühesten Fakes online über politisch motivierte Falschmeldungen spannt der Beitrag den Bogen zu Aufklärungstools und -plattformen zur Verifikation oder Falsifikation. Im Zentrum der Darstellung steht hoaxmap.org, ein Portal zur Widerlegung von Falschmeldungen über Flüchtlinge. Auf der Basis dieser Einträge wird eine Typologie der Falschmeldungen vorgenommen und eine Einschätzung zu den Motiven der Fälscher geliefert.

Schlüsselbegriffe

Fake News, Hoaxes, „Flüchtlingskrise", Typologie, Motivation

Warum eigentlich Fake News?

Eigentlich sind Falschmeldungen im Internet gar nicht so neu. Eine der frühesten bekannten Falschmeldungen kursierte bereits ab dem 1. April 1984. Damals gab sich ein User als Konstantin Chernenko, damals Generalsekretär der KPdSU, aus und erklärte Russlands Beitritt zum Usenet. Sieben Jahre vor dem Ende des Kalten Krieges sorgte diese Nachricht für einige Aufregung, bis der vermeintliche

Generalsekretär – hinter dem in Wahrheit der Niederländer Piet Beertema steckte – schließlich zwei Wochen später zugab, alles nur erfunden zu haben[1].

Einige Jahre später verbreitete sich die Nachricht, Microsoft hätte die katholische Kirche, und damit auch die elektronischen Rechte an der Bibel, gekauft[2]. Trotz der Absurdität der Meldung ließ Microsoft per Pressemitteilung verlauten, keinerlei Anteile an der katholischen Kirche zu halten. Wohl auch, weil einige wütende Anrufer dachten, Microsoft selbst hätte diese Falschmeldung in die Welt gesetzt und sich damit einen Scherz gegenüber ihres Glaubens erlaubt.

Eine der hartnäckigsten Falschmeldungen rief über lange Zeit Tierschützer auf den Plan. Im Jahr 2000 tauchte eine Website auf, über die angeblich in Gläsern herangezüchtete Katzen, sogenannte Bonsai Kitten[3], verkauft wurden. Kurze Zeit später war klar: Hinter dem vermeintlich aus Japan stammenden Online-Shop stammte ein Student des MIT. Nichtsdestotrotz folgten zahlreiche Proteste gegen die angebliche Tierquälerei, zwischenzeitlich ermittelte sogar das FBI[4]. Natürlich kamen bei diesem makabren Scherz keine Katzen zu Schaden.

Falschnachrichten dieser Art verbreiteten sich in der Vergangenheit weltweit zu Hunderten, wenn nicht gar Tausenden. Menschen, die in den 1990er oder den frühen 2000er Jahren online waren, dürfte die eine oder andere Ketten-Mail, die vor mit HIV infizierten Nadeln in Kinositzen warnen oder das neueste Wunderheilmittel anpreisen, ein Begriff sein. All diese Falschmeldungen wurden lange Zeit unter dem Begriff „Hoax" zusammengefasst.

Was hat sich geändert? Warum ist der Begriff Fake News plötzlich in aller Munde? Wegen der politischen Inhalte vieler der aktuellen Meldungen? Tatsächlich gibt es die digitalen Kettenbriefe immer noch. Heute verbreiten sich Warnungen vor Viren oder angeblichen Einbruchsserien noch immer per Mail, oder auf Whatsapp, Facebook oder anderen Kanälen. Aber auch andere Fakes verbreiten sich rasant in sozialen Medien: Falschmeldungen von politischer Brisanz.

Die Wahl Donald Trumps zum Präsidenten der Vereinigten Staaten wirkte wie ein Weckruf für Politik, Medien und Forschung. Während des Wahlkampfs waren zahlreiche falsche Fakten über die Präsidentschaftskandidaten und zu weiteren politischen Themen verbreitet. Nach der Wahl folgten wochenlange Spekulationen darüber, ob diese „Fake News" die Wähler und damit das Wahlergebnis beeinflusst hätten. Neben politisch motivierter falscher Berichterstattung hatten auch finanzielle Motive offenbar eine Rolle für die Urheber gespielt. So hatten etwa in Mazedonien

---

1 https://godfatherof.nl/kremvax.html [31.10.2017]
2 http://hoaxes.org/archive/permalink/microsoft_buys_the_catholic_church [31.10.2017]
3 https://www.snopes.com/critters/crusader/bonsai.asp [31.10.2017]
4 https://www.wired.com/2001/02/fbi-goes-after-bonsaikitten-com/ [31.10.2017]

mehrere Seitenbetreiber möglichst aufsehenerregende Nachrichten verfasst und auf ihren Websites Werbeanzeigen geschaltet, die ihnen offenbar einen wahren Geldsegen bescherten.

Fake News in Deutschland

Auch in Deutschland diskutierte man ab Ende 2016 angesichts dieser Entwicklung und dem Erstarken rechtspopulistischer Bewegungen in Europa über den Einfluss politischer Fakes auf die Bundestagswahl im September 2017. Zahlreiche Politiker forderten Maßnahmen gegen Falschmeldungen und Desinformationskampagnen. Kurzzeitig hieß es sogar, Innenminister Thomas de Maizière plane ein „Abwehrzentrum gegen Desinformation."[5]

Etwa zur gleichen Zeit erstattete die Grünen-Politikerin Renate Künast Anzeige wegen eines erfundenen Zitats. Auf Facebook-Seiten aus dem rechten Spektrum verbreitete sich eine entsprechende Grafik: Künast habe nach einem Mord in Freiburg den Täter, einen Geflüchteten, in Schutz genommen und gesagt, „Der traumatisierte junge Flüchtling hat zwar getötet, man muss ihm jetzt aber trotzdem helfen." Tausende Nutzer waren offenbar der Meinung, die Politikerin müsse das wohl so gesagt haben und teilten das Bild auf Facebook. Damals dauerte es nach der Meldung drei Tage, bis die Einträge seitens Facebook gelöscht wurden. Die Ermittlungen wurden zwischenzeitlich zunächst eingestellt[6]. Zwar sei der mutmaßliche Urheber ermittelt worden, der Staatsanwaltschaft sei aber kein Aufenthaltsort des Schweizers in Deutschland bekannt.

Politisch motivierte Desinformation in sozialen Medien spielt nicht erst seit dem falschen Künast-Zitat eine Rolle in Deutschland. Seit Jahren tauchen immer wieder Meldungen auf, die islamfeindliche Stereotype bedienen. Oftmals heißt es etwa zur Weihnachtszeit, beliebte Weihnachtsmärkte würden aus Rücksicht auf Muslime in Wintermärkte umbenannt. Die Empörung ist jeweils groß, obwohl der Grund in vielen Fällen so banal wie naheliegend ist: Die Märkte haben oft auch nach dem 26. Dezember geöffnet und gehen schlicht über die Weihnachtszeit hinaus.

Anfang September 2015 ließ Angela Merkel die Grenzen öffnen, um tausende Geflüchtete, die auf ihrem Weg über die Balkanroute nach Europa in Ungarn

---

5 http://www.spiegel.de/netzwelt/netzpolitik/fake-news-bundesinnenministerium-will-abwehrzentrum-einrichten-a-1127174. [31.10.2017]

6 http://www.tagesspiegel.de/politik/erfundenes-zitat-auf-facebook-fake-news-ueber-kuenast-ermittlungen-eingestellt/20274584.html [31.10.2017]

gestrandet waren, nach Deutschland zu holen. Die Entscheidung wurde vielfach kritisiert, im Netz aber brach sich der geballte Hass vieler Internetnutzer Bahn. Etwa zur gleichen Zeit tauchten deutlich mehr Falschmeldungen über Geflüchtete, Migranten und nicht-weiße Menschen insgesamt auf. Vor allem auf Facebook wurde von Straftaten durch oder Sozialleistungen für Geflüchtete berichtet, teils in deutlich rassistischem Duktus.

Eine Karte gegen die Gerüchte

Während die Zahl der Gerüchte in sozialen Medien spürbar zunahm, widmeten sich auch viele Lokalmedien diesem Phänomen deutlich häufiger und veröffentlichten Richtigstellungen. Angesichts der Masse an widerlegten Falschmeldungen initiierte die Autorin das Projekt Hoaxmap.org und betreibt das Projekt seit Februar 2016 gemeinsam mit einem Mitstreiter. Auf einer interaktiven Karte werden widerlegte Falschmeldungen aus Deutschland, Österreich und der Schweiz aggregiert und mit einem Datum, dem Bundesland und jeweiligen Ort sowie einer von inzwischen Dutzenden Kategorien zugeordnet. Besucher der Website finden unter jedem vermerkten Gerücht außerdem einen Link zur Widerlegung der ursprünglichen Meldung. Die meisten dieser Links führen auf Artikel aus Lokalmedien. Bis Ende Oktober 2017 wurden so 484 solcher Geschichten zusammengetragen[7].

Alle widerlegten Falschmeldungen auf der Hoaxmap werden einer Kategorie zugeordnet. Dazu gehören beispielsweise Sachbeschädigung, Körperverletzung, Geld- und Sachleistungen sowie Terrorismus. Zu den Kategorien, in die die meisten Falschmeldungen eingeordnet wurden, gehören Raub und Diebstahl, Geld- und Sachleistungen sowie Meldungen über Vergewaltigungen. Das sind Falschmeldungen, die auf die Unversehrtheit des eigenen Körpers abzielen oder auf Themen wie Sozialneid. In den meisten Meldungen aus allen Kategorien werden konkrete Orte, wie Asylunterkünfte, Straßenkreuzungen oder ähnliches genannt. Die meisten der Meldungen auf der Hoaxmap stammen aus dem Januar 2016, Also unmittelbar nach den Vorfällen zu Silvester 2015 auf der Kölner Domplatte. Dennoch lassen sich nicht alle Falschmeldungen vom Januar 2016 in Kategorien wie sexualisierte Gewalt oder Vergewaltigung einordnen. Die 100 Meldungen aus dieser Zeit umspannen insgesamt 21 Kategorien.

Ziel des Teams hinter der Hoaxmap ist es unter anderem, eine Datenbank anzubieten, über die sich jeder User möglichst simpel informieren kann und so

---

7   http://hoaxmap.org/ [31.10.2017]

10. Alles Fake? Zwischen Alarmismus und Verharmlosung

einen Beitrag zur Versachlichung der Asyldebatte, die online oft sehr heftig, teils jenseits der legalen Schranken ausgetragen wird, zu leisten. Will man nicht nach einem konkreten Ort sondern nach Meldungen aus der Region suchen, ist das über die Zoom-Funktion oder einfaches Scrollen durch die Karte möglich. Über die Einordnung in Kategorien lassen sich verschiedene Erzählungen nachvollziehen. So gab es in Deutschland 18 Falschmeldungen über Geschäfte, darunter vor allem Supermärkte, die wegen vermehrter Diebstähle durch Geflüchtete schließen hätten müssen, beispielsweise, weil die Diebe nicht belangt hätten werden können. Auf der Hoaxmap wurde dafür eigens die Kategorie „Geschäftsschließung" angelegt. Der Autorin ist bis heute kein Fall eines Supermarktes bekannt, der aus einem solchen Grund schließen musste.

Die Zahl der widerlegten Meldungen nahm im März 2016 schließlich deutlich ab. Zur selben Zeit wurde die Balkanroute, über die die meisten Asylsuchenden aus Syrien, Afghanistan und dem Irak nach Europa kamen, geschlossen. Die geringere Zahl der durch Medien widerlegte Falschmeldungen dürfte jedoch nicht nur an den gesunkenen Flüchtlingszahlen liegen. Vielmehr hat sich die Strategie der Akteure, die zuvor auf Falschmeldungen setzten, zum Teil verschoben. Zum einen werden vermehrt eher verschwörungstheoretische Inhalte gestreut. Dazu gehört zum Beispiel die Theorie, dass Bundeskanzlerin Angela Merkel heimlich plant, Millionen weitere Asylsuchende nach Deutschland holt.

Zudem nutzen gerade Facebook-Seiten aus dem rechten Spektrum Polizeimeldungen über tatsächliche Straftaten von Geflüchteten oder Migranten sowohl von den jeweiligen Polizeibehörden als auch aus lokalen Medien. Einer der Gründe dafür, dass vermehrt auf diese selektive Verbreitung nachrichtlicher Inhalte zurückgegriffen wird, dürfte die Entscheidung mehrerer Medienhäuser sein, auf Beachtung der Ziffer 12.1 des Pressekodex zu verzichten. Dort hieß es bis März 2017, auf die Nennung der Nationalität einer Person, die einer Straftat verdächtigt wird, sei zu verzichten, wenn die Straftat nicht in einem Sachbezug zur Nationalität stünde. Im März wurde die Richtlinie geändert. Im betreffenden Abschnitt heißt es nun weiterhin, auf die Nennung der Nationalität solle grundsätzlich verzichtet werden. Statt bei begründbarem Sachbezug könne nun aber bei begründetem öffentlichen Interesse darauf verzichtet werden. Einige Medien, darunter die sächsische Zeitung, nennen jedoch grundsätzlich die Nationalitäten von Verdächtigen und Straftätern[8], soweit diese durch die Polizei bekannt gegeben wurde.

---

8 http://www.sz-online.de/sachsen/fakten-gegen-geruechte-3434300.html [31.10.2017]

Typologie der Falschmeldungen in sozialen Medien

In den USA bezieht sich der Begriff Fake News oft auf Nachrichten-Websites oder nachrichtenähnliche Angebote, die auf Facebook verlinkt werden. Im deutschsprachigen Raum gibt es eine Reihe von Möglichkeiten, die genutzt werden, um Falschmeldungen in sozialen Medien in Umlauf zu bringen. Nicht alle werden extern verlinkt, vielmehr werden die Inhalte häufig direkt auf Plattformen, wie Facebook oder Twitter hochgeladen. Ein großer Teil der Meldungen, die auf der Hoaxmap verzeichnet sind, wurde auf Facebook verbreitete. Der Grund dafür ist wahrscheinlich, dass die Plattform die userstärkste unter den sozialen Medien in Deutschland ist. Wie oft sich etwa eine Falschmeldung auf Whatsapp verbreitet hat, ist schwer quantifizierbar, aber auch hier werden erfundene Geschichten, etwa Warnungen über angeblich bevorstehende Terroranschläge, verbreitet. Twitter spielt vor allem in Breaking-News-Situationen eine Rolle. Häufig werden zum Beispiel bei Terroranschlägen Fotos von angeblichen Verdächtigen oder Vermissten verbreitet. Auch Youtube spielt in diesem Zusammenhang eine Rolle. Dort werden beispielsweise Verschwörungstheorien über Anschläge verbreitet[9].

Eine ganze Reihe von Falschmeldungen sind Erzählungen, die man so oder so ähnlich vielleicht auch an der Supermarktkasse oder anderen Situationen des Alltags, abseits des Internets, hören würde. In der Regel handelt es sich um Berichte von Personen, die angeblich Zeugen einer Straftat oder eines ungewöhnlichen Vorgangs, etwa eine Vertuschung vermehrter Krankheitsfälle unter Geflüchteten, wurden. Viele werden von privaten Profilen auf Facebook gepostet, einige von Facebook-Seiten, die die Schilderung mit Worten wie „das wurde uns per privater Nachricht zugetragen" einleiten. Ob es eine solche Nachricht gab oder nicht, lässt sich in solchen Fällen nicht nachvollziehen, deshalb ist dann auch oftmals nicht klar, wer der eigentliche Urheber ist. Diese Verschleierung der vermeintlichen Quelle erfolgt meist ganz bewusst, auch unter der Nennung von befreundeten Polizisten oder Ärzten, die darüber angeblich nicht öffentlich sprechen dürfen.

Gefälschte Dokumente können sich ebenso wie Erzählungen offline und online verbreiten. Dazu gehören Aushänge, die angeblich neue Regeln für Volksfeste aufzeigen ebenso wie gefälschte Briefe an Mieter oder Vermieter, in denen Behörden dazu auffordern, in bewohnten Privatwohnungen Platz für Asylsuchende bereit zu stellen. Diese Dokumente werden oft abfotografiert und als Bild in sozialen Netzwerken gepostet. Die Ruhrbarone, ein Blog aus dem Ruhrgebiet wagte nach

---

9 http://www.independent.co.uk/news/world/americas/las-vegas-mass-shooting-victims-acting-conspiracy-theory-braden-matejka-sheldon-mark-mike-cronk-a8027541.html [31.10.2017]

den Ereignissen in Köln zum Jahreswechsel 2015/16 gar ein Experiment, das auf diesem Mechanismus fußte. Ein Autor des Blogs verbreitete ein fingiertes Schreiben. Es sollte zeigen, dass Opfer der Übergriffe auf der Kölner Domplatte eine Verschwiegenheitserklärung über die Vorfälle unterschreiben sollten. Über 17.000 Facebook-Nutzer teilten ein Foto des gefälschten Dokuments. In der Debatte um die verspätete Berichterstattung um die Vorfälle fiel eine diese Erzählung auf fruchtbaren Boden. Nur wenige Stunden später ließ der Urheber verlauten[10], es habe sich bei der Verbreitung des Dokuments um einen Versuch gehandelt, um zu zeigen, wie schnell sich Falschmeldungen ungeprüft im Netz verbreiten. Wie bei der Mehrheit der Experimente dieser Art verselbstständigte sich die Meldung jedoch, die Richtigstellung dürfte bei weitem nicht alle erreicht haben, die das Bild ursprünglich geteilt und in sozialen Medien gesehen hatten.

Als vermeintliche Belege für Geschehnisse werden häufig Bilder und Videos genutzt. Eher selten handelt es sich dabei um manipulierte Inhalte. Vielmehr werden diese Inhalte in einen völlig neuen Kontext gesetzt. So sollte ein Foto, dass tausendfach auf Facebook geteilt wurde, Angela Merkel zeigen, die Kinderbräuten zur Eheschließung gratulierte. Das Foto war weder gestellt noch manipuliert und zeigte vier junge Frauen in langen weißen Gewändern gemeinsam mit Angela Merkel. Einzig: Auf dem Foto waren keine Kinderbräute zu sehen, sondern junge Frauen, die in einem Lager für Geflüchtete in der Türkei lebten und Angela Merkel bei ihrem Besuch vor Ort willkommen geheißen hatten[11]. Kurz vor der Bundestagswahl im September 2017 verbreitete sich auf Facebook ein Video, das als Beleg für die angebliche Islamisierung Deutschlands dienen sollte. Das Video, das fast 12000 Mal geteilt wurde, zeigte etwa 20 Personen in langen Gewändern an einer Straßenbahnhaltestelle in Leipzig. Davon abgesehen, dass 20 Muslime keinerlei Beweis für eine „Islamisierung" sein dürften, handelte es sich bei den gezeigten Personen nicht einmal Muslime, sondern um eritreische Christen, die auf dem Rückweg von einer Taufe waren[12]. Diese und andere Beispiele zeigen: Um Falschmeldungen in die Welt zu setzen, die massenhaft geteilt werden, bedarf es nicht zwingend großen Aufwandes, etwa um Bilder oder Videos zu verfälschen.

Zu den Verbreitungswegen von Falschmeldungen über Straftaten von Geflüchteten oder Migranten gehören auch Falschaussagen bei der Polizei. Dabei müssen bei den Anzeigenden nicht zwingend rassistische Motive eine Rolle gespielt haben,

---

10 https://www.ruhrbarone.de/ich-habe-den-maulkorb-fuer-koelner-opfer-gefaelscht/119657 [12.11.2017]
11 https://correctiv.org/echtjetzt/artikel/2017/09/04/dieses-bild-wuerde-merkel-am-liebsten-verbieten-lassen/ [12.11.2017]
12 https://correctiv.org/echtjetzt/artikel/2017/09/12/muslime-christen-leipzig/ [12.11.2017]

eine Instrumentalisierung, etwa durch rechtspopulistische oder extrem rechte Facebook-Seiten erfolgt dennoch häufig. Da diese Fälle häufig in Form von Pressemitteilungen der Polizei oder durch Berichterstattung in Lokalmedien zirkuliert wird, erscheinen diese Meldungen zunächst sehr glaubwürdig. Problematisch wird es vor allem dann, wenn ursprüngliche Meldungen seitens Polizei oder Medien im Falle neuer Erkenntnisse nicht ergänzt werden. Auf diese Weise können sogar alte Meldungen, die inzwischen widerlegt wurden, weiterhin als Nachricht verbreitet werden. Ein solcher Fall ereignete sich 2017 zum Beispiel im thüringischen Suhl. Mitarbeiter eines Schnellrestaurants hatten der Polizei gemeldet, sie seien von einem „Südländer" überfallen worden. Nach den polizeilichen Ermittlungen stellte sich jedoch heraus, dass der Überfall erfunden war und die Mitarbeiter sich selbst aus der Kasse bedient hatten[13].

Seit Jahren werden falsch zugeschriebene Zitate, meist von Politikern, in sozialen Medien verbreitet. Oft werden die angeblichen Zitate neben einem Foto des jeweiligen Politikers abgebildet. Wegen eines solchen Falls erstattete Renate Künast Ende 2016 Anzeige gegen den Urheber. Ziel dieser Fake-Zitate sind häufig Politiker der Grünen oder Bundesminister wie Heiko Maas.

Da Falschbehauptungen und Desinformation in sozialen Medien in Deutschland vor allem über Bilder und Videos verbreitet werden, sollten Studien zu Falschmeldungen in sozialen Medien in Deutschland dies dringend berücksichtigen.

Motive der Urheber von Falschmeldungen

Urheber von Falschmeldungen wie den vorher genannten können von unterschiedlichen Motiven getrieben sein. Dazu gehören finanzielle Antriebe, politische Motive und Trolling. Während andere Motive durchaus denkbar sind, sind die drei genannten Beispiele einem Großteil der bekannten Beispiele zuzuordnen.

Im Zuge der Berichterstattung über „Fake News" im US-Wahlkampf rückten häufig Website-Betreiber aus dem mazedonischen Veles in den Mittelpunkt. Die Bewohner der Kleinstadt hatten Falschmeldungen, unter anderem über die Präsidentschaftskandidaten, in die Welt gesetzt und damit beachtliche Summen verdient. Beispiele für solche Websites, die über Anzeigengeschäfte Gewinne machen, gab es auch in den USA und Kanada. In Deutschland spielen finanzielle Motive eher selten eine Rolle, auch gibt es kaum Websites, die ausschließlich erfundene Inhalte

---

13 http://www.focus.de/panorama/welt/suhl-angestellte-erfinden-ueberfall-auf-schnell-restaurant-um-sich-selbst-zu-bereichern_id_6995377.html [12.11.2017]

publizieren. Dennoch gibt es einige Betreiber von Websites, die unter anderem Falschmeldungen veröffentlichen und zugleich Online-Shops, etwa für T-Shirts und Sticker, betreiben. Im Bereich der Falschmeldungen zu medizinischen Themen dürften finanzielle Gewinne eine weitaus wichtigere Rolle spielen.

Das sogenannte Trolling ist vor allem in Breaking-News-Situationen häufig zu beobachten. Trollen geht es darum, möglichst viel Aufmerksamkeit zu generieren, meist auch, möglichst großen Schaden anzurichten oder Wut zu erzeugen. Auf Twitter wird beispielsweise bei nahezu jedem terroristischen Anschlag oder Amoklauf ein Bild des aus den USA stammenden Comedians Sam Hyde verbreitet. Die Quelle für diese sich wiederholende Erzählung dürfte das Imageboard 4Chan sein, das bekannt dafür ist, fragwürdige Aktionen zu initiieren[14]. Hyde wurde unter anderem mit dem Anschlag in Paris 2015, dem Anschlag auf das Olympia-Einkaufszentrum in München 2016 und dem Massenmord in Las Vegas im Oktober 2017 in Zusammenhang gebracht. Beim Anschlag auf ein Konzert in Manchester verbreiteten Trolle auf Twitter Fotos von angeblich vermissten Jugendlichen auf Twitter. Erst nachdem einige der Fotos tausendfach verbreitet wurden, stellten die angeblich Betroffenen klar, sie seien gar nicht beim Konzert gewesen. Bei beiden genannten Beispielen schafften es die Trolle, Teil der Berichterstattung über die jeweiligen Vorfälle zu werden, weil Journalisten auf die Fakes herein fielen[15][16].

Ein erheblicher Teil der im Netz verbreiteten Falschmeldungen dürfte politisch motiviert sein. Die Urheber dieser Fakes verfolgen unterschiedliche Ziele. Erfundene Falschmeldungen über Straftaten von Geflüchteten etwa, die oft konkret lokal verortet werden, suggerieren, dass eine Gefahr „um die Ecke" lauert. Falschmeldungen werden ebenfalls eingesetzt, um Misstrauen in Institutionen zu schüren, beispielsweise wenn behauptet wird, Polizisten oder Mitarbeiter von Asylunterkünften dürften sich zu bestimmten Themen nicht äußern. In Wahlkampfzeiten werden Falschmeldungen nicht unbedingt gestreut, um jemanden davon zu überzeugen, eine völlig andere Partei zu wählen. Vielmehr geht es darum, Nichtwähler zu aktivieren oder Wähler des politischen Gegners zu deaktivieren, also dazu zu bewegen, nicht wählen zu gehen. Wie erfolgreich diese Bestrebungen sind, lässt sich schwer einschätzen. Falschmeldungen sollten jedoch nicht als monokausale Erklärung für Erfolge oder Misserfolge politischer Parteien herangezogen werden.

---

14 https://www.forbes.com/sites/fruzsinaeordogh/2016/06/02/explaining-the-sam-hyde-as-mass-shooter-meme/#35f1c88a1270 [12.11.2017]
15 http://www.bbc.com/news/blogs-trending-41467035 [12.11.2017]
16 http://www.bildblog.de/89720/bild-de-verbreitet-falsche-vermisstenfotos-aus-manchester/ [12.11.2017]

11 Schlüsselkompetenzen für die neue Öffentlichkeit: Medienpädagogische Praxiskonzepte in Sachsen

Uta Corsa und Robert Helbig

Zusammenfassung

Das 21. Jahrhundert ist von revolutionären digitalen Veränderungen geprägt. Die Medienwissenschaftler und Medienpädagogen Uta Corsa und Robert Helbig stellen dafür die notwendigen Schlüsselqualifikationen vor. Sie zeigen, wie wichtig soziale Intelligenz, adaptives Denken, interkulturelle Kompetenz, digitales Denken, Medienkompetenz, Transdisziplinarität, Designer-Mentalität, kognitive Balance und Online-Teamfähigkeit für das Gelingen dieses gesellschaftlichen Wandels sind. In den Mittelpunkt stellen sie dabei mediale Kompetenz als soziale Kompetenz. Anhand eines medienpädagogischen Beispiels aus der Arbeit der Sächsischen Ausbildungs- und Erprobungskanäle (SAEK) zeigen sie medienpädagogische Praxiskonzepte für das neue Jahrzehnt. Materialien und Linktipps runden diesen Beitrag zu Schlüsselkompetenzen in der neuen Öffentlichkeit ab.

Schlüsselbegriffe

Medienkompetenz, Medienbildung, aktive Medienarbeit, Schlüsselkompetenzen, Praxisprojekte, Fake News

Mit dem „Anforderungsprofil 2020" reagiert das Institute For The Future (IFTF) auf die aktuellen sechs großen Motoren der Veränderung: gesteigerte Lebenserwartung, intelligente Maschinen, Computerisierung, neue Medien, superstrukturierte Organisation und globale Vernetzung.

Digitalisierung fehlt noch als siebente große Herausforderung für das beginnende dritte Jahrtausend und als revolutionärer Katalysator für eine neue globale vernetzte digitale Welt. Diese sieben Motoren der Transformation sorgen für ein endgültiges Ende des 20. Jahrhunderts. Jetzt an der Schwelle eines neuen Jahrhunderts gilt es, die nächsten Generationen fit für all diese zukünftigen Kompetenzen zu machen. Medienkompetenz ist dabei eine Schlüsselqualifikation, die nicht von den anderen Kompetenzen wie Interpretationsfähigkeit, soziale Intelligenz, adaptives Denken, interkulturelle Kompetenz und digitales Denken zu trennen ist. Sondern Medienkompetenz forciert genau diese für das neue Jahrtausend notwendigen Fähigkeiten, Fertigkeiten und Kenntnisse – insbesondere vor dem Hintergrund der „neuen Öffentlichkeit".

Diese Medienkompetenzausbildung leisten seit 1997 in Sachsen die Sächsischen Ausbildungs- und Erprobungskanäle (SAEK). Wir als Geschäftsführerin und Betreiber werden in dem folgenden Beitrag Medienkompetenz als Schlüsselkompetenz des 21. Jahrhunderts vorstellen. Wie wichtig den SAEK diese Schlüsselkompetenz ist, zeigt das Geburtstags-Motto vom 1. September 2017 „Wir machen Sachsen stark für das digitale Jahrtausend".

Im ersten theoretischen Teil beziehen wir die neuen technischen und gesellschaftlichen Herausforderungen auf einen Diskurs des Medienkompetenz-Begriffes und fragen nach einer Begriffsanpassung für das 21. Jahrhundert.

Im zweiten praktischen Teil stellen wir an einem Beispiel aktuelle innovative medienpädagogische Praxiskonzepte der SAEK in Sachsen vor und zeigen, wie diese Medienprojekte die Schlüsselqualifikationen schon jetzt vermitteln.

Medienkompetenz und digitales Denken – die Schlüsselkompetenzen für das 21. Jahrhundert

Eine Vielzahl neuer Medientechnologien werden laut Future Work Skills 2020 den Menschen in kognitiver, technischer und interpretatorischer Ebene fordern. Nicht nur seine alltägliche Lebenswelt wird wie im 20. Jahrhundert davon determiniert, sondern neue Medientypen und Medientechnologien werden zunehmend seine Arbeitswelt bestimmen. Diese neuen Medien müssen beherrscht und verstanden werden. Und ein Schlüssel dafür ist die Medienkompetenz.

Damit haben wir im 21. Jahrhundert eine neue Qualität der Medienkompetenz. Bis dato hat es gereicht, den Medienkompetenz-Begriff vor allem als soziale gesellschaftliche Kompetenz zu begreifen, um eine gesellschaftliche Teilhabe am Diskurs zu ermöglichen und gesellschaftliche Vielfalt zu generieren. Deshalb ein

11. Schlüsselkompetenzen für die neue Öffentlichkeit

kurzer Exkurs in den Begriff der Medienkompetenz, dessen Wurzeln in den 60er und 70er Jahren des 20. Jahrhunderts liegen und der heute im Kern noch so aktuell wie damals ist.

Nach Schorb und Theunert wird unter Medienkompetenz ein Bündel von kommunikativen Kompetenzen verstanden, welche drei Dimensionen umfassen: Wissens-, Reflexions- und Handlungsdimension:

Zur *Wissensdimension* zählt das Wissen über den Gebrauch der Medientechnik sowie über die Arbeitsweise und Struktur der Medien.

Die *Reflexionsdimension* umfasst die Auseinandersetzung mit ästhetischen, ethischen und wirtschaftlichen Aspekten der Medien. So werden die Mediennutzer stets dazu angehalten, Interessen hinter Medien zu erkennen.

In der *Handlungsdimension* werden alle Kompetenzen zusammengefasst, die den aktiven Gebrauch der Medien zur Gestaltung eigener Beiträge und zur Partizipation an der Gesellschaft beschreiben. Diese Kompetenzen stärken wiederum die Orientierungsfähigkeit und die Positionierung einer Person in der vernetzten Welt (vgl. Schorb, 2005 S. 257-262).

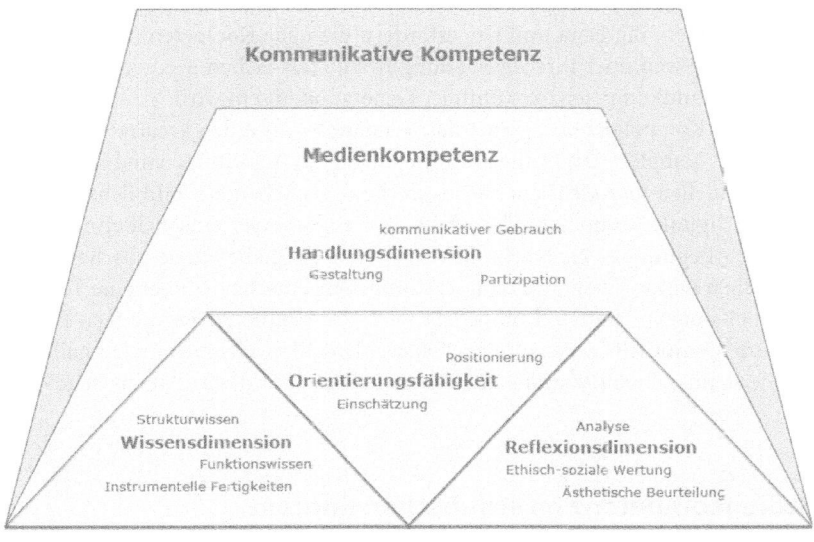

Quelle: vgl. Schorb 2005; Darstellung in Anlehnung an *Generationen im Dialog*

Dieser Medienkompetenzbegriff als kritische Reflexion des eigenen Medienumgangs und mit dem Ziel eigener kreativen Mediengestaltung bezieht sich vor allem auf publizistische Medien und wird in dieser Hinsicht immer aktuell sein.

Neue Kompetenzen für eine neue Medienwelt

Doch die Computerisierung mit ihrer zunehmenden Prozesssteuerung führt dazu, dass die Menschen lernen müssen, auch mit komplexeren Datenstrukturen weit über die publizistischen Medien umzugehen. Waren bis Anfang der 2000er Jahre neben dem persönlichen Umfeld vor allem von professionellen Journalisten erstellte klassische Medien wie Radio, Zeitung oder Fernsehen meinungsprägend, haben diese heute längst nicht mehr allein die Deutungshoheit. Einerseits sind oftmals ideologisch geprägte alternative Medien hinzugekommen (vgl. Schweiger). Andererseits werden Soziale Online Netzwerke wie Facebook zu immer wichtigeren Informationsquellen und zum Markt für Nachrichten und Meinungen. Darin verschwimmen die Grenzen zwischen privater und öffentlicher Kommunikation und Algorithmen bestimmen (zumindest mit), welche Informationen uns erreichen und welche nicht.

Algorithmen, Big Data und Co. erfordern die neue Kompetenz des digitalen Denkens, die weit über ihre Anwendung in publizistischen Medien hinausgeht und eine Grundkompetenz zukünftiger Generationen sein wird.

Digitale Kompetenz bezeichnet das Verständnis und den kreativen Umgang darüber „… komplexe Daten und Zusammenhänge in Algorithmen und computerisierten Modellen auszudrücken und als solche zu verstehen." (Wollmilchsau, 2012)

Diese digitale Kompetenz der nächsten Generationen entscheidet nicht nur wie bis zu Beginn des 21. Jahrhunderts an einer Teilhabe am gesellschaftlichen öffentlichen Diskurs, sondern digitale Kompetenz entscheidet über eine Teilhabe am Arbeitsmarkt. Digitale Kompetenz wird zum Indikator beruflichen Erfolgs und bezieht sämtliche arbeits- und lebensweltliche Bereiche mit ein. Deshalb sind digitale Schlüsselqualifikationen Basiskompetenzen für das 21. Jahrtausend.

Medienkompetenz im schulischen Kontext

Dieses Signal hat auch die Kultusministerkonferenz Ende 2016 mit ihrer ganzheitlichen Strategie „Bildung in der digitalen Welt" vernommen. Darin wird gefordert, dass alle Schüler ab der Primarstufe die nötigen Kompetenzen entwickeln, die „individuelles und selbstgesteuertes Lernen fördern, Mündigkeit, Identitätsbildung und das Selbstbewusstsein stärken sowie die selbstbestimmte Teilhabe an der digitalen Gesellschaft ermöglichen" (Kultusministerkonferenz, 2016).

Dieser Kompetenzrahmen ist fächerübergreifend umzusetzen und in sechs „Kompetenzen für die digitale Welt" formuliert:

1. *Suchen, Verarbeiten und Aufbewahren:* Schüler können gezielt Informationen mit digitalen Medien recherchieren, analysieren, interpretieren und kritisch bewerten sowie die gesammelten Informationen strukturiert ablegen.
2. *Kommunizieren und Kooperieren:* Schüler können digitale Kommunikationsmedien zielgerichtet auswählen und darüber kommunizieren. Sie können Inhalte teilen und für kooperative Prozesse nutzen und (unter Beachtung einer „Netiquette") so an der Gesellschaft aktiv teilhaben.
3. *Produzieren und Präsentieren:* Schüler können mit Hilfe von digitalen Medien verschiedene Themen kreativ unter Berücksichtigung von formalen und ästhetischen Gestaltungsprinzipien und Einhaltung von rechtlichen Vorgaben (Urheberrecht, Nutzungsrechte, etc.) gestalten, produzieren, weiterverarbeiten und veröffentlichen.
4. *Schützen und sicher Agieren:* Die Schüler können sicher mit digitalen Umgebungen agieren. Sie kennen die damit verbundenen Risiken, haben differenzierte Kenntnisse zum Schutz der Privatsphäre und sind vertraut mit Strategien zu einem gesundheitsbewussten Umgang mit digitalen Medien.
5. *Problemlösen und Handeln:* Die Schülerinnen und Schüler kennen eine Vielzahl an digitalen Werkzeugen und können diese kreativ anwenden. Außerdem verstehen sie es, diese Werkzeuge zum Lernen, Arbeiten und Lösen von technischen Problemen zu nutzen. Auch das grundlegende Verständnis von algorithmischen Strukturen wird befördert.
6. *Analysieren und Reflektieren:* Schüler kennen die Gestaltungsmittel und Wirkungsweisen sowie Chancen und Risiken von Medienangeboten auch in Bezug auf Wertevorstellungen, Rollen- und Weltbilder, können diese analysieren und im Austausch mit anderen reflektieren und diskutieren.

Den beschriebenen Kompetenzrahmen greift auch das Sächsische Staatsministerium für Kultus auf. Mit „Medienbildung und Digitalisierung in der Schule" wurde ein entsprechendes Umsetzungskonzept für den Freistaat Sachsen erarbeitet. (Sächsisches Staatsministerium für Kultus, 2017)

Im 20. Jahrhundert war es vor allem wichtig, die Medieninhalte zu verstehen und kritisch zu reflektieren und auch in Medienproduktionen eigene Meinungen zu vertreten. Die Kompetenz des Analysierens betraf deshalb vor allem Angebote aus Print, Fernsehen oder Netz.

Die Analysefähigkeit wird aktuell in der Zeit der Informations- und Datenexplosion immer wichtiger. Teilhaben kann letztendlich nur derjenige, der in der Lage ist, erstens an die Informationen zu kommen, zweitens die wichtigen aus der Vielzahl von unwichtigen Informationen herauszufiltern und drittens dann für seine Problemlösung anzuwenden.

Deshalb spielt auch die kognitive Kompetenz in einer digitalen Welt eine wichtige Rolle. Sie beschreibt, ob und wie ein Mensch in der Lage ist, geistige Prozesse der Informationsverarbeitung überhaupt durchführen zu können.

Außerdem werden digitale Kompetenzen wie das Problemlösen und das Handeln in einer computerisierten digitalisierten Arbeits- und Lebenswelt mit intelligenten Maschinen und einer globalen Vernetzung immer wichtiger. Und müssen schon früh erlernt werden. Der Schlüssel dazu heißt aktives Handeln mit Medien und neuen Technologien.

Aktive Medienarbeit als Schlüssel für Medienkompetenz und digitale Kompetenz

Ziel medienpädagogischer Arbeit ist in der Regel die Förderung eines kritischen, selbstbestimmten und kreativen Umgangs mit Medien und damit die Vermittlung von Medienkompetenz. Neben der Stärkung von Medienkompetenz im Allgemeinen kann insbesondere in Form von handlungsorientierten Praxisprojekten die Ausbildung von Analysefähigkeit, Problemlösungsfähigkeit und digitaler Kompetenz unterstützt werden.

Als wesentlicher methodischer Ansatz einer handlungsorientierten Medienpädagogik hat sich die aktive Medienarbeit etabliert. Sie bedeutet Be- und Erarbeitung von Gegenstandsbereichen sozialer Realität mit Hilfe von Medien (vgl. Schell 2005, S. 9). Der aktiven Medienarbeit werden drei grundlegende Lernprinzipien zugeordnet: Handelndes Lernen, exemplarisches Lernen sowie Gruppenarbeit. Aktive Medienarbeit geht also davon aus, dass sich Denken und Handeln in Interaktion entwickeln (vgl. Demmler/Rösch 2012, S. 19).

Dieses Konzept mit den zugrundeliegenden Lernprinzipien hat sich auch in den SAEK über viele Jahre in der praktischen medienpädagogischen Arbeit bewährt und wird kontinuierlich weiterentwickelt. Indem Jugendliche beispielsweise selbst Kamera oder Mikrofon in die Hand nehmen und sich mit aktuellen gesellschaftlichen Themen auseinandersetzen, werden sie zu medialen Akteuren. Dafür müssen sie sich mit Wirkungsprinzipien von Medien auseinandersetzen und diese verstehen sowie rechtliche Rahmenbedingungen kennen. Das durch eigenes Handeln erlangte Wissen lässt sich dann exemplarisch auf die kritische Bewertung vieler anderer Medienprodukte übertragen. Zudem ist für die Erstellung eines Medienproduktes immer eine Arbeit im Team notwendig, in der in verschiedenen Rollen diskutiert und analysiert werden muss.

Mit der Entwicklung des so genannten Web 2.0 haben sich die Rahmenbedingungen für die aktive Medienarbeit bereits in den vergangenen Jahren verändert (vgl. Demmler/Rösch 2012, S. 20 f). Heranwachsende sind seitdem nicht mehr nur Adressaten medialer Inhalte und Botschaften sondern können selbst zum Sender werden. Das führte zu neuen Voraussetzungen für medienpädagogische Arbeit. Jugendliche verfügen seitdem oftmals bereits über Vorerfahrungen im Bereich Medienproduktion und die Verfügbarkeit von Technik hat sich deutlich erhöht. Inhaltlich hat die Sensibilisierung für Datenschutz und Medienrecht an Bedeutung gewonnen, da Kinder und Jugendliche jederzeit selbst zu Medienproduzenten werden können.

Unter den Vorzeichen der neuen Öffentlichkeit stellen sich nun neue Herausforderungen und Schwerpunkte für die Umsetzung medienpädagogischer Praxiskonzepte. Um Analysefähigkeit, digitales Denken und Co. zu fördern, müssen aktuelle Themen aufgegriffen und neue Methoden angewandt werden. Eine medienpädagogische Arbeit, die kritische Reflexion des eigenen Medienumgangs und die kreative Gestaltung mit Medien zum Ziel hat, muss sich zwingend an aktuellen Entwicklungen und Nutzungsmustern der jeweiligen Zielgruppe orientieren.

Aktuelle und innovative medienpädagogische Praxiskonzepte

Unter den Rahmenbedingungen der neuen Öffentlichkeit mit dem Nebeneinander von publizistischen und alternativen Informationsangeboten rückt die Frage der Glaubwürdigkeit von Quellen noch mehr in den Fokus medienpädagogischer Projekte. Das Erkennen von „Qualität" bzw. Glaubwürdigkeit ist längst nicht mehr anhand optischer Kriterien möglich. Fragwürdige alternative Medien haben beispielsweise oftmals eine professionelle Aufmachung und Meldungen in Sozialen Online Netzwerken sind grundsätzlich einheitlich formatiert. Insbesondere Jugendliche müssen demnach andere Strategien zur Verifizierung von Quellen entwickeln. Die kritische Bewertung von Quellen oder auch ethische Fragestellungen sollten in

Zeiten grenzenloser medialer Möglichkeiten zum Kern von medienpädagogischer Arbeit werden.

Für medienpädagogische Akteure stellt in diesem Zusammenhang die Frage, wie sie Jugendliche zu einer Reflexion über Informationen bzw. Nachrichten und deren Qualität anregen und ihnen Recherchekompetenzen sowie Analysefähigkeit vermitteln können.

Nachfolgend wird ein beispielhaftes Projekt skizziert, in dem sich Jugendliche im schulischen Kontext handlungsorientiert und kritisch mit dem Phänomen „Fake News" auseinandersetzen. Das beschriebene Projekt steht beispielhaft für eine Vielzahl von möglichen Konzepten zur analytischen und kritischen Auseinandersetzung mit diesem Thema.

Beispielhaftes Praxisprojekt: Vorsicht Fake News – Glaubwürdigkeit von Medien in Schulprojekten thematisieren

Projektansatz: Spätestens seit der amerikanische Präsident Donald Trump den Terminus „Fake News" mehrfach in Pressekonferenzen verwendete, ist dieser einer breiten Öffentlichkeit bekannt. Auch im Diskurs zur Berichterstattung über Migrantinnen und Migranten in Deutschland tauchte der Begriff in den vergangenen Monaten immer wieder auf.

Das Phänomen absichtlich gestreuter Falschinformationen ist keineswegs neu und lässt sich bis in die Anfänge menschlicher Gesellschaften zurückverfolgen. Vor dem Hintergrund explodierender Informationsvielfalt, bei dem das Angebot an Nachrichtenportalen und Meldungen für den Einzelnen längst nicht mehr zu überschauen ist, bekommt es aber besondere Relevanz. So versuchen beispielsweise politisch extreme Gruppierungen mittels Falschmeldungen über Soziale Online Netzwerke Ängste und Vorurteile zu schüren und andere Nutzer damit zu manipulieren.

Über die Eignung der Begrifflichkeit „Fake News" lässt sich streiten, sie soll aber als Aufhänger des Schulprojekts dienen, um grundsätzlich über das Thema Glaubwürdigkeit von Medien zu diskutieren.

Zielgruppe des Projektes: Das Projekt kann ab den Klassen 7 oder 8 im Klassenverband durchgeführt werden. Anknüpfungspunkte bietet beispielsweise der Lernbereich 4 „Entdeckung: Printmedien" im Sächsischen Oberschul-Lehrplan für Klasse 8 im Fach Deutsch. Darin ist die Auseinandersetzung mit der Absicht und Wirkung von Sprache sowie deren medialer Darstellung gefordert. Mit entsprechenden Anpassungen lässt sich das Konzept aber auch auf andere Schulformen bzw. Klassenstufen übertragen. Ebenso ist eine Umsetzung im Rahmen des fächerverbindenden Unterrichts möglich. Die Umsetzung im schulischen Bereich scheint besonders relevant, da der Umgang mit Nachrichten oder Fake News dort laut einer aktuellen Studie so gut wie keine Rolle spielt (vgl. Russ-Mohl, 2017).

Rahmenbedingungen des Projektes: Der Projektumfang kann, je nach Umfang des praktischen Teils, zwei bis vier Tage betragen, die in Form von Projekttagen stattfinden. Das Projekt wird vom Sächsischen Ausbildungs- und Erprobungskanal (SAEK) durchgeführt. Dieser betreut die Schülerinnen und Schüler mit insgesamt drei Medienpädagogen und stellt die notwendige Medientechnik zur Umsetzung des Projektes zur Verfügung.

Zielstellung des Projektes: Übergeordnetes Ziel des Projektes ist es, die Schüler für einen kritisch-reflektierten Umgang mit Quellen und Nachrichten zu sensibilisieren. Sie sollen sich aktiv mit der Glaubwürdigkeit bzw. dem Manipulationspotential von Medien auseinandersetzen. Dabei werden alle Dimensionen von Medienkompetenz adressiert.

- **Wissensdimension**
  - Vermittlung von Wissen über Medienstrukturen und die Arbeit von Journalisten
  - Vermittlung von Recherche- und Analysetechniken
- **Reflexionsdimension**
  - Förderung von Quellenkritik
  - Entwicklung von Kriterien zur Verifizierung von Falschmeldungen bzw. zur Beurteilung der Qualität von Nachrichten
  - Kritische Auseinandersetzung mit Meinungsbildung über Soziale Online Netzwerke
- **Handlungsdimension**
  - Erprobung von Möglichkeiten der Audio-, Foto- oder Videogestaltung
  - Auseinandersetzung mit Aspekten des Medienrechts bei eigenen Veröffentlichungen

Ablauf und Methodik: Das Projekt wird nach dem Ansatz der handlungsorientierten Medienpädagogik umgesetzt und kombiniert die Wissensvermittlung zum Thema mit Möglichkeiten der aktiven medialen Auseinandersetzung für die Jugendlichen.

Der Einstieg in das Thema kann in Form einer Diskussion über (offensichtlich oder weniger offensichtlich) manipulierte Fotos erfolgen. Material dazu findet sich unter anderem im Unterrichtspaket des Niedersächsischen Kultusministeriums. Anhand dieser Beispiele kann eine erste Diskussion zu möglichen Motiven und Hintergründen der Veröffentlichung solcher Bilder angeregt werden.

Alternativ kann ein Fall von „Fake News" aus dem eigenen Umfeld der Teilnehmenden als Aufhänger für einen Gesprächseinstieg dienen.

Die Wissensvermittlung zum Thema erfolgt durch die betreuenden Medienpädagogen in Form von kurzen Informationsblöcken, Erklärfilmen, Recherchen der Jugendlichen oder mit Hilfe von Arbeitsblättern sowie Internetportalen. In diesem Zusammenhang können unter anderem wichtige Begriffe wie „Fake News" „Algorithmus" oder „Social Bots" definiert werden. Auch Internettools wie die umgekehrte Bildersuche von „tineye" können ausprobiert werden.

Aus der Erfahrung in der medienpädagogischen Praxis empfiehlt es sich, diese Wissensvermittlung nicht am ersten Tag zu bündeln, sondern über die Projekttage zu verteilen oder sie in Form einer Stationsarbeit umzusetzen. Dabei ist wiederum die Kombination mit interaktiven und erlebnisorientierten Formaten wie Actionbound möglich.

Die Ansätze zur aktiven Auseinandersetzung mit dem Thema sind dann vielfältig und hängen vom verfügbaren Zeitrahmen des Projektes ab. Nach dem Konzept der aktiven Medienarbeit werden die Teilnehmenden dazu in Gruppen aufgeteilt, die gleiche oder unterschiedliche Aufgabenstellungen bearbeiten und medial umsetzen.

So können einzelne Gruppen im Projektverlauf beispielsweise eigene fingierte Fotos oder Artikel erstellen, die möglichst echt aussehen und bestimmte Botschaften transportieren. Dafür müssen sich die Teilnehmenden überlegen, wie Dinge gestaltet sein müssen, um möglichst überzeugend zu wirken. Gleichzeitig lernen sie digitale Tools zur Bearbeitung von Fotos oder Texten kennen und erproben deren Potentiale.

Ebenso möglich ist die Produktion von Audio- oder Videobeiträgen. Die Jugendlichen können so beispielsweise aus dem gleichen Bild- oder Tonmaterial Beiträge mit ganz unterschiedlichen Aussagen produzieren. Eine weitere Möglichkeit ist die inhaltliche Auseinandersetzung mit dem Thema, wobei Interviews mit Experten geführt oder Umfragen produziert werden. Bei der Produktion von Audio- und Videobeiträgen ist eine vorherige Einführung zur inhaltlichen und technischen Gestaltung durch die Medienpädagogen notwendig. Die Umsetzung kann sowohl mit Technik des SAEK als auch nach dem „Bring-your-own-Device-Ansatz" mit Smartphones oder Tablets der Jugendlichen erfolgen. Die Auswertung und Reflexion aller entstandenen Produktionen sollte im Klassenverband erfolgen.

Abschließend können im Projekt von den Schülerinnen und Schülern Kriterien zur Verifizierung von Quellen erarbeitet werden. Dieser Kriterienkatalog kann im

Klassenzimmer über einen längeren Zeitraum sichtbar bleiben. Zur Dokumentation von Inhalten und Lernfortschritt kann ein Lerntagebuch in Form eines Blogs eingesetzt werden.

Die Herausforderungen dieses Projektkonzeptes liegen darin, einerseits die pädagogischen Intentionen umzusetzen, andererseits den teilnehmenden Schülern kreative Freiheit bei der Auseinandersetzung mit dem Thema zu ermöglichen. Darüber hinaus ist zu berücksichtigen, dass mit einem einmaligen Projekt im schulischen Kontext zunächst lediglich eine Sensibilisierung für das Thema sowie die Vermittlung von Grundlagen erreicht werden kann. Um einen nachhaltigen Effekt zu erzielen ist die regelmäßige Implementierung des Themas notwendig.

Materialien und Linktipps

Die kritische Auseinandersetzung mit Medien und ihrer Glaubwürdigkeit ist nicht nur im Rahmen aufwändiger und intensiver Projekte nach dem Ansatz der aktiven Medienarbeit möglich. Es existieren zahlreiche Arbeitsmaterialen, Hilfsmittel und Webseiten im Netz, anhand derer sich Nachrichten auf ihren Wahrheitsgehalt prüfen lassen oder die Leitlinien bereitstellen, an denen man sich als kritischer Konsument von Social-Media-Kanälen orientieren kann. Die nachfolgenden Beispiele haben keinen Anspruch auf Vollständigkeit, sollen aber Anregungen zur Arbeit in diesem Bereich geben.

- Die schnelle Verbreitung von Falschmeldungen ist maßgeblich auf mangelnde Recherche zurückzuführen. Die österreichische Seite zur Bekämpfung von Internetmissbrauch *Mimikama* hat dazu eine übersichtliche Liste mit fünf Punkten zusammengestellt, die Nutzern dabei helfen soll, Inhalte aus dem World Wide Web selbstständig zu hinterfragen und auf Authentizität zu prüfen. *www.mimikama.at*
- Suchmaschinen sind nicht nur für Texte ein aufschlussreiches Hilfsmittel, sondern lassen sich auch bei Bildern einsetzen. Über Datenbanken wie TinEye lässt sich beispielsweise erkennen, wo und wann ein Bild bereits verwendet wurde. Dabei ermittelt die Suchmaschine anhand der Bild-URL aus einem Pool von über 17 Millionen Bildern passende Ergebnisse. Zeigt sich, dass die Aufnahme bereits mehrere Jahre zurückliegt oder in einem ganz anderen Kontext entstanden ist, ist dies ein Hinweis für mangelnde Aktualität. *www.tineye.com*

- Weitere Tools zur selbstständigen Verifizierung von Online-Artikeln bieten die beiden Suchmaschinen Hoaxsearch und Hoaxmap. Bei Hoaxsearch handelt es sich um eine Plattform, die potenzielle Fake News aufgreift und diese recherchiert. Sollten sich die Inhalte als frei erfunden oder sinnentfremdet herausstellen, veröffentlicht die Webseite entsprechende Gegendarstellungen und Aufklärungsberichte, die die Falschaussagen entkräften. Ähnlich ist das Prinzip der Seite Hoaxmap, die sich auf politisch geprägte Falschmeldungen spezialisiert. Hier werden primär Fake News aufgegriffen, die sich auf Geflüchtete beziehen. Hoaxmap ist in Form einer Karte aufgebaut. *www.hoaxsearch.com www.hoaxmap.org*
- Die Plattform „So geht Medien", die sich an interessierte Kinder und Jugendliche richtet, greift medienrelevante Inhalte auf und verpackt diese jugendgerecht. Es handelt sich dabei um eine Seite, die von ARD, ZDF und Deutschlandradio initiiert wurde und die mittels Videos, Audiobeiträgen und interaktiven Angeboten die Welt und Funktion der Medien erklärt. Zum Thema Fake News haben die Macher ein informatives Video auf YouTube hochgeladen, in dem der Reporter einer Falschmeldung nachgeht. Ein Vorschlag zur Unterrichtsgestaltung lässt sich dort ebenfalls finden. *www.br.de/sogehtmedien*
- Für Lehrerinnen und Lehrer bietet das Schulportal für Verbraucherbildung auf seiner Webseite kostenloses Unterrichtsmaterial für Schüler ab der dritten Klasse, um sich mit dem Thema Fake News intensiv auseinanderzusetzen. Neben Informationstexten zu Suchmaschinen, Online-Quellen, Bildmanipulation und Möglichkeiten zum Erkennen von Falschmeldungen, bietet das Heft praxisnahe Beispiele zur Übung. Die Schüler werden dabei zur Selbstreflexion angeregt und Kompetenzen im Umgang mit Inhalten aus dem Internet gezielt geschult. *www.verbraucherbildung.de/material/alles-wahr-wahrheit-luege*
- Die Sächsische Landeszentrale für politische Bildung stellt auf ihrer Internetseite Arbeitsmaterialien für das Fach Gemeinschaftskunde (Klassenstufen 9 bis 10) bereit. Die am sächsischen Lehrplan orientierten Inhalte sind in ausführlichen Verlaufsskizzen aufbereitet und umfassen jeweils eine Unterrichtseinheit (45 Minuten). Ziel ist es, die Schülerinnen und Schüler zur Reflexion des eigenen Medienkonsums anzuregen, selbstständig Kriterien zur Einschätzung von Nachrichten und Qualitätsmedien zu erarbeiten und diese anschließend praktisch anzuwenden. *wtf.slpb.de/wtf/luegenpresse/unterrichtsmaterial*
- Im Auftrag des Niedersächsischen Kultusministeriums wurden die Unterrichtseinheiten „Fake News und Social Bots im digitalen Zeitalter" entwickelt. Ziel ist es, Schülerinnen und Schülern anhand praktischer Beispiele den kritischen Umgang mit Quellen zu vermitteln. http://www.nibis.de/nibis.php?menid=9892

Literatur

Demmler, K.; Rösch, E. (2012): Aktive Medienarbeit in Zeiten der Digitalisierung. IN: Rösch, E.; Demmler K.; Jäcklein-Kreis E.; Albers Heinemann, T.: Medienpädagogik Praxis Handbuch. München: kopaed Verlag

Generationen im Dialog. (2017). Medienpädagogik. Abgerufen von: http://www.generationenimdialog.de/?p=644

IFTF, Institute for the Future. (2011). Future Work Skills 2020 Report. Abgerufen von: http://www.iftf.org/uploads/media/SR-1382A_UPRI_future_work_skills_sm.pdf

Kultusministerkonferenz. (2016). Bildung in der digitalen Welt: Strategie der Kultusministerkonferenz. Abgerufen von https://www.kmk.org/aktuelles/thema-2016-bildung-in-der-digitalen-welt.html

Sächsisches Staatsministerium für Kultus. (2017). Medienbildung und Digitalisierung in der Schule. Abgerufen von https://www.schule.sachsen.de/16093.htm

Schell, F.: Aktive Medienarbeit. IN: Hüther, J.; Schorb, B. (2005): Grundbegriffe Medienpädagogik. München: kopaed-Verlag

Schorb, B.: Medienkompetenz. IN: Hüther, J.; Schorb, B. (2005): Grundbegriffe Medienpädagogik. München: kopaed-Verlag

Schweiger, W. (2017). Der (des)informierte Bürger im Netz: Wie soziale Medien die Meinungsbildung verändern. Wiesbaden: Springer Fachmedien

Russ-Mohl, S. (23.10.2017). Bei Fake News sind die Schulen hilflos. Tagesspiegel, S. 21

Wollmilchsau. (2012). Skillset 2020. Das Anforderungsprofil für die Arbeiterinnen der Zukunft. Abgerufen von: https://wollmilchsau.de/human-resources/skillset-2020-anfordungsprofil-arbeiterinnen-zukunft/

Ein Europafunk nach dem Vorbild von ARD und ZDF

12

Saskia Riechers

Zusammenfassung

Um eine europäische Öffentlichkeit jenseits nationaler Filterblasen zu schaffen, schlägt Jakob von Weizsäcker, Europaabgeordneter aus Thüringen, einen öffentlich-rechtlichen Europafunk nach dem Vorbild von ARD und ZDF vor Bei einer Diskussion mit Jakob von Weizsäcker im Brüsseler Europaparlament konnte sich das Organisationsteam der Fachtagung „Die neue Öffentlichkeit", drei Masterstudierende des Studienganges „Medienmanagement" der HTWK Leipzig, über die Idee des Europafunks informieren. In diesem Beitrag wird die Idee des Europafunks und ihre Rezeption vorgestellt.

Schlüsselbegriffe

Europafunk, Filterblase, transnationale Medienpolitik, Medienwandel

Die Zukunft des Journalismus ist zum Greifen nah – das zeigen die in diesem Band dokumentierten Beiträge im Rahmen der Fachtagung „Die neue Öffentlichkeit". Doch die Medienlandschaft verändert sich nicht nur auf nationaler Ebene, sondern auch international. Dieser Vorgang, verbunden mit aktuellen politischen Problemstellungen, stellt die Regeln für Kommunikation über nationale Grenzen hinweg vor neue Herausforderungen.

Adäquate Lösungen für eine europäische Medienlandschaft zu entwickeln ist eines der Anliegen des Europa-Politikers Jakob von Weizsäcker. Sein Vorschlag:

© Springer Fachmedien Wiesbaden GmbH, ein Teil von Springer Nature 2018
G. Hooffacker et al. (Hrsg.), *Die neue Öffentlichkeit*,
https://doi.org/10.1007/978-3-658-20809-7_12

ein öffentlich-rechtlicher Europafunk nach dem Vorbild von ARD und ZDF. Doch was genau kann man sich darunter vorstellen?

Aufgaben des Europafunks

„In sozialen Medien verbreiten sich Fake News oft schneller als seriöse Information, während die nationalen Öffentlichkeiten in der Europäischen Union regelmäßig aneinander vorbeireden".[1] Das, so Jakob von Weizsäcker, war der Anlass für ihn, die schrittweise Schaffung eines europäischen öffentlich-rechtlichen Rundfunks zu fordern. Grundanliegen des Europafunks sei es, eine europäische Öffentlichkeit zu schaffen, die das Zusammengehörigkeitsgefühl der EU stärken soll. Im Sommer 2019 soll der Europafunk an den Start gehen – dieser Zeitpunkt sei, so von Weizsäcker, besonders relevant, weil dort die nächsten Europawahlen anstehen. Der Europafunk soll dafür Sorge tragen, dass die Bürger der Mitgliedsstaaten die Möglichkeit bekommen, sich über Zusammenhänge und Vorgänge in der EU zu informieren. So soll ein Bewusstsein dafür entstehen, dass die EU allein als Zusammenschluss den Herausforderungen der Zukunft gewachsen sei.[2]

Von Weizsäcker hält einen solchen öffentlich-rechtlichen Europafunk nicht nur aus politischen Gründen für relevant. Durch die Verengung von Informationskanälen, zum Beispiel in Sozialen Medien, wo dem User beispielsweise letztlich nur das gezeigt wird, was ihn unmittelbar interessiert, bewegen sich viele Bürger in einem eingeschränkten Radius, der kaum Informationen zuließe, die ihm andere Gedanken und Sichtweisen näherbrächten. Es müsse den Bürgern der EU aber möglich sein, über den eigenen nationalen Horizont hinaus auf die anderen Mitgliedsstaaten zu schauen und so Verständnis füreinander zu gewinnen. Gerade in Krisenzeiten der europäischen Union sei dies von Bedeutung, um den europäischen Gedanken zu stärken.[3]

Ein damit zusammenhängendes Problem, welches Jakob von Weizsäcker nicht nur auf nationaler Ebene ausmacht, sondern in der gesamten EU, ist die Verschlechterung der Basis für den Qualitätsjournalismus. Durch die zunehmende Digitalisierung sei geradezu eine Art Gratiskultur entstanden – die Bürger seien es gewohnt, Informationen überall, jederzeit und vor allem scheinbar kostenlos zu bekommen. Dies untergrabe jedoch den qualitativen Journalismus, da aufwändig

---

1 Weizsäcker S. 1f.
2 SPIEGEL Online, „Hier spricht Europa", Jakob von Weizsäcker, André Wilkens, 10.12.2016
3 SPIEGEL Online, „Hier spricht Europa", Jakob von Weizsäcker, André Wilkens, 10.12.2016.

recherchierte Artikel und Reportagen von der breiten Masse nicht mehr als solche gewürdigt würden. Langfristig behindere dies Journalisten in ihrer Tätigkeit, da immer weniger Mittel für ihre Arbeit zur Verfügung stünden.

Der großflächige Zugang zum Leser sei heute nur noch über die großen Internetplattformen wie Google, Twitter und Facebook möglich, welche aber Informationen gezielt filterten, erläuterte von Weizsäcker in Brüssel. Keine Lösung stelle es aber dar, die großen ausländischen Plattformen gänzlich aus der EU herauszuhalten – dies sei kein moderner Lösungsansatz. Stattdessen müsse das Thema stärker im Sinne einer öffentlich-rechtlichen Plattform in den Fokus geraten. Was letztendlich bedeute, dass der Europafunk als Gegenentwurf zu Google und Co. fungieren soll[4]. Der Europafunk soll weiterhin einen der wichtigsten Grundsätze der EU schützen: die Unabhängigkeit von Journalismus und Medien. Nicht überall werde dieses Prinzip vollends angewandt. Diese Entwicklung schädige auf lange Sicht Demokratien und schwäche den europäischen Grundgedanken. Als objektive Plattform der Berichterstattung soll der Europafunk auch solchen Entwicklungen etwas entgegensetzen können.

Dass wiederum alle Mitgliedstaaten der EU von vornherein an der Entwicklung eines Europafunks mitarbeiten, sieht von Weizsäcker nicht als realistisch an. Vielmehr sollten Staaten wie zum Beispiel Deutschland oder Frankreich als Vorreiter agieren, um andere Staaten nachziehen zu können.

Im Moment bestehe die EU aus verschiedenen Öffentlichkeiten, wovon jede einzelne auf einen Mitgliedsstaat verteilt sei. Wichtig sei es aber, dass es eine vereinte europäische Öffentlichkeit gibt, welche die EU als solche für die politischen Herausforderungen der Zukunft und die Digitalisierung stärke.[5]

Rezeption und Diskurs

Kritik gibt es an dieser Stelle von den Autoren Carl Henrik Fredriksson und Roman Léandre Schmidt, die sich im Magazin „Eurozine" bereits mit der Idee von Jakob von Weizsäcker auseinandergesetzt haben. Die Autoren merken hierbei an, dass sich eine europäische Öffentlichkeit nicht einfach durch äußere Vorgaben formen ließe – stattdessen wäre die Formung und Verankerung einer europäischen Öffent-

---

4   Mündliche Information von Jakob von Weizsäcker, Diskussion im Europäischen Parlament, 17.10.2017
5   SPIEGEL Online, „Wir brauchen eine europäische Medienöffentlichkeit", Markus Becker, 13.01.2016.

lichkeit ein Prozess, der nicht mit Einführung eines Europafunks abgeschlossen sei, sondern eine lange Zeit in Anspruch nehmen würde. Auch sei es schwer, die nationalen Gegebenheiten und Sichtweisen auszuklammern, um eine einheitliche europäische Kommunikation zu gewährleisten.⁶

Tipp

„Man schafft transnationale Kommunikationsräume nicht, indem man Europamedien wie Girlanden über den Kontinent spannt und dann darauf hofft, dass sich schon jemand daran erfreuen werde."
("Eurozine", Carl Henrik Fredriksson, Roman Léandre Schmidt, 07.04.2017)

Anstatt also eine europäische Öffentlichkeit etablieren zu wollen, die über nationale Gepflogenheiten hinweg sieht, so Fredriksson und Schmidt, solle die zwischenstaatliche Kommunikation offen bleiben und die einzelnen europäischen Nationen sich jeweils mit ihrer eigenen Sicht der Dinge über europapolitische Themen austauschen, Kontroversen und Diskussionen zu Themen aus anderen Ländern anregen.⁷

Doch obwohl der „Europafunk" von der EU ins Leben gerufen werden soll, werde es nicht seine Aufgabe sein, als Propagandawerkzeug der EU zu fungieren. Vielmehr solle er die journalistische Freiheit und die Medienunabhängigkeit garantieren und die europäische Vielfalt repräsentieren, so Jakob von Weizsäcker.

Daher sei es ganz klar ein Muss, dass alle Medien – Video, Ton, Bild und deren Kombination – mindestens in allen 24 Amtssprachen der EU angeboten werden. Um dies zu realisieren müsse die EU gezielt in innovative Übersetzungstechnologien investieren – ein Einsatz, der sich später auch für die Wirtschaft auszahlen könne.

Mit der Idee des Europafunks werde jedoch keineswegs ein Ersatz oder eine Verdrängung des öffentlich-rechtlichen und privaten Programmes angestrebt. Vielmehr ist hier das Ziel eine Koexistenz des Europafunks neben bereits existierenden Sendern und deren journalistischer Programme. Mit dem Europafunk als

---

6   Eurozine, „Raus aus den Echokammern: Ein Funk für Europa?", Carl Henrik Fredriksson, Roman Léandre Schmidt, 07.04.2017).
7   Eurozine, „Raus aus den Echokammern: Ein Funk für Europa?", Carl Henrik Fredriksson, Roman Léandre Schmidt, 07.04.2017

erweiterte Plattform könnten auch private Qualitätsmedien eine weitere Einnahmequelle erhalten, wodurch wiederum der Qualitätsjournalismus gefördert werde. [8]
Doch damit es überhaupt zu dieser Koexistenz kommen kann, benötige der Europafunk einen Platz in der Medienlandschaft. Um diesen zu schaffen, könnten Regulationsmechanismen eingeführt werden. Hierbei könne zum Beispiel festgehalten werden, dass die Anbieter digitaler Plattformen einen gewissen Anteil ihrer Medienplätze für den Europafunk reservieren. Um den Europafunk zu finanzieren, sieht von Weizsäcker ganz klar die öffentliche Hand in der Pflicht. Diese Grundfinanzierung sollte jedoch wesentlich durch Zahlungen der großen Social Media Plattformen wie Facebook, Twitter und Google ergänzt werden, welche laut von Weizsäcker „(…) von der Klick-Ökonomie und der systematischen Datenabschöpfung enorm profitieren, ohne sich an den Kosten für die inhaltlichen und politischen Voraussetzungen für einen nachhaltigen Erfolg des Internets angemessen zu beteiligen." [9]

Grundsätzlich sei die Idee eines Europafunks zwar gut, aber mit Blick auf die Geschichte ähnlicher Projekte, zum Beispiel das Magazin „The European" des britischen Verlegers Robert Maxwell, und auf die Rahmenbedingungen sei er eher zum Scheitern verurteilt, meinen jedoch Fredrikson und Schmidt. Sie schlagen vor, anstatt ein weiteres millionenteures Projekt, dessen Erfolg nicht garantiert werden könne, ins Leben zu rufen, sollten die unabhängigen und qualitativ hochwertigen Medien, die es in der EU durchaus noch gäbe, gestützt und gefördert werden. [10]

In der Idee des Europafunks als übergeordnetes Medium sehen die beiden Autoren die Gefahr, dass bestehende und gut funktionierende Mediensysteme und -Strukturen gefährdet werden könnten. Stattdessen solle die EU über intelligentere Fördermechanismen für den Journalismus nachdenken, um den Anreiz zu schaffen, europäischer zu berichten und zu denken.

Gerade auch dort, wo der Europafunk autoritären Berichterstattungsstrukturen etwas entgegensetzen will, müssten eher lokale Initiativen gefördert werden und diese besser europaweit miteinander vernetzt werden. Die Autoren Fredrikson und Schmidt schlagen anstelle des Europafunks ein von politischer Einflussnahme weitgehend abgeschirmtes Förderungsmodell vor, wobei auch hier die Grundfinanzierung durch Abgaben der großen Internetkonzerne denkbar sei.

---

8 SPIEGEL Online, „Wir brauchen eine europäische Medienöffentlichkeit", Markus Becker, 13.01.2016
9 SPIEGEL Online, „Hier spricht Europa", Jakob von Weizsäcker, André Wilkens, 10.12.2016.
10 Eurozine, „Raus aus den Echokammern: Ein Funk für Europa?", Carl Henrik Fredriksson, Roman Léandre Schmidt, 07.04.2017.

Insgesamt sei aber das große Anliegen, mithilfe einer europäischen Öffentlichkeit die Freiheit, Identität und Zusammengehörigkeit der EU zu stärken wichtig und notwendig, um auf lange Sicht der Zukunft gewachsen zu sein. [11] Darüber hinaus wünscht sich Jakob von Weizsäcker ganz konkret in der EU „ein mediales Qualitätsangebot in Sprachen wie Arabisch, Türkisch und Russisch". So könnte Menschen in und außerhalb der EU eine attraktive Alternative zu den nicht immer ausgewogenen bestehenden Medienangeboten in diesen Sprachen gemacht werden. Jakob von Weizsäcker hofft: „Das wäre sowohl für die Integrationspolitik wie für unsere Nachbarschaftspolitik von Vorteil und dürfte für weniger Geld eher mehr zu unserer Sicherheit beitragen als so manches Rüstungsprojekt."[12]

Literatur

Eurozine – Gesellschaft zur Vernetzung von Kulturmedien mbH, Wien (2017). Carl Henrik Fredriksson, Roman Léandre Schmidt:Raus aus den Echokammern: Ein Funk für Europa?", erschienen am 07.04.2017, verfügbar unter: http://www.eurozine.com/raus-aus-den-echokammern-ein-funk-fur-europa/ [27.11.17]

SPIEGEL Verlag Rudolf Augstein GmbH und Co. KG, Hamburg (2017). Jakob von Weizsäcker, André Wilkens: Hier spricht Europa" erschienen am 10.12.2016, verfügbar unter: http://www.spiegel.de/politik/ausland/europafunk-gegen-die-propaganda-flut-essay-a-1123991.html [27.11.17]

SPIEGEL Verlag Rudolf Augstein GmbH und Co. KG, Hamburg (2017). Markus Becker, Jakob von Weizsäcker: Interview „Wir brauchen eine europäische Medienöffentlichkeit", erschienen am 10.12.2016, verfügbar unter: http://www.spiegel.de/kultur/gesellschaft/europaeische-union-jakob-von-weizsaecker-fordert-europafunk-a-1071803.html [27.11.17]

Weizsäcker, Jakob von (2017). Newsletter 1/2017, verfügbar unter: http://jakob.weizsaecker.eu/sites/default/files/default_images/newsletter_1-2017.pdf

---

11 Eurozine, „Raus aus den Echokammern: Ein Funk für Europa?", Carl Henrik Fredriksson, Roman Léandre Schmidt, 07.04.2017.

12 Weizsäcker S. 2.

IV
Wie weiter
mit dem Qualitätsjournalismus?

Podiumsdiskussion „Die neue Öffentlichkeit – wer definiert Qualität und Wahrheit?"

13

Bericht: Uta Corsa

Zusammenfassung

Dem Thema „Die neue Öffentlichkeit – wer definiert Qualität und Wahrheit?" widmete sich die abschließende Diskussion der gemeinsamen Fachtagung des Europäischen Instituts für Qualitätsjournalismus und der Hochschule für Technik, Wirtschaft und Kultur in Leipzig zum Thema „Die neue Öffentlichkeit: Wie Bots, Bürger und Big Data den Journalismus verändern."

Als Experten aus Wissenschaft, Journalismus und Technik diskutierten dazu Prof. Dr. Uwe Kulisch der HTWK Leipzig, Dr. Uwe Krüger der Universität Leipzig, Christine Elmer von Spiegel online, Karolin Schwarz von Hoaxmap, Stefan Primbs vom Bayerischen Rundfunk. Johann-Michael Möller, ehemaliger MDR-Hörfunkdirektor, moderierte dieses Abschlusspanel.

Schlüsselbegriffe

Neue Öffentlichkeit, Bots, Social Media, Qualität, Journalismus, Qualitätsjournalismus, Technik, Fake News, Verifikation, Recherche, journalistisches Handwerk

Die Frage nach dem Qualitätsjournalismus in der neuen Öffentlichkeit bestimmte als roter Faden die Podiumsdiskussion. Sie befasst sich mit folgenden Schwerpunkten:

1. Was ist Qualität im heutigen Journalismus und wer definiert diese?
2. Welche Rolle spielen in der neuen Öffentlichkeit die alten Gatekeeper von Spiegel, Zeit und FAZ?
3. Wie gehen die alte und die neue Öffentlichkeit mit dem Thema der Flüchtlingskrise um?
4. Besteht nicht ein Schlüsselproblem der heutigen Medienproduktion und ihrer viralen Verbreitung in einer (fehlenden) Kontextualisierung?
5. Müssen der neuen technikgetriebenen Medienwelt Grenzen gesetzt und Regeln verschrieben werden?
6. Ist angesichts der zunehmenden maschinellen Meinungsmache durch Bots die Frage nach Wahrheit und Qualität nicht vergeblich?
7. Wie kann Qualität im Journalismus gesichert werden?
8. Wie könnte eine neue Definition von Qualität im Netz aussehen?

Mit einer Deskription der neuen Medienwelt und der neuen Öffentlichkeit eröffnet Johann Michael Möller den Diskurs. Er beschreibt die demokratischen Hoffnungen, die mit dem Netz verbunden waren und die seiner Ansicht nach einer Ernüchterung gewichen sind. Möller fragt danach, ob der Preis für die enorm gewachsenen Optionen der Partizipation der neuen Öffentlichkeit nicht zu hoch sei und ob es sich bei der Selbstreinigungskraft der Schwarmintelligenz nicht bloß um einen Mythos handelt. Möller bezieht sich dabei auf einen Pionier des Netzzeitalters, Jaron Lanier, der vor dem neuen digitalen Maoismus warnte und geht dabei noch einen Schritt weiter, indem er von einer heutigen gigantischen Trash-Maschine mit höchstem demagogischen Potential spricht.

Des Weiteren gibt Möller zu bedenken, ob die alten Instrumente der analogen Medienwelt zur Qualitätssicherung wie z. B. Qualitätskodex, Presserat, Gegendarstellungsrecht, Verleumdungsklagen der „Durchschlagskraft der Hashtags, Shitstorms und der Bots" gewachsen sind. Und ob nicht die wirkungsvollste Abwehr selbst im Netz entwickelt wird, sodass zum Beispiel heute im Netz Fake News mit Fake News bekämpft werden. Dafür verwendet Möller den interessanten Begriff eines „toxischen Narrativs" und er beschreibt diese Internet-Gegenwart als „Deutungsschlachten im Netz".

Gewinnen könnte nach Möller eventuell ein Journalismus, der nicht mehr an die Distribution gebunden ist, sondern ausschließlich vom Inhalt her generiert wird. Gewinnen könnten mit Bezug auf Arthur Sulzberger „Nachrichtenkuratoren". Das heißt, auch das Selbstbild des Journalisten und Bloggers könnte sich vom „Gatekeeper" zum „Kurator" wandeln.

Interessant der Exkurs von Möller zu Miriam Meckel und ihrer Frage danach, wie denn eigentlich das Neue in die Welt kommt. Wieder steckt Möller in der Kardinalfrage, was denn Qualitätsjournalismus ausmacht. Die Antwort findet er nicht im Netz, denn seiner Ansicht nach sind viele Netzinhalte „die permanente Reproduktion und Neukombination" vorhandener Informationen.

Der Schlüssel für Qualitätsjournalismus ist für Möller das Grundprinzp der journalistisch ausgebildeten Handwerkerzunft: „Dabei sein und selbst wahrnehmen". Amerikanische Soziologen bezeichnen dies auch als „nosing around". Nur mit eigenen Erfahrungen können Journalisten Ereignisse einordnen und vergleichen.

Klicks gegen Journalismus. Meinung gegen Fakten. Und damit steht die erste Frage im Raum: Können Faktenchecks da weiterhelfen. Vertraut man eher der quantifizierenden Recherche als noch der Interpretation qua Erfahrung.

Antwort auf Frage 1: „Distanz halten, sich nicht gemein machen mit einer Sache auch in der neuen Öffentlichkeit"

Qualität im Journalismus lässt sich nach dem Social-Media-Beauftragten des Bayerischen Rundfunks, Stefan Primbs, auch heute noch mit dem Hajo-Friedrichs-Credo beschreiben: „Distanz halten, sich nicht gemein machen mit einer Sache, auch nicht mit einer guten, nicht in öffentliche Betroffenheit versinken, im Umgang mit Katastrophen cool bleiben, ohne kalt zu sein."

Doch befinden sich heute die Journalisten in dem Konflikt, einerseits Haltung zu zeigen und andererseits neutral zu bleiben. Und er fragt auch nach der Rolle der Wissenschaft in dem aktuellen Dilemma valider Meinungsumfragen. Er bezeichnet den Journalismus als „Schaufenster" für Wahlergebnisse. Für die Zahlen gibt es die Meinungsumfragen. Für falsche Prognosen ist nicht der Journalismus, sondern die Wissenschaft zuständig.

Qualitätsjournalismus sei der Gegenpol zu Fake News. Qualitätsjournalismus komme als „Verifikations-Einheiten" die Funktion zu, Fakes zu finden und zu entlarven. Primbs nennt dies „Content discovery" und „Themenscouting".

Primbs definiert Fake News als „… Oberbegriff für alle Inhalte, nicht nur News, die Informationen in irreführender Weise bzw. stark manipulativ verwenden. Das können unlauter zitierte oder interpretierte Statistiken, sinnentstellend verkürzte und aus Zusammenhang gerissene Zitate, Allgemeinplätze und Vorteile, die sich zur Hetze eignen etc. pp. sein. Ja sogar technische Phänomene wie Social Bots (Fake-Personen) oder manipuliertes Material."

Bezogen auf den aktuellen Diskurs der Glaubwürdigkeit der Medien in Deutschland ist laut Primbs zu beobachten, dass die klassische Fake News derzeit kaum in Reinform vorkommt und kein Massenphänomen ist. Meist handelt es sich entweder um Gerüchte, die absichtlich oder unabsichtlich verbreitet wurden. Besonders häuften sich diese im Umfeld der Flüchtlings-Debatte in 2015 und 2016.

Im Bundestags-Wahlkampf 2017 ging es laut Primbs meist um Informationen, die einen wahren Kern aufwiesen, z. B. eine Statistik, aber eine stark verzerrende oder irreführende Interpretation oder Verfälschung nach sich zogen. Besonders anfällig für Verzerrungen waren dabei Statistiken oder auch Einzelereignisse, wenn sich diese dazu eigneten, bestimmte Narrative zu verbreiten. Das übergeordnete Narrativ dabei ist „eine Elite möchte Deutschland so verändern, dass die nationale Identität verloren geht und die Lebensart der Deutschen immer mehr diskriminiert wird". Die Angst vor „Islamisierung" ist die Folge dieses Narrativs.

Für die journalistische Praxis ist das nach Primbs insofern wichtig, als eine wahr-falsch-Unterscheidung nur in den wenigsten Fällen eindeutig herzustellen ist. Außerdem ergibt sich ein relativ neues Phänomen, die vorgebliche Satire. Da werden z. B. unterschobene Zitate, im Fall der Entlarvung an verdeckter Stelle oder hinterher als Satire ausgegeben.

Und wieder steht die Frage im Raum, wie denn die jetzigen „Qualitätsmedien" mit diesen neuen Entwicklungen in der neuen Öffentlichkeit umgehen.

Antwort auf Frage 2: „Parallelismus zwischen politischem und journalistischem Diskurs in der neuen Öffentlichkeit"

Möller wendet sich mit der Frage nach der Rolle der alten Gatekeeper von Spiegel, Zeit und FAZ in der neuen Öffentlichkeit an den Medienwissenschaftler Uwe Krüger, den Autor des 2016 erschienen Buches „Mainstream – Warum wir den Medien nicht mehr trauen". Seine Frage leitet der Moderator mit einem Blick in das Buch ein: „Sie haben uns mit Ihrem Buch erschreckt ... Sie haben ein Buch geschrieben, in dem Sie sich die Gesinnungskohorten im Journalismus vorgenommen haben und mit dem entsprechenden methodischen Werkzeug zeigen, wie dieser politisch-journalistische Komplex der Meinungsmacher funktioniert. ... Ist das nicht die Welt von gestern? Wird dies mit der aktuellen Entwicklung in Zukunft besser?"

Krüger konstatiert zwei Entwicklungen: einerseits einen Parallelismus zwischen dem politischen und dem journalistischen Diskurs und andererseits verschwimmende politische Positionen quer durch die Volksparteien. Krüger spricht von einem Positionsproblem, die Parteien sind dato nur schwer unterscheidbar und das haben die Bundestagswahlen eben gezeigt.

Auch Möller bestätigt dieses Defizit der Angleichung politischer Inhalte. Und fragt bei der Hoaxmap-Gründerin Karolin Schwarz danach, ob denn diese neue Plattform, die Gerüchte über die Flüchtlingskrise „richtigstellt", die traditionelle Medienlandschaft „korrigieren" muss.

Antwort auf Frage 3: „Falschmeldungen zum Thema der Flüchtlingskrise in der neuen Öffentlichkeit sichtbar machen"

Die Hoaxmap-Gründerin Karolin Schwarz findet, dass Hoaxmap nichts korrigieren muss, sondern Hoaxmap deckt auf, wie mit Falschmeldungen direkt Angst geschürt wird. Gleichzeitig nimmt Hoaxmapp dieses Angstgefühl auf und stellt es richtig. Gerade deshalb wurde das Projekt Hoaxmap 2016 gegründet.

Die Journalistin Schwarz nimmt die Frage danach, wie die alte und die neue Öffentlichkeit mit dem Thema der Flüchtlingskrise umgehen, zum Anlass, das Ziel von Hoaxmap vorzustellen: „Die Hoaxmap hat das Ziel, ein Phänomen, nämlich die vielfache Verbreitung von Falschmeldungen über Geflüchtete und nicht-weiße Menschen, sichtbar zu machen."

Wie schon in ihrem Vortrag am Nachmittag zu dem Thema „Hauptsache teilen – alle Inhalte in die sozialen Netzwerke" stellt sie noch einmal dar, wie Fake News als Mittel zur Gewinnmaximierung von Webseiten bewusst instrumentalisiert werden. Der Inhalt einer solchen Fake New hat nur das Ziel, Aufmerksamkeit auf eine bestimmte Seite und damit Klicks zu erreichen. Damit verdienen mittlerweile einige Internet-Nutzer gutes Geld. Viele Quellen finden sich in Osteuropa.

Und gerade darin zeigt sich laut Karolin Schwarz der Erfolg der Plattform Hoaxmap, solche Fakes auf lokaler und internationaler Ebene aufzuzeigen und sichtbar zu machen. Das ist der Schwerpunkt von Hoaxmap als „neuem" Medium, aber diese Transparenz von Fake News muss genauso Ziel der etablierten traditionellen „alten" Medien sein.

Antwort auf Frage 4: „Kontextualisierung als Herausforderung an die neue Öffentlichkeit"

Einen neuen Fragekomplex einleitend weist Möller auf ein Schlüsselproblem der heutigen Medienproduktion und ihrer viralen Verbreitung hin, und darauf, „dass wir immer weniger Einfluss darauf haben, in welchem Kontext unsere Beiträge rezipiert werden. Man kann dies als Kannibalisierung beklagen oder als Drittplattformstrategie zur Erzielung größerer Reichweiten bewusst in Kauf nehmen. Das Problem bleibt. Die Absender oder Urheber verschwimmen, Beiträge werden kontextunabhängig rezipiert und damit häufig auch anders bewertet. Solche Sätze wie: „es stand in der FAZ" verlieren an Bedeutung und damit auch die Absender. Der Nutzer steht heute einem medialen Grundrauschen gegenüber, dem er Glauben schenken kann oder auch nicht. Die Folge ist doch entweder das Anwachsen grundsätzlicher Zweifel oder die unkritische Übernahme auch der krudesten Verschwörungstheorien, um die beiden Extreme zu nennen."

Mit der Frage „Besteht nicht ein Schlüsselproblem der heutigen Medienproduktion und ihrer viralen Verbreitung in einer (fehlenden) Kontextualisierung? Und wie geht Spiegel online damit um?" wendet sich der Moderator an die Leiterin des Ressorts für Datenjournalismus, Christina Elmer.

Sie verneint dies und sieht die Kontextualisierung als Herausforderung an alte und neue Medien. Diese Herausforderung besteht darin, transparent zu machen, wie die Journalisten gearbeitet haben und welches Signal guter Journalismus aussenden muss. Daten dazu gibt es vielfältige, jedoch wurden diese dato noch nicht abgerufen. Doch genau das ist das Ziel von Spiegel online: Journalismus transparent zu machen.

Denn noch weniger als früher könne man heute beeinflussen, in welchem Kontext die Beiträge rezipiert werden und welche Formate dafür zur Verfügung stehen. Diese werden unter Umständen von Plattformen wie Google und Facebook vorgegeben. In diesem multidimensionalen Ökosystem an Plattformen muss Spiel online Sorge dafür tragen, dass seine Inhalte im Kern richtig übermittelt werden. Vieles können die Journalisten kaum beeinflussen: Starke News laufen oft tagelang über die Plattformen, während sich Aktualisierungen in der Regel weniger stark verbreiten. Nach Elmer müssen also Formate gefunden werden, die einen Kontext mit übermitteln, auch wenn dieser zeitlich nachgeordnet passiert.

Zur Wahrheit gehört laut Elmer Transparenz. Wenn Spiegel online als eine Quelle unter vielen wahrgenommen wird, müssen die Journalisten noch viel deutlicher machen, wie sie arbeiten, wie sie mit Quellen umgehen, warum sie über einige Themen nicht berichten und warum ihre Artikel denen in anderen Medien ähneln können. Offenbar ist das großen Teilen der Öffentlichkeit nicht bewusst, sodass

Rezipienten anfällig werden für Verschwörungstheorien über gleichgeschaltete oder fremdgesteuerte Medien. Daher hat Spiegel online einen Bereich ins Leben gerufen, in dem sie über ihre Arbeit berichten (SPON Backstage).

Christina Elmer weist außerdem darauf hin, dass aus ihrer Sicht entscheidend ist, was beim Nutzer oder Leser ankommt. Ihre Redaktion muss verantwortungsvoll damit umgehen, dass ihre Inhalte auf vielen unterschiedlichen Plattformen und in verschiedenen Formaten rezipiert werden. Deshalb stellt sie folgende Fragen in den Mittelpunkt: „Wie stark können wir unsere Thesen zuspitzen? Wo ist Mehrdeutigkeit gefährlich?"

Das alles hängt elementar von der Situation und dem Format der Rezeption ab und verändert die Qualitätskriterien von Spiegel online. Auch die Relevanz der Inhalte müssen stärker aus der Perspektive der Nutzer bewertet werden, weil sie unter Umständen ansonsten nicht verfangen. Anders gesagt: Die Logik der Plattformen zwingt laut Christina Elmer dazu, die Rezipienten wieder in den Fokus zu nehmen. Darin steckt also auch ein sehr guter Effekt.

Christine Elmer, glaubt nicht dass die „alten Dickschiffe", wie z. B. Spiegel, Spiegel online Opfer werden. Ganz im Gegenteil werden neue Player und neues Kapitel eine neue Herausforderung für sie sein. die sie „sportlich aufnimmt". Dickschiffe werden weniger durch Faktenchecks denn durch Narrative ihre Berechtigung in der neuen Öffentlichkeit haben. Immer noch sind Geschichten das Wichtigste im Journalismus. Und die müssen auch der neuen Öffentlichkeit gut erzählt werden.

Antwort auf Frage 5: „Funktionalität der Technik – auch in der neuen Öffentlichkeit"

Der Moderator Michael Möller leitet diesen neuen Fragekomplex mit einem Vergleich der „Technikgetriebenheit" alter und neuer Medien ein. Gutenbergs Erfindung habe immerhin 500 Jahre gehalten, die des Radios und des Fernsehens rund 30 bis 100 Jahre. Inzwischen überschlagen sich die Innovationen. Die Verbreitungswege und Verbreitungsformen vervielfachen sich. Nach dem Siegeszug von On-Demand-Nutzung, Mobilität und Personalisierung beginne jetzt die Grenze von Virtualität und Realität zu verschwimmen (Augmented Reality).

Dazu komme nach Möller die automatische Generierung von Inhalten und Bewertungen. Die Nachrichtenagentur AP lasse heute schon die Nachrichten über Quartalsberichte von Firmen mechanisch erstellen. Statt über 400 könne sie jetzt über 4000 Firmen berichten und braucht dafür 20 Prozent weniger Arbeitszeit. Andererseits arbeiten solche Maschinen keineswegs neutral und objektiv.

Damit leitet er zu seiner Frage an Prof. Dr. Uwe Kulisch über: „Müssen wir langsam darüber nachdenken, dieser Entwicklung Grenzen zu setzen, „No-Gos" zu formulieren wie in der Gentechnik oder der Militärtechnologie?"

Der Gründungsdekan und Dekan des Fachbereichs Medien der HTWK Leipzig und Professor für Elektronische Mediensystemtechnik, Uwe Kulisch, verweist auf die Funktionalität der Technik. Die Frage heute müsse nach Kulisch lauten: „Zu welchem Zweck soll die Technik dienen? Wo positionieren wir uns?"

Bezogen auf das Zitat von Darwin „Die natürliche Auslese sorgt dafür, dass immer die Stärksten oder die am besten Angepassten überleben." graut Kulisch vor der Zukunft. Wichtig sei in der heutigen Zeit, egal ob in der alten oder neuen Welt, eine Position zu beziehen und auch kompetent mit den Medien umgehen zu können. Deshalb hält Kulisch auch die Medienpädagogik für sehr wichtig.

Abschließend weist Kulisch darauf hin, dass es nicht nur eine „German Angst" gebe, sondern generell eine „soziale Angst". Auch die neue Öffentlichkeit dürfe diese nicht ausschließen.

Antwort auf Frage 6: „Technik ist immer schuld – auch in der neuen Öffentlichkeit"

Die vermeintliche Objektivität der Maschinen speise sich laut Möller aus der Subjektivität von Menschen. Bestes Beispiel dafür ist nach Möller der Chatbot Tay von Microsoft, eine Art künstlicher Kumpel, der lockere Konversation betreiben sollte. Nach 24 Stunden hat man diesen Chatbot wieder abgeschaltet, weil er begonnen hat sexistische und rassistische Sprüche von sich zu geben. Hier entstehen also laut Möller mediale Inversionsschleifen, die kritische Meinungsbildung zunichtemachen. Stehen wir vor einer Selbstentmündigung, da gefälschte Meinungen auch verstärkt werden können?

Kulisch entgegnet: „Alles Gute oder Schlechte wird der Technik zugeschrieben. Doch der Mnesch ist der Entscheidende, nicht die Technik, sondern der Konsument". Letztendlich könne die Technik alles, nur was der Mensch daraus macht, stehe auf einem anderen Blatt. Ein gutes Beispiel für Nähe und Partizipation ist laut Kulisch das Testprojekt „Bürgerreporter". Kulisch appelliert an den Nutzer der Technik. Hier müssen Aufklärung und Medienkompetenz ansetzen.

Abschließend beantwortet Uwe Kulisch die Frage von Möller: „Ist angesichts der zunehmenden maschinellen Meinungsmache durch Bots die Frage nach Wahrheit und Qualität nicht vergeblich?" mit einem augenzwinkernden „Technik ist immer schuld".

Antwort auf Frage 7: „Vertrauen als Grundwährung des Qualitätsjournalismus in der neuen Öffentlichkeit"

Die Technik bleibt auch im Gespräch zwischen Stefan Primbs und dem Moderator dominierendes Thema. Möller befragt Primbs danach, ob denn die Technik nicht schon unmerklich geworden sei und angesichts solcher Entwicklungen die Frage nach Wahrheit und Qualität „rührend" vergeblich sei.

Möller geht dabei noch darauf ein, dass die Medien ja nicht nur den Informationsauftrag haben, sondern ebenso zur politischen Meinungsbildung beitragen sollen: „Verlieren wir diesen Auftrag zumindest im Netz an die Social Bots, an die Meinungsroboter? Mehr als die Hälfte des Internet Traffics stammt heute schon von automatisierten Programmen. Mindestens 15 Prozent der Twitter-Nutzer werden von Bots gesteuert, in Zahlen: 48 Millionen. In Russland sind es sogar 45 Prozent. Putin soll eine ganze Twitter-Armee beschäftigen. Im Zuge des Ukrainekonflikts entstand ein Bot-Netzwerk mit 15000 Accounts, die täglich 60.000 Meldungen absetzten. Taiwan muss sich einer ganzen rotchinesischen Bot-Armee erwehren. Im mazedonischen Veles existiert eine inzwischen berüchtigte Klick-Farm, die heute schon mit Fake News mehr Geld verdient als mit seriösen Nachrichten ... Das ist maschinelle Meinungsmache. Und ihr wollen wir mit Qualitätsjournalismus begegnen?"

Primbs bestätigt diese Argumentation von Möller noch indem er den Facebook-Bot als den mächtigsten Bot beschreibt. Um Qualität im Journalismus sichern zu können, müssen die traditionellen Medien ihr Vertrauen behalten oder wieder zurück gewinnen. Vertrauen ist die Marke des Qualitätsjournalismus: „Wenn die Leute uns nicht mehr glauben, haben wir keine Relevanz mehr."

Eine weitere Möglichkeit sind für Primbs Gegendarstellungen zu Fake News bei Facebook. Widerlegungen müssen laut Primbs so gestaltet sein: „..., dass sie eindeutig sind und nicht das Framing (die Legende) des Manipulators stützen ... Die Korrektur einer Fake News muss nicht mehr Leute erreichen als die Fake News selbst. Es gilt eine Dramatisierung zu vermeiden. Weniger ist hier manchmal mehr."

Antwort auf Frage 8: „Transparenz, Glaubwürdigkeit und Ehrlichkeit als Leitplanken für Qualität im Netz"

Die Frage nach der Qualität im Journalismus bestimmte als roter Faden diese Podiumsdiskussion und wird am Ende noch von den Diskutanten Elmer, Krüger und Möller aufgenommen.

Die Spiegel-online-Journalistin Elmer fordert: „Jeder unserer Beiträge muss für unsere Qualitätsstandards stehen und diese auch dem Leser vermitteln – nicht im Detail, sondern vielmehr über sinnvoll platzierte Signale. Das kann zum Beispiel ein Kasten mit Hintergrundinformationen zum Artikel, Aktualisierungen oder verwendeten Quellen sein. Bei datenjournalistischen Projekten bieten wir wann immer möglich die Rohdaten zum Download an, was ebenfalls ein starkes Signal aussendet – auch wenn die wenigsten Leser diese Möglichkeit wahrnehmen." Solch eine „Backstage-Seite" liefert auch die Washington Post in einer separaten Box mit Quellen und Hintergründen zu Online-Artikeln. Frau Elmer empfiehlt, mit den Lesern über Algorithmen zu sprechen. Da fehlt ihrer Ansicht nach der Diskurs. All dies seien Leitplanken für das System des Qualitätsjournalismus.

Elmer weist darauf hin, dass Daten und Algorithmen unseren Alltag und die Rezeption von Nachrichten zunehmend beeinflussen. Zugleich fehle aber ein breiter gesellschaftlicher Diskurs darüber, in welchem Umfang wir diese Mechanismen integrieren wollen und wie transparent sie arbeiten sollten. Für sie wäre es wünschenswert, die Kriterien zu kennen, die Facebook für die Platzierung von Meldungen im News-Stream nutzt. Eine Diskussion über die Wirkung von Algorithmen geschieht ihrer Ansicht nach noch viel zu selten. Hier haben Medien einen neuen Auftrag, den Spiegel online zum Beispiel mit Projekten im Ressort Datenjournalismus aufgreift, und dafür für mehr Transparenz sorgt.

Möller stellt die Frage danach, wie die Journalisten ihre Glaubwürdigkeit wieder bekommen und gibt diese Frage an den Medienwissenschaftler der Universität Leipzig, Uwe Krüger, weiter. Für Krüger geht dies nur über eine Trennung von Nachricht und Meinung, „die Geschichte nicht zu Tode recherchieren und ... Frames zulassen", mehr integrativ arbeiten und mehr Vielfalt zulassen. Krüger bemerkt eine gesellschaftliche Krise, indem sich gesellschaftliche Selbstverständlichkeiten aufgelöst haben. Er empfiehlt den Journalisten, sich von steilen Thesen zu verabschieden, da dies zu Vereinfachungen führt und Wichtiges weggelassen werden kann.

Möller schlägt auch als wichtiges vertrauensbildende Maßnahme der Journalisten vor, „Leute wieder mehr ins Gespräch zu bringen", die gefühlte Informiertheit durch echte Informiertheit zu ersetzen und eine Erweiterung des Meinungsspektrums etablierter Medien. Möller artikuliert sein Gefühl, dass sich die Leser ihr breites Meinungsspektrum wieder zurückholen und hält dies für ein gutes Zeichen.

Krüger bestätigt diese aktuelle Entwicklung, indem er davon spricht, dass „beim Kessel der Dampf abgelassen werden muss." Er konstatiert eine Kluft zwischen der „Elite" und dem „Volk" zum Beispiel beim Thema Einwanderung.

Er sieht es als Aufgabe der Journalisten an, legitimierte Interessen des Parlaments zu diskutieren und darüber auch in den Medien zu berichten. Ansonsten entsteht ein Gefühl der Abgehobenheit der Journalisten. Er weist auch darauf hin, dass es nicht zielführend ist, Menschen mit Ängsten vor Migrationsströmen pauschal als Rassisten zu bezeichnen. Damit gewinnt der Journalismus keine Glaubwürdigkeit zurück. Stattdessen empfiehlt er einen starken Diskurs zu allen Themen.

Möller spricht von einem Stück Ehrlichkeit mehr in den Medien. Frau Elmer weist darauf hin, dass sich „… überdrehte Falschmeldungen deutlich intensiver als nüchterne Nachrichten verbreiten und sich kaum wieder einfangen lassen. Debunking hilft offenbar nur bedingt, weil User sich nicht intensiv genug mit einem Thema befassen und es letztlich doch nur weitere Aufmerksamkeit auf die Fake News lenkt. Und ein Fakten-Stück erreicht in der Regel nie die Reichweite einer emotionalisierenden Fake News. Uns muss bewusst sein, wie wir unsere Inhalte so verpacken, dass sie auch andocken und sich auf den Plattformen lange halten beziehungsweise unter den richtigen Suchbegriffen gefunden werden. Auch das gehört aus meiner Sicht zu einem modernen Qualitätsbegriff."

Möller fragt selbstkritisch, ob denn das Problem gar nicht so sehr in der Beschleunigung, Volatilität und Fragmentierung liege, sondern vor allem darin, dass simple Methoden des Qualitätsjournalismus nicht mehr beherrscht werden. Er plädiert damit für mehr Handwerk im Journalismus. Der Moderator beschließt die Podiumsdiskussion mit dem Hinweis auf seine Kollegin in der Süddeutschen Zeitung, Alexandra Borchert, die forderte: „Journalisten müssen wieder rausgehen, recherchieren und erklären. Denn wenn alle nur noch googeln, berichten am Ende alle das Gleiche und machen sich austauschbar. Das werden die Roboter am Ende besser können."

Der Pudding muss an die Wand
Media Quality Watch – Wie Macher und ihr Publikum einander wieder vertrauen könnten

14

Wolfgang Kenntemich und Andreas Niekler

Zusammenfassung

Das EIQ Europäisches Institut für Qualitätsjournalismus entwickelt in Kooperation mit der HTWK Leipzig eine interaktive Plattform zur Definition und Sicherung von Qualität in den Medien. Unter dem Arbeitstitel Media Quality Watch sollen Verantwortliche in den Medien, begleitet von Wissenschaft und Fachinstitutionen, in die Lage versetzt werden, mit ihren Rezipienten einen nachhaltigen Dialog über Qualitätskriterien in der digitalen Medienwelt zu führen. Diesem Projekt liegt die Erkenntnis zugrunde, dass die veränderte Medien-Architektur mit zahlreichen neuen Produktionsmöglichkeiten und vielfältigen Verbreitungswegen für Medieninhalte stärker als bisher die Bedürfnisse des Publikums ernst nehmen sollte, ohne allerdings anerkannte Standards aufzugeben. So soll vor allem Vertrauen in die Medien als demokratiebildender Faktor zurückgewonnen werden. Das Projekt wird von der *Friede Springer Stiftung* finanziell unterstützt und wurde während der gemeinsamen Fachtagung von EIQ und HTWK am 29. September 2017 in Leipzig vorgestellt.

Schlüsselbegriffe

Journalistische Qualität, Medienkritik, Neue Öffentlichkeit, User Generated Content, Media Quality Watch

Der Befund. Medien sind bekanntlich keine Schraubenfabrik. Ihre Qualität lässt sich nicht einfach mit den in der Industrie üblichen ISO-Normen messen, auch wenn sich mancher Nutzer – und vor allem Kritiker – dies wünschen würde. Deshalb hat Prof. Stephan Ruß-Mohl schon vor vielen Jahren geunkt, journalistische Qualität definieren zu wollen, gleiche dem Versuch, einen Pudding an die Wand nageln zu wollen. Inzwischen haben viele kluge Menschen eine Menge Kriterien aufgelistet, deren Beachtung den professionellen Journalismus ausmachen sollte. Wichtigste Faktoren sind u. a. Richtigkeit, Aktualität, Relevanz, Aktualität, Transparenz, Vielfalt, Wechselseitigkeit, Unabhängigkeit, Achtung der Persönlichkeit und Zugänglichkeit. Im Wandel der Medienwirklichkeit und dem sich permanent ändernden Rezeptionsverhalten kamen entsprechend weitere Qualitätsdefinitionen hinzu. Immer häufiger stellt sich nun auch die Frage nach dem Nutzen für den Rezipienten.

Anders als etwa bei der industriellen Produktion richtet sich die journalistische Arbeit zumeist auf singuläre, selten sich wiederholende und damit vergleichbare Berichtsgegenstände. Wie beim Kriminologen müssen zudem Ereignisse, bei denen man selber nicht unmittelbar zugegen war, rekonstruiert und auf Indizien und Augenzeugenberichte gestützt werden. Nachprüfbarkeit und damit Glaubwürdigkeit relativieren sich. Kommunikationswissenschaftler wie Christoph Neuberger haben vor über 20 Jahren untersucht, ob die Nachprüfbarkeitsregeln der empirischen Sozialforschung auch für den Journalismus anwendbar sind. Das trifft sicher größtenteils zu. Daraus abgeleitete Festlegungen und Regeln bei der Recherche (mindestens zwei Quellen) gelten bis heute weiter.

Der Nutzer. Laut einer Studie des Rheingold-Instituts für die WDR media group wächst insbesondere bei den internetaffinen Usern das Bedürfnis nach Vertrauenswürdigkeit und Qualität der Inhalte. „User Generated Content bläht das Internet auf, die Trennung zwischen kommerziellen und journalistischen Inhalten fällt zunehmend schwer, Bewertungen und Klicks sind käuflich und in ihrem Aussagewert begrenzt", lautet der Befund. Für die Zukunft bedeute das: Das Bedürfnis nach einer vertrauenswürdigen Kuration der Inhalte und Angebote werde wachsen. Zugleich drohe die Personalisierung der Medieninhalte in eine selbstzentrierte Isolation zu münden. „Ohne jede (redaktionelle) Brechung ‚im eigenen Saft' zu schmoren, ist für die Verbraucher keine attraktive Vorstellung. Insbesondere im Info-Segment (…) sucht man nach einer Absicherung durch vertrauenswürdige Autoritäten", so die Studie. In einer Umfrage für den WDR in 2016 ermittelte Infratest-Dimap, dass die deutschen Medien nach Ansicht von 37 Prozent der Befragten „häufig" lügen.

14. Der Pudding muss an die Wand

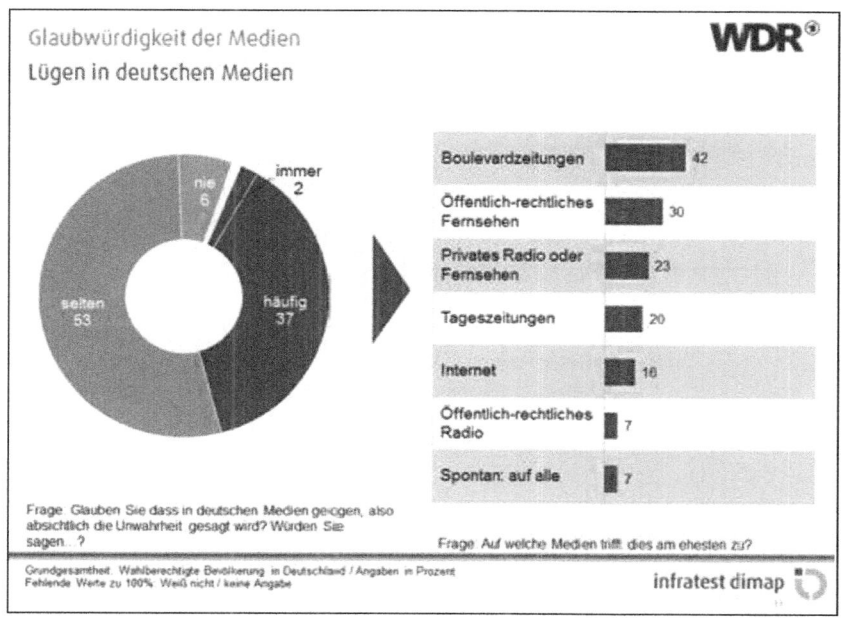

Abb. 1 Glaubwürdigkeit der Medien
Quelle: WDR

Aber reicht das zur zuverlässigen Beurteilung von Qualität auf dem riesigen digitalen Marktplatz noch aus, zumal sie fast ausschließlich Handlungsmöglichkeiten der Redaktionen beschreiben? Inzwischen aber rebelliert ein wachsender Teil des Publikums gegen die Bevormundung durch die Medien. Mit seinem Standardwerk „Entzauberung eines Berufs – Was die Deutschen vom Journalismus erwarten und wie sie enttäuscht werden" (2009) stellt der 2015 verstorbene Dresdner Kommunikationswissenschaftler Wolfgang Donsbach dies eindrucksvoll dar. Eine aktuelle Studie ergänzt zu den Gründen des Misstrauens vor allem: Skandalisierung und mangelnde Bürgernähe.

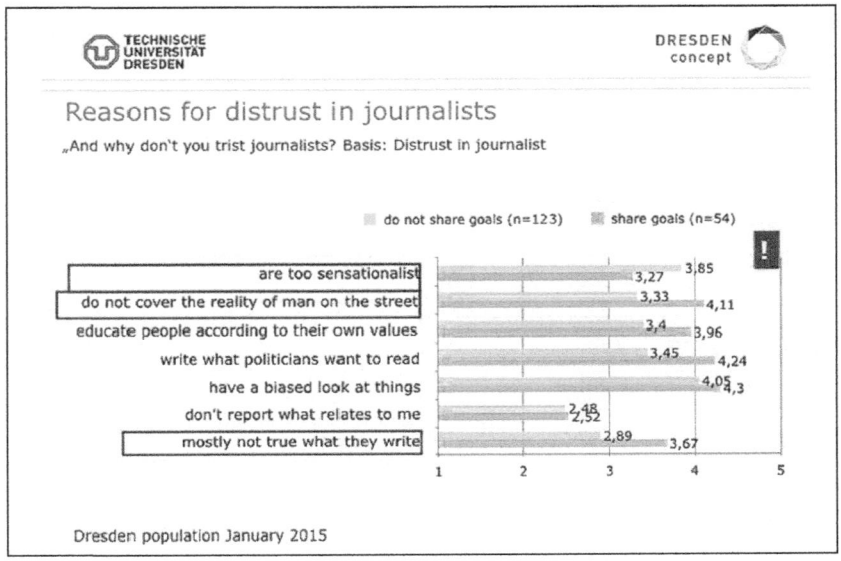

Abb. 2 Gründe für das Misstrauen gegenüber Journalisten
Quelle: TU Dresden

Der Vertrauensschwund. Öffentlichkeitswirksam legt Uwe Krüger von der Uni Leipzig 2016 mit seinem Buch „Mainstream – Warum wir den Medien misstrauen" nach. Er beklagt darin einen zunehmenden medialen Gleichklang, den er auf eine zu große (unkritische) Nähe von Journalisten zu Politik, Wirtschaft und gesellschaftlichen Institutionen sowie Abhängigkeiten und Einflüsse „auf einer öffentlich nicht sichtbaren politisch-medialen Hinterbühne" zurückführt. Auch der Trierer Politik-Professor und Sachbuchautor Ulrich Teusch macht in seinem Buch „Lücken-Presse" das Ende des Journalismus aus, „wie wir ihn kennen". Er sieht die Ursache für den Vertrauensschwund weniger in Falschmeldungen, sondern eher im Weglassen von Sachverhalten und Aspekten, also einer einseitigen Berichterstattung.

Einer Studie der EU-Kommission aus 2016 zufolge haben EU-Bürger insgesamt wenig Vertrauen in die Medien und Zweifel an deren Unabhängigkeit. Zudem machen sich viele Menschen Sorgen angesichts der zunehmenden Hassbotschaften in sozialen Netzwerken im Internet. 57 Prozent der Befragten glauben demnach nicht, dass ihre nationalen Medien frei von politischem oder kommerziellem Einfluss sind. Nur etwas mehr als die Hälfte (53 Prozent) der Teilnehmer war überzeugt, dass diese glaubwürdige Informationen verbreiten.

14. Der Pudding muss an die Wand

In 17 von 28 EU-Ländern vertrauten die Befragten auch den Kontrollorganen für audio-visuelle Medien nicht. Besonders hoch war das Misstrauen bei den gering Verdienenden und der unteren Bildungsschicht. Allerdings gaben zwei Drittel der Befragten an, dass Medien in ihrem Land verschiedene Meinungen und Sichtweisen darstellten. In Deutschland sagten das sogar 79 der Befragten – Rang fünf im europäischen Vergleich. In Finnland sind 85 Prozent der Meinung, dass verschiedene Blickwinkel dargestellt würden, in den Niederlanden 84 Prozent. Auf dem europaweit abgeschlagenen letzten Platz landet Griechenland, wo nur 48 Prozent den Medien ihres Landes Vielfalt attestieren. Den vorletzten Rang nehmen Frankreich und Spanien mit 57 Prozent ein.

Schon immer haben Redaktionen mit Angeboten zu Teilhabe, Kritik und Transparenz versucht, das eigene Handeln zu rechtfertigen, oder bestenfalls hinterfragen zu lassen. Es gibt viele Chefredakteure, die das sehr ernst nehmen und in einen intensiven Dialog mit ihrem Publikum treten. Andere wiederum lassen unliebsame Leserbriefe oder Zuschauer- und Zuhörerreaktionen, die nicht in ihr Weltbild passen oder zu kritisch gegenüber der Redaktion sind, mit spitzen Fingern im Papierkorb verschwinden. Immerhin: Print-Medien veröffentlichen in der Regel einen Teil ihrer Leserbriefe und dokumentieren damit eine gewisse Teilhabe des Publikums sowie den Versuch des Dialogs. In Fernseh- und Hörfunkredaktionen werden Zuschriften, Mails oder Anrufe allenfalls in den zuständigen Redaktionen ausgewertet. Das Publikum kommt im Programm so gut wie nicht vor. Ausnahmen sind spezielle Ratgeber-Formate.

Die Reaktionen. Das Internet mit seinen interaktiven Möglichkeiten wie Chats, Blogs und sozialen Netzwerken hat alles verändert. Das kritische Publikum kann sich ungefiltert artikulieren und erreicht so direkt die Öffentlichkeit. Die klassischen Medien und ihre Journalisten haben ihre Deutungsmacht verloren. Medien-Verantwortliche versuchen seitdem mit mehr Transparenz der wachsenden Entfremdung entgegenzuwirken. Der Chefredakteur von ARD-Aktuell, Kai Gniffke, beteiligt sich mit einem eigenen Blog auf tagesschau.de am öffentlichen Dialog über Programminhalte und -qualität. In der Ukraine-Krise traf ihn der vielfache Vorwurf der einseitigen, aus westlicher Sicht geprägten Berichterstattung wie ein Shitstorm. Intendant*innen versuchen seit Jahren mit eigenen Publikumssendungen auf Fragen und Beschwerden einzugehen. Die Moderatorin des ZDF-Morgenmagazins, Dunja Hayali, sieht sich aufgrund ihres Migrationshintergrunds einem fremdenfeindlichen, oft hasserfüllten Publikum ausgesetzt und beweist inzwischen, wie man angemessen damit umgehen kann. Aber vieles davon bleibt singulär. Vor allem der rechte politische Rand schafft es zunehmend, mit pauschalen Anschuldigungen gegen „Lügenpresse" und „Systemjournalisten" Stimmung gegen Medien zu machen, die als Systempresse diffamiert und gemeinsam mit dem „politischen Establishment" abgewählt werden.

In der digitalen Medienwelt hat das Publikum darüber hinaus die reaktive Phase längst verlassen. Auf Facebook, YouTube, Twitter oder inzwischen Instagram und Snapchat schafft es sich seine eigene Medienwelt – ganz ohne Journalisten oder Redaktionen – häufig sehr unterhaltsam, meist boulevardesk, leider oft voller Hass und Fake News. Sogenannte Influencer verführen ihre Rezipienten als Werbeikonen von Unternehmen, ohne das offenlegen zu müssen. In der nächsten Stufe, die wir längst erreicht haben, bestimmen Algorithmen, Bots und künstliche Intelligenz über Meldungen und Meinungen. Ernstzunehmende Diskussionen über Qualität, Relevanz oder Transparenz verlieren dabei an Wert, weil sie die „besorgten" Bürger nicht mehr erreichen. Filterblasen und Echoräume in den sozialen Netzwerken tragen das ihre dazu bei, dass nur noch die Informationen und Meinungen durchdringen, die dem jeweiligen Rezipienten ohnehin gefallen. Umfragen in den USA belegen, dass vor allem junge Menschen mehr auf die Unterhaltsamkeit von Informationen als auf eine seriöse, unabhängige Quelle Wert legen.

Der Dialog. Wenn immer mehr Menschen an einem ungefilterten, unabhängigen und breiten öffentlichen Diskurs nicht mehr teilnehmen (wollen), ist dann unsere Form der Demokratie in Gefahr? Die Zunahme von Wahlverweigerung und Protestwahl gilt als ein Indiz. Es wäre falsch, hierfür allein oder vor allem die Medien verantwortlich zu machen. Sie sind aber in besonderem Maße gefordert, ihre Rolle neu zu definieren. Barbara Hans, Chefredakteurin von SPIEGEL ONLINE, fordert in einem klugen Essay: „Nur, wenn man die rasanten Veränderungen besser versteht, kann man ihnen begegnen. Nur wenn man sie versteht, kann man Kolleginnen und Kollegen ausbilden, die im Journalismus bestehen. Weil sie das nötige Handwerkszeug haben, um sich im digitalen Umfeld zu bewegen. Und das nötige Reflexionsvermögen, um zu wissen, was vor sich geht." Als erfolgreiche Online-Journalistin weiß sie: „Es ist nicht die Aufgabe des Journalismus, zu missionieren. Trump als Irren zu disqualifizieren oder die AfD niederzuschreiben. Es ist unsere Aufgabe, die Leser zu befähigen, sich selbst eine Meinung zu bilden. Zu recherchieren, Fakten und Informationen zusammenzutragen. Und diese so zu verbreiten, dass sie die Leser erreichen."

Es macht in der Tat wenig Sinn, nur darauf zu setzen, dass sich die Medienmacher auf Qualitätskriterien verständigen und dann festlegen, wer zur Qualitätspresse gehört und wer nicht. Die Attributoren, also die Zuschauer, Hörer, Leser, Nutzer, Rezipienten entwickeln durchaus ihr eigenes Bild von dem, was sie unter Qualität verstehen. Das muss nicht immer richtig sein, wie wir von der „Lügenpresse"-Meute gelernt haben. Aber es ist auch nicht irrelevant. Auf der Angebotsebene sind wir

14. Der Pudding muss an die Wand

mit Forschungsergebnissen hinreichend versorgt. Bei der Rezeptionsforschung gibt es noch Defizite, um es vorsichtig auszudrücken. Nicht erst seit Gründung des EIQ treibt uns die Überlegung um, mit der Überprüfung der Einhaltung von Qualitätsstandards in den Medien europaweit der Banalisierung, Boulevardisierung, und Entprofessionalisierung Einhalt zu gebieten. In einem Seminar der Uni Leipzig haben Masterstudenten der Journalistik interessante Modelle entwickelt. Eins orientiert sich z. B. an der Stiftung Warentest.

Das Projekt. So entstand das Projekt Media Quality Watch. Zusammen mit der Medien-Fakultät der HTWK Leipzig soll zunächst für den deutschsprachigen Raum eine interaktive Internetplattform entwickelt werden, die diesen Dialog leisten kann. Sie soll zunächst einmal Orientierung bieten, die Forschungsergebnisse und Publikationen, Kommentare und politischen Aktivitäten in diesem Bereich bündeln – wie eine Art Enzyklopädie für Medien-Qualität. Ergänzt werden soll dies durch eine Dialog-Box, in der sich Rezipienten, Medienverantwortliche, Lehrende und Experten über aktuelle Diskussionen und Fallbeispiele austauschen können. Klar, dass dies alles seine Tücken hat und nicht so einfach umzusetzen sein wird.

Noch einmal Barbara Hans zu der Frage, warum dieser Dialog immer zwingender wird: „Wenn man verstehen will, was digitalen Journalismus und analogen Journalismus unterscheidet, dann ist dieser Punkt aus meiner Sicht der wichtigste: Der digitale Journalismus ist fokussiert auf den Nutzer. (…) Der Begriff der Relevanz wird damit demokratisiert: Wichtig ist nicht länger nur, was der Journalist als wichtig erachtet. Vielmehr bietet sich dem digitalen Journalismus die permanente Möglichkeit des Abgleichs. Wie funktioniert mein Text? Wie viele Leser findet er? An welchen Stellen eines Artikels steigen die Leser aus? Was sagt uns das über den Aufbau von Texten?"

Was soll, was kann Media Quality Watch dabei leisten? Ohne der Evaluierung vorzugreifen: Es soll kein Unterhaltungs-Tool mit Likes und Dislikes sein, kein plattes Daumen-hoch-Daumen-runter zur Selbstbefriedigung frustrierter Bürger. Folgende Elemente sollen vielmehr zum Dialog und Wissenstransfer anregen sowie die Medien in ihrer schwieriger werdenden gesellschaftlichen Rolle unterstützen und stärken:

- **Mediapedia:** Aktuelle Forschungsergebnisse und Publikationen zur Medien-Qualität (mit Suchfunktion)
- **Pinwall:** Beispielsammlung für gelungenen Qualitätsjournalismus und eklatante Verstöße gegen Qualitäts-Standards (redaktionell betreut)

- **Dialogbox**: Kuratierter Dialog- und Chatroom für Medienmacher, Wissenschaftler, Experten und das Publikum
  - Basis der Diskussion stellt ein moderiertes Forum dar, welches Nutzer über ein Reputationssystem mit Rechten ausstattet.
  - Reputation wird erlangt, indem Beiträge verfasst werden, die anderen Nutzern oder den Moderatoren bei der Diskussion konstruktiv erscheinen.
  - Andere Nutzer oder die Moderatoren können für die Beiträge Zustimmung, Korrektheit oder Ablehnung bekunden und Beiträge selbst über Kommentare vertiefen.
  - Anfänglich haben neue Nutzer keine Reputation. Neue Kommentare müssen von einem Moderator freigegeben werden. Daraufhin wird der Kommentar bewertet und die Reputation steigt.
  - Dabei gibt es für einen Nutzer mehrere Aufstiegsstufen, in denen nach und nach mehr Rechte eingeräumt werden. Dies ist beispielsweise das Veröffentlichen ohne Moderator, das Editieren von Beiträgen anderer Nutzer (Schreibfehler, Formulierungen), das Bewerten anderer Nutzer oder selbst zum Moderator zu werden.
  - Die soll nach dem Vorbild der Lösungen von https://stackexchange.com/ passieren, deren Reputationssystem unter folgendem Link erläutert wird und vorbildhaft für das Vorhaben geeignet ist: https://stackoverflow.com/help/whats-reputation
  - Für solche Systeme existieren viele Open Source Klone:
    - https://www.atlassian.com/software/confluence/questions
    - http://www.mamute.org/
    - https://live.scoold.com/
  - Des Weiteren soll angefragt werden, ob die originale Software von https://stackexchange.com/ für nicht-kommerzielle Zwecke frei benutzt werden kann. Einige Informationen auf der Webseite zeigen eine gewisse Bereitschaft dafür an.
- **Ranking**: Bewertung verschiedener Medien nach Gattungen und Qualitätskriterien – Mix aus Experten- und Publikums-Ranking
- **Lehre**: Einbeziehung von Lehrenden an Journalistenschulen, in Hochschulen und Akademien
- **Workshop**: Regelmäßige Veranstaltungen für Macher und Nachwuchs zur Qualitätssicherung in veränderten Rahmenbedingungen

Und schließlich: Warum dieses Vorhaben, wenn es doch wieder nur dem Versuch gleicht, den berühmten Pudding an die Wand zu nageln? Weil die Pressefreiheit, für die die Menschen im Herbst 1989 in Leipzig auf die Straße gegangen sind, nicht nur von außen durch politische und wirtschaftliche Interessen bedroht ist. Sie ist quasi auch von innen heraus gefährdet, wenn die Medien selber durch Qualitäts- und Glaubwürdigkeitsverlust die Legitimation verspielen.

Literatur

Donsbach W./Rentsch M./Schielicke A.-M./Degen S. (2009): *Entzauberung eines Beruf – Was die Deutschen vom Journalismus erwarten und wie sie enttäuscht werden*, UVK: Konstanz.

Krüger, Uwe (2016): *Mainstream – Warum wir den Medien nicht mehr trauen*, C. H. Beck: München.

Kenntemich, Wolfgang (2008), *Content first – Der transmediale Prozess und die journalistische Qualität*, Friedrich Ebert Stiftung, Schriftenreihe Medien Digital: Bonn.

Neuberger, Christoph (1996): *Journalismus als Problembearbeitung. Objektivität und Relevanz in der öffentlichen Kommunikation*, UVK Medien (Forschungsfeld Kommunikation 7): Konstanz

Ruß-Mohl, Stephan (1994): *Der I-Faktor: Qualitätssicherung im amerikanischen Journalismus – Modell für Europa?*, Edition Interfrom: Zürich

Scheibel, Claudia/Kirschmeier, Thomas (2014): *WDR Media Group/Rheingold-Institut: Mediennutzung 2024*: Köln.

Teusch, Ulrich (2016): *Lückenpresse: Das Ende des Journalismus, wie wir ihn kannten*, Westend: Frankfurt.

The manufacturer's authorised representative in the EU is Springer Nature Customer Service Centre GmbH, Europaplatz 3, 69115 Heidelberg, Germany. If you have any concerns regarding our products, please contact ProductSafety@springernature.com

Printed and bound by CPI Group (UK) Ltd, Croydon, CR0 4YY

25/03/2026

02078218-0003